New Standard

川釣り入門

BOOK
5

フナ、タナゴからヤマベやアユの毛バリ釣り、
ワカサギ、テナガエビ、ハゼ、ウナギ etc.
川釣りの基本とコツ満載の超バイブル誕生

葛島一美

つり人社

目次

1章　素晴らしき川釣りワールド　7

2章　準備編

道具を準備しよう
①サオ　26
②エサ入れ&ビク　30
③玉網ほか　32

仕掛けを準備しよう
①ミチイト・ハリス・ウキ・目印　36
②ハリ・接続具・オモリ　38

川釣りの代表的なエサ　42
黄身練りの作り方　46
グルテン練りの作り方　48

結びをマスターしよう　穂先への接続
8の字結びのチチワ　50
ぶしょう付け　51
投げなわ結び　52
イトとイトの接続
電車結び　53
イトと接続具の結び方
ユニノット　54
上バリ用丸カン結び　55
ハリの結び方　外掛け結び　56

3章　フナ釣り

釣期について　58
季節とフナの居場所　60
春の乗っ込みブナ釣り
仕掛けとエサ　62
基本テクニック　64
釣果アップのヒント　68
秋の小ブナ釣り
仕掛けとエサ　70
基本テクニック　72
COLUMN　板オモリを美しく巻く　74

4章　タナゴ釣り

釣期について　76
釣り場について　78

止水域の釣り
仕掛けとエサ 80
基本テクニック 82
流水域の釣り
仕掛けとエサ 84
基本テクニック 86
オオタナゴの釣り
仕掛けとエサ 88
基本テクニック 90
COLUMN 使い込むほどに輝きを増す和の釣り具たち 92

5章 雑魚（モロコ、クチボソ、ヒガイ）釣り

モロコ・クチボソ
釣期と釣り場について 94
仕掛けとエサ 96
基本テクニック 98
ヒガイ
釣期と釣り場について 100
仕掛けとエサ・基本テクニック 102

6章 ヤマベ釣り

釣期について 106
玉ウキ仕掛けのフカシ釣り
仕掛けとエサ 108
釣り場と基本テクニック 110

立ちウキの寄せエサ釣り
仕掛けとエサ 112
釣り場と基本テクニック 114
蚊バリの流し釣り
仕掛け 116
釣り場と基本テクニック 118

7章 アユ釣り（チンチン・エサ）

釣期と釣り場について 122
仕掛けとエサ 124
基本テクニック 126
COLUMN 川釣りの「足元」について 128

8章 ワカサギ釣り

釣期について 130
屋形船（ドーム船）
仕掛けとエサ 132
釣り場と基本テクニック 134
ボート釣り
仕掛けとエサ 136
釣り場と基本テクニック 138
オカッパリ
仕掛けとエサ 140
釣り場と基本テクニック 142
COLUMN アフターフィッシング（料理）の楽しみ 144

9章 ハゼ釣り
オカッパリ釣りの釣期について 146
ノベザオの釣り
仕掛けとエサ 148
釣り場と基本テクニック 150
投げ釣り
仕掛けとエサ 154
釣り場と基本テクニック 156

10章 テナガエビ釣り
釣期と釣り場について 160
仕掛けとエサ 162
基本テクニック 164

11章 ウナギ釣り
釣期と仕掛け・エサ 168
釣り場と基本テクニック 170
川釣り用語集 172
DVD付録 収録コンテンツ 175

BOOKデザイン 佐藤安弘（イグアナ・グラフィックデザイン）
イラスト 廣田雅之
撮影協力 ㈲つり具すがも

1章
素晴らしき川釣りワールド

「釣趣《ちょうしゅ》」という言葉がある。
対象魚の個性とともに
季節感を味わう繊細なこの感覚は、
川釣りにこそ相応しいものではないだろうか。
知識や技術の前に、
まずは本書に収めた魚種の
釣趣を感じてみてほしい。

乗っ込み本番の手応え充分。30㎝を超える尺ブナに笑みがこぼれる

「柿の種」の愛称で親しまれる３～４㎝級の小ブナ

フナ釣り

数ある釣りの格言の中でも有名な「釣りはフナに始まりフナに終わる」。川釣りの基本や面白さは、すべてフナ釣りに集約されていることを表わしている、ともいえます。

春は巣離れから乗っ込みでシーズンの幕を明け、暑い夏は無理をせず一休み。すがすがしい風を合図に秋ブナで再開、晩秋からは落ちブナに興じて、師走の寒ブナで1年を締めくくる。季節を通じて楽しむフナ釣りに学ぶべきものは多いのです。

本流や本湖から乗っ込んできたばかりの銀鱗がまぶしい尺を超す大型ブナ

秋から師走に向かってのシーズン後半戦は小ブナ釣りの最盛期。ビクの底が見えないくらいの数釣りを楽しめる

ハス田の中を流れるホソは小ブナ釣りの絶好ポイント。短ザオとシモリ仕掛けで静かに探り歩くこと

延々と続く土手下のホソを独り占め。春の乗っ込みブナ釣りには大型が掛かることが多く玉網が必需品

桜の開花前線とともに進行していくのは春の乗っ込みブナ釣り。でも、釣り人の皆さんは「花よりフナ」でしょ

土手下のホソと田んぼに続く縦ホソとの合流点は春の乗っ込みブナ、秋の小ブナを問わず最良のポイントだ

オカメタナゴねらいの寒タナゴ釣りといえば、関東の霞ヶ浦や北浦に点在している船溜まりのドックが本命場所

タナゴ釣り

「江戸前の寒タナゴ」という伝統の枠から飛び出し、活性が高い時期に大らかに釣りを楽しむ若いタナゴファンが増えています。その大きな魅力は、産卵期を迎えたオスタナゴの婚姻色の美しさではないでしょうか。

　虹色に輝くオカメタナゴはもちろん、「マタナゴ」の総称で親しまれる紡錘形をしたタナゴの仲間を流水域に求める川タナゴ釣りにも、それぞれ独特の婚姻色で着飾った個性派が出そろいます。

丘陵から流れ下ってくるようなホソや水路をねらう川タナゴ釣りも面白い！

マタナゴの総称で呼ばれる３魚種の１つ、アカヒレタビラ

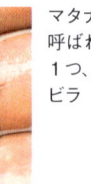

ホソのオンドマリにオカメタナゴらしきヒラ打ちを見つけ、
寄り添うように仲間とサオをだす

湖岸や河川の下流域で楽しむオオタナゴ五目釣りシーズンは秋、春の2回

ヤリタナゴも関東でいうマタナゴの1魚種

虹色の婚姻色が美しいオカメタナゴは一般家庭の観賞魚としても古くから親しまれてきた

10㎝を軽く超すオオタナゴは引き味もよく、
湖岸のファミリーフィッシングにうってつけ！

霞ヶ浦に流れ込んでいる大河川の下流部に設置された
真珠棚周りはオオタナゴ釣りの好ポイント

雑魚釣り

雑魚《ざこ》、ジャミ、外道、エサ取り……邪魔者扱い的な数々のニックネーム。ところが専門にねらってみると予想以上に手を焼くのがクチボソとモロコ。ちなみに、タナゴや小ブナに混じって釣れる時は、ウキを引っ張るアタリ1つでどちらか判断が付けばビギナークラスは卒業です。

霞ヶ浦の湖岸で盛んなヒガイ釣りは秋から初冬にかけてが旬。のんびりとしたエンコ釣りに構えてサオを振ります。

「手強い相手です。やっとハリ掛かりしました」と苦笑い

小魚用の透明アクリルケースを用意しておけば、釣りたての魚体や体色を細かく観察できる

日溜まりの水路で寄り添うようにサオをだす冬季の雑魚釣り。アタリも微妙で難易度は高い

親水公園を流れる水路で雑魚釣り。クチボソにまじってオカメタナゴも釣れるので、ご覧のとおりの混雑ぶり

５㎝前後しかない小型クチボソ。タナゴバリでも掛けるのは難しい

琵琶湖原産のヒガイは霞ヶ浦水系にも移入している

ヒガイはタナゴと同じく二枚貝に産卵する

黒装束の鎧のような婚姻色をまとったクチボソのオス

クチボソに比べて、多少は釣りやすいタモロコ

湖岸にエンコ釣りで陣取り、振り出しザオのウキ釣りやチョイ投げで楽しむ

予想以上の大釣りに、４人組は「今夜はヤマベの唐揚げをいただきます」と食欲旺盛

真夏の山上湖に膝まで立ち込んで、避暑を兼ねてヤマベの寄せエサ釣りを楽しむ

ヤマベ釣り

大きな青空の下、清流に浸って無心にサオを振るヤマベ釣りは、川面を渡る風が涼しく爽やか。釣り人は、虫エサのフカシ釣りで、あるいは羽虫や川虫などの小さな昆虫を模した蚊バリの流し釣りで、変化に富んだ瀬に魚影を追い求めます。

おっと、流れの緩やかなトロ場では集魚剤の美味しそうな匂いを嗅ぎつけたヤマベをねらい撃ちする立ちウキの寄せエサ釣りという手もあります。さて、どちらにしましょうか。

ニキビ面にド派手なコスチューム。婚姻色をまとった産卵期のオスヤマベ

清流の浅い瀬は、蚊バリの流し釣りの１級ポイント。自分の選んだ蚊バリにヤマベが飛び出してくれたらうれしさ百倍！

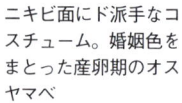

水面の波立ちがほとんどない平瀬は難易度が高いポイント。静かに立ち込み「木化け石化け」で人の気配を消すことが肝心だ

真夏の蚊バリの流し釣りは朝夕マヅメ時が勝負どころ。ヤマベのダブルヒットに百戦錬磨の著者も大喜び

蚊バリをくわえたヤマベ。光加減によって流れの中で美しい魚体が映える

冬場の寒ヤマベ釣りはトロ場が好ポイント。寄せエサを打ち込んで、ハエウキ仕掛けと練りエサでねらうのが基本だ

ヤマベはどちらかというと、底石が大きくない川底の浅瀬を好む

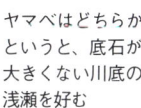

アユのチンチン釣りやエサ釣りは友釣りと違って流心を避け、流心脇からヘチ寄りの変化がある流れをねらうことが基本テクニックだ

アユ釣り

アユの釣りといって多くの人が想像するのは、オトリを操作してアユのナワバリ争いの習性を巧みに利用する友釣り。そのほかに繊細で美しい毛バリのドブ釣りも独特の世界です。

これらの釣りは、川釣りジャンルとしてはタックルも釣り方も特異なものがあります。その点、擬餌バリのチンチン釣りとエサ釣りは、ローカル的な釣り方ですが、ヤマベと同じく振り出しザオを手に清流の瀬釣り感覚で楽しめるのが大きな特徴です。

シーズン当初は10～13㎝級の小アユが大半だが、秋の落ちアユ釣りシーズンになるとエサ釣りでも20㎝を超える良型アユがヒットしてくる

絶好のチャラ瀬を両岸からねらうチンチン釣りファン。仕掛けを流す筋が釣果を左右する

「アユは小さくても、ヤマベに比べて引きが数倍強いですよ。四季折々の小もの釣りのスケジュールには毎年、チンチン釣りも予定しています」とは釣り仲間

神奈川県の小田原地先を流れる箱根早川にはその名も「早川バケ」と呼ぶチンチン用の擬餌バリがあり、地元釣具店に立ち寄って買い求めるほうが得策だ

アユの警戒心が強くなって食いが渋くなる日中の時間帯は無理に立ち込まず、低い姿勢でサオを振ることもテクニックの1つ

標高が高い山の中腹に浮かぶ各地の山上湖では、秋9月以降ワカサギのボート釣りが本格化し、結氷するまでの数ヵ月間楽しめる

ワカサギ釣り

ひと昔前まで、ワカサギ釣りといえば冬の風物詩ともう1つ、「寒さとの戦い」的なイメージがつきまとう厳しいターゲットでした。ところが近年は「常夏のハワイ?」くらいに暖かい屋形船やドーム船のおかげで大人気。誰もが気軽に「湖上のインドア・フィッシング」を楽しんでいます。

さらに、大人の遊び心をくすぐる高性能の超小型電動リールタックルの登場&定番化によってゲーム性も飛躍的に高まりました。

ワカサギを当て字で書くと「公魚」。12～13㎝以上の良型はこれをもじって「大公（たいこう）」と呼ぶ地方がある

霞ヶ浦水系は昔からワカサギのオカッパリ釣りが盛ん。回遊が期待できる土浦港などでは足場のよい岸壁が1級ポイントになる

千葉県高滝湖など各地の準山上湖でもワカサギのボート釣りに力を注いでいる。最近は陸続きの桟橋釣りも登場してきた

福島県桧原湖などの豪雪地帯でも屋形＆ドーム船に乗り込めば、Tシャツ1枚で南国気分のワカサギ釣りが楽しめる

老若男女が無心にイトを垂れるドーム船の釣り風景。船長がベストポイントに案内してくれるのだから、釣れないはずがない？

電動リールの二刀流で気合い充分のベテラン。入れ食いになるとドーム船の隅々までモーター音が鳴り響く

夏休みに入ると干潟のオカッパリハゼ釣り場は満員御礼。潮の干満によって水位が変動し、濡れている足元は滑りやすいので要注意

ハゼ釣り

干潟を好む汽水域の小さな主役ターゲットといえば1年魚のハゼ。手軽なファミリーフィッシングの代表格として親しまれる一方で、この魚に長年魅了されてやまないベテランもまた数多くいます。その理由は、夏から師走まで、フナ釣りのように季節とともに変化していく釣趣の奥深さにあるといえるでしょう。

初夏のデキハゼに始まって年末のケタハゼまで、「ハゼ釣り暦」を追いかけていると、半年のシーズンもあっという間です。

秋が深まってくるとハゼも深みを意識し始め、振り出しザオよりもチョイ投げのほうが有利になってくる

秋の彼岸ハゼの時期を迎えると 12 ～ 13㎝級が目立ち始め、そろそろハゼの天ぷらの味が恋しくなる

小型漁船の係留場所はハゼのオカッパリ釣り場としてもベスト。くれぐれも作業の邪魔にならないように注意を怠らないことが釣り人のマナーだ

夏ハゼ釣りシーズンでも、早生まれの一番子は10cmを超すほど成長している

ベテランは時速40～50尾が目標。ということは2～3時間もあれば束釣り達成！

下町界隈の水路群は親水公園として整備されているので、家族連れでも安全性が高い

中央区の佃掘は由緒正しき江戸前のハゼ釣り場。近くには月島もんじゃ街もあるし、下町探索にはもってこい！

落ちハゼからケタハゼにかけて、深みに集まってきた良型ハゼをねらう投げ釣りは数本ザオの並べ釣りがセオリー

汽水域の消波ブロック帯は今やテナガエビの超一級釣り場。釣れ盛る好ポイントには自然と釣り人が集まってくるから不思議

テナガエビ釣り

汽水域のターゲットとして近年ハゼと人気を二分しているのがテナガエビ。2～3本のサオを操る並べ釣りで、消波ブロック帯などの障害物周りのピンスポットを探る釣趣は独特のものがあります。

テナガエビが見つけたエサを住処までハサミで運び込む過程の玉ウキの動き方は面白く、どこで合わせるかがスリリング。そして取り込み時に大きなハサミを振りかざして見得を切るテナガエビのパフォーマンスは滑稽《こっけい》で思わず笑みがこぼれます。

大きなハサミを自由自在に動かし、最後の抵抗とばかりに威嚇してくるテナガエビのパフォーマンスが面白い

坂東太郎こと利根川本流の木下付近にもテナガエビの好釣り場がある。長大な流れだけに、まだまだどこかにマル秘釣り場があるはずだ

テナガエビ釣りファンの釣果目標は半日で50尾。この数があれば家族そろって、美味しい唐揚げがいただける

通常は玉ウキの1本バリ仕掛けだが、根掛かり多発地帯用の十字テンビンには珍しくダブルヒット！

江戸川区の新左近川親水公園は、風情がある石積み護岸のテナガエビ釣り場を温存している

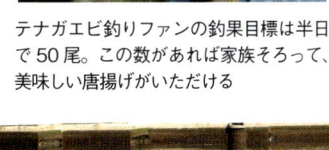

漁師町を流れる小河川のチョイ投げで待望のウナギをゲット。エサは近くの雑木林で捕まえてきたドバミミズ

周囲が闇に包まれる頃、ウナギのブッコミ釣りのチャンスタイムを迎える。無風の時は蚊の猛襲にご用心！

ウナギ釣り

釣って面白いというよりも、食べて美味しいウナギは古くから汽水域のグルメ魚として隠れた人気ターゲット。江戸時代、暑い夏を乗り切るために平賀源内が発案したらしい土用の丑の日を引用するまでもなく、ベストシーズンは真夏です。

数本の投げザオを用いるブッコミ釣りのナイトフィッシングは、遠方に光り輝く大都会のイルミネーションや、花火大会を眺めながらのビアガーデン気分も堪能できます。

ものの見事に釣りあげたのは60cmを超す大ウナギ。「これだから止められません」とは地元毎日組のベテラン

釣りあげたウナギは大型の発泡スチロール箱などにエアレーションをして、１週間ほど泥抜きするのが美味しくいただくコツ

水門の前後など水流に変化がある個所はウナギが好む居場所

2章 準備編

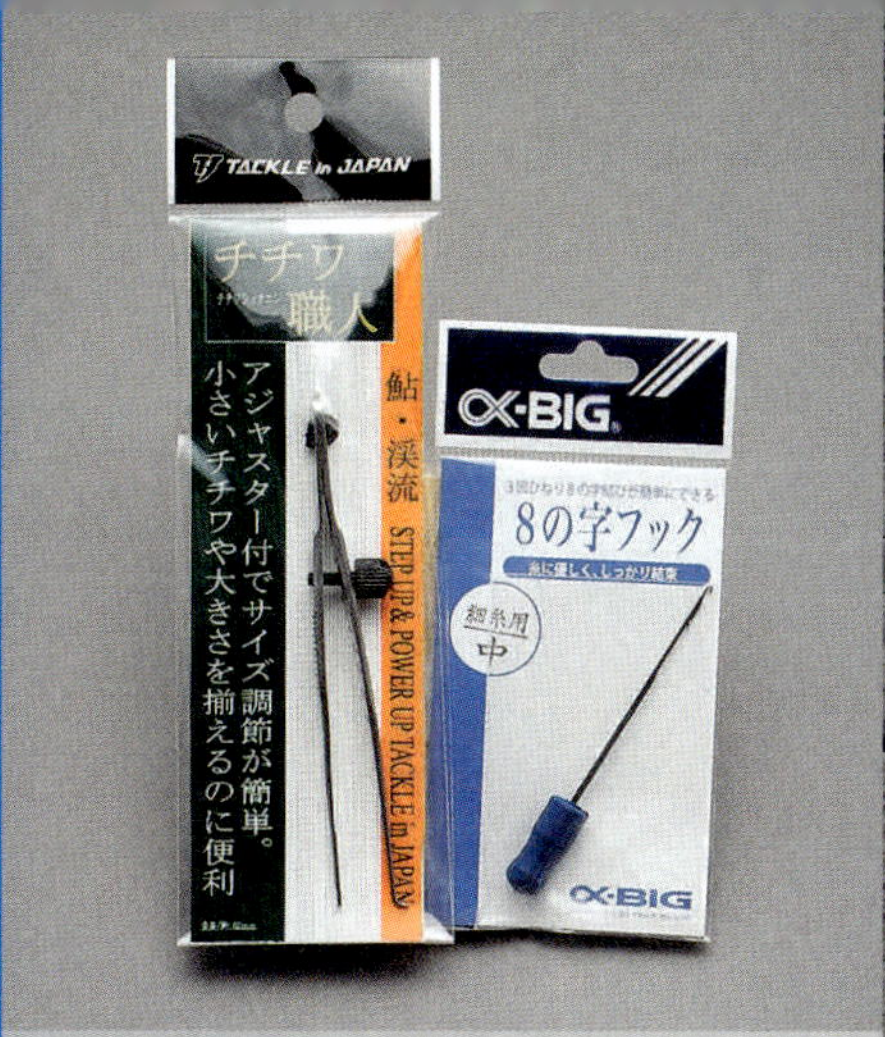

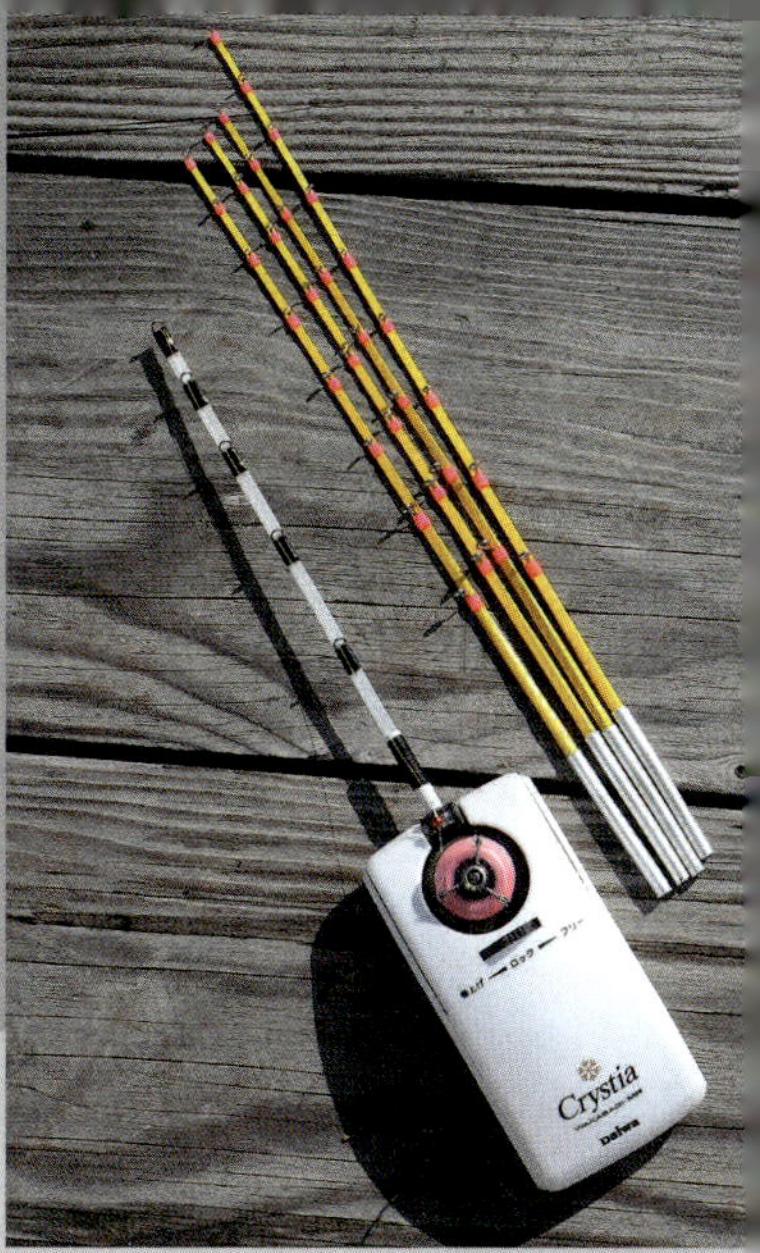

川釣りの道具や仕掛けは基本的にシンプル。
サオなどは複数の釣りに流用できることも多い。
必要なモノをそろえて、結びをマスターしたら、
さあ、いよいよフィールドへ出かけよう

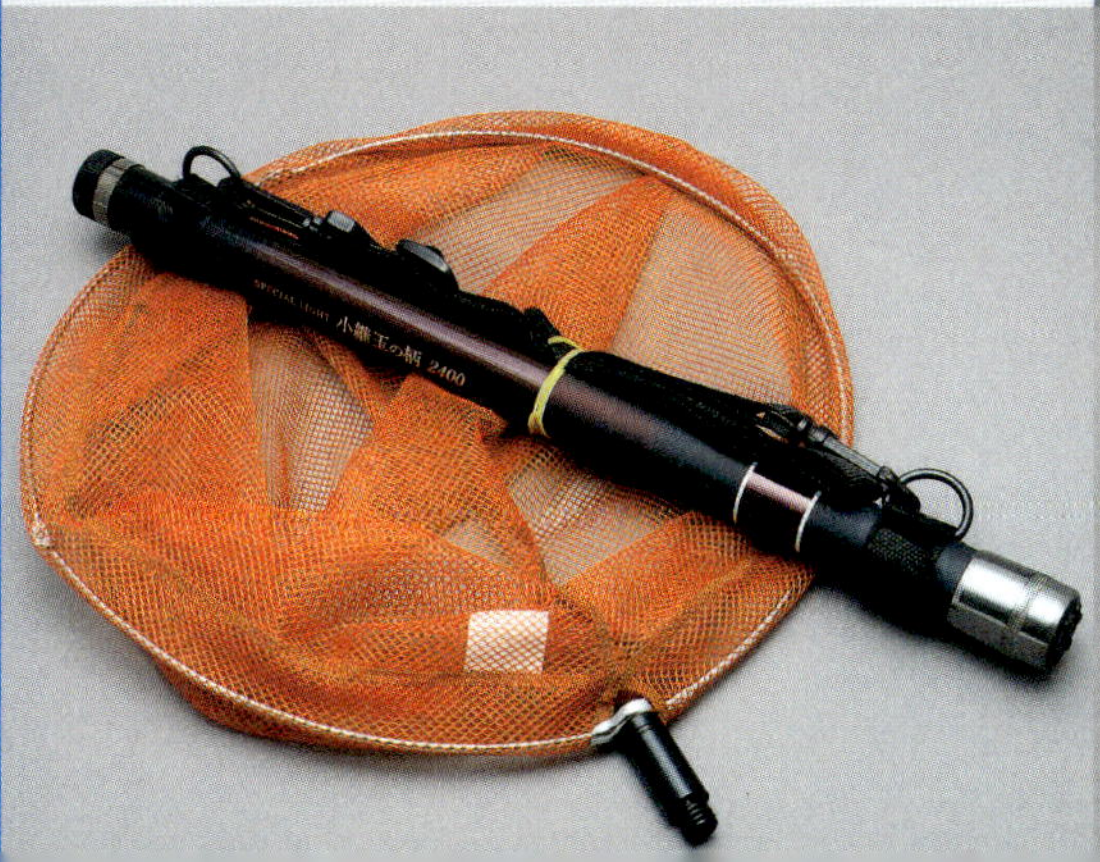

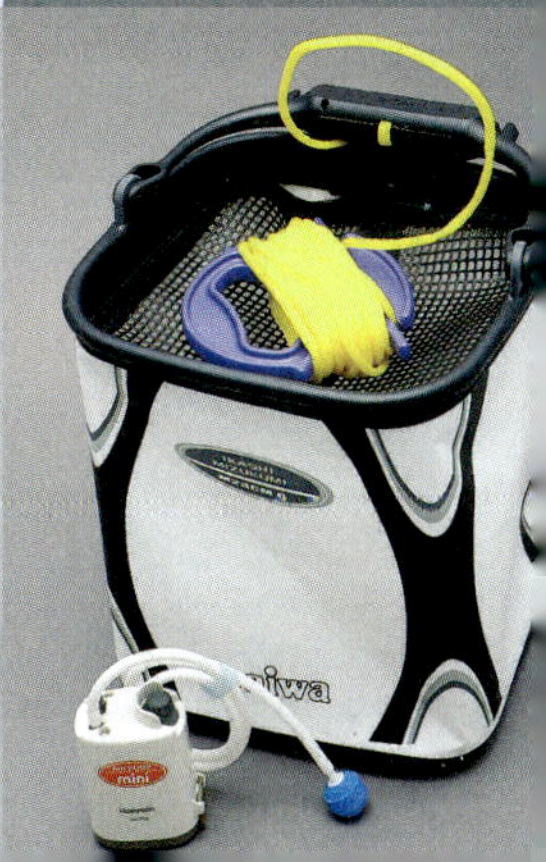

道具を準備しよう① サオ

釣りたい魚を決めたらサオを選ぼう。主役は振り出しザオ。魚種に応じて異なる長さをそろえよう

短ザオは小もの釣りの代表格

川釣りに用いるサオは、ねらう魚種（対象魚）によってさまざまな種類（長さ）を使い分けます。

サオの中心となるのは、ノベザオとも呼ばれる振り出し式のものです。振り出しザオは、軽量で反発力が強く、アタリ感度がよいカーボン製品が大半です。一部ではグラスロッドも愛用されています。

振り出しザオは、タナゴや雑魚釣り用の80～90㎝サイズから、清流やフナ釣りなどに使う5m前後まで、長さのバリエーションが豊富です。最初から全部をそろえるのは無理があるので、まずは釣ってみたい魚種を絞り込み、好適なサオから買い求めていくことをおすすめします。この際、3m以内の短ザオと、3m以上の長ザオという長短2グループに大別してみると購入しやすいでしょう。

3m以内の短ザオは、近年のタナゴ釣り人気を反映して各社から小継ぎ仕様の小ものザオが登場しており、選択肢が増えました。仕舞い寸法は25～30㎝とコンパクトで、全長は90㎝、1・2m、1・5m……2・1m、2・4m、2・7mといったように、20～30㎝刻みでラインナップされている製品が多いことが特徴です。

短ザオはタナゴに雑魚、フナ、ハゼ、テナガエビといった淡水や汽水域の多種多彩なターゲットに使い回すことができるので、小もの釣りの代表的なサオといえます。

長さが選べるズームロッド

3m以上の長ザオになると、「小ものザオ」という謳《うた》い文句が付いた製品は見当たらなくなります。そこで登場するのが万能ザオ、清流ザオと称される製品のほか、渓流ザオなどを流用することになります。

サオの調子（硬さ）は中硬調や硬調の表示が付いていることが多く、全長3・6m、3・9m、4・2m、4・5mの長短4本をそろえておくと、後述する川釣りターゲットを幅広く楽しめます。

また、全長を2～3段階に伸縮できるズームロッドも市販されています。これを上手に組み合わせれば、短ザオから長ザオまで数本のサオでそろえることも可能です。

ワカサギ釣りは近年大流行の専用タックルに注目

　このほか、ノベザオ以外の振り出しザオにはリールザオがあります。海釣りでは中心的な存在となるリールザオには、ラインを通すための複数のガイドリングと、リールをセットするためのリールシートがそれぞれ取り付けられています。

　淡水・汽水域でリールザオで楽しむ釣りには、ハゼのチョイ投げやウナギ釣りがあります。本書では割愛しますが、マスの管理釣り場のルアーやフライフィッシングも、それぞれ個別に専用のタックルがあります（ルアー、フライロッドとも継ぎザオが中心）。

　最後に、近年その人気とともに急激な進化を遂げたものとしてワカサギ釣りの専用タックルがあります。これはモーター動力の超小型電動リールとグリップ部が一体化し、穂先をセットして使用するものです、替え穂先もラインナップされています。

短ザオ

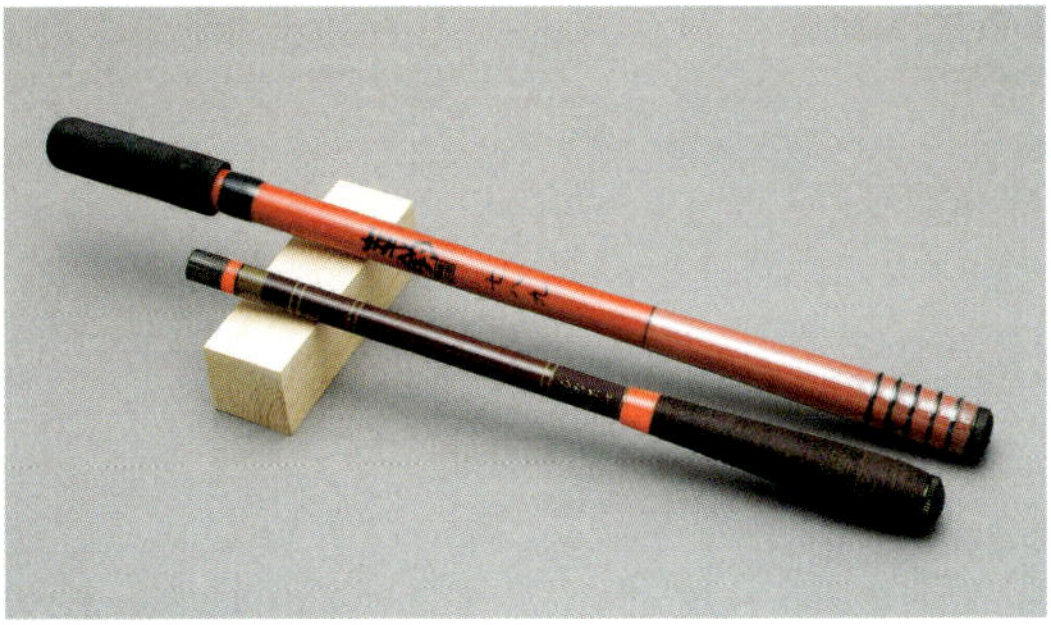

3m以内の短い振り出しザオはタナゴやフナ、テナガエビといった小もの釣り全般で活躍してくれる。仕舞い寸法も短く、コンパクトに収納できることが特徴

秋の小ブナ釣りはエンコ釣り、探り釣りとも短ザオが主力

汽水域のテナガエビ釣り場は消波ブロック帯が大半。20～30㎝刻みの長短ザオを使い分けること

船だまりのドックのタナゴ釣りには専用のタナゴザオがある。1m前後の短ザオの出番が多い

長ザオ

3m以上の長めの振り出しザオは主に清流＆渓流ザオ、万能タイプから流用する。2～3段式のズームロッドがあると、長短別のサオの本数が少なくてすむメリットがある

水深の浅いフナ釣り河川では長ザオを使って対岸の草付き周りをねらうのがキーポイント

ハゼのオカッパリ釣りで中規模の水路筋をねらう場合にも、時には4mクラスの長ザオが必需品

ワカサギのオカッパリ釣りには4～5mクラスの2～3段式ズームロッドが活躍してくれる

清流のヤマベ釣りには専用の軟調子ハエザオで引き味を楽しもう

リールザオ

投げ釣りにはリールシートを備えたキャスティング用ロッドとスピニングリールを組み合わせる。ねらうターゲットによってサオの長短やオモリ負荷を選ぼう。ハゼのチョイ投げはコンパクトなショートタイプ、ウナギ釣りには中距離用タックルが最適

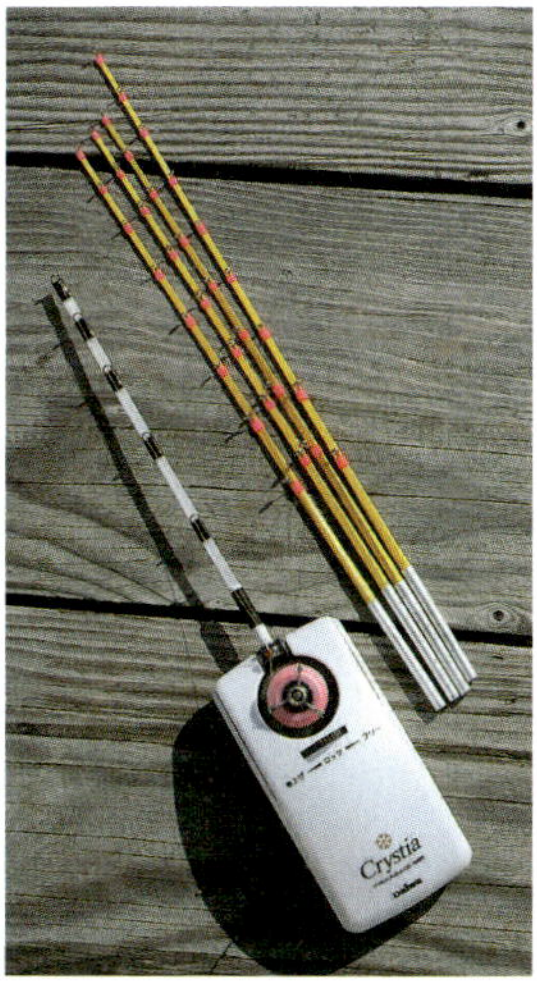

超小型の電動リールが普及したおかげで、だれでもより手軽にワカサギ釣りが楽しめるようになった。デザインや機能を考えると価格も意外にリーズナブル

てこずる大人を尻目に、チビッコはゲーム感覚で楽々操作してしまうワカサギ用のミニ電動リール

落ちハゼからケタハゼにかけて好機を迎えるハゼ投げ釣り。都心を流れる大河川が好ポイントだ

ベテランになるとワカサギ用ミニ電動リールの二刀流で1000尾を超す入れ食いを演じる

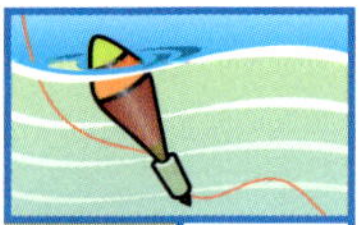

道具を準備しよう②

エサ入れ&ビク

サオ同様、魚種別に好適なものを選ぶ

エサ入れ　おすすめは首下げ式

サオと同じく、ねらう魚種で使うエサも違ってきます。同じ虫エサでも赤虫、サシ、イソメなど、種類はたくさんあります。さらにグルテンや黄身練りなどの練りエサを加えると、それらを収納するエサ入れもまた用途別に４～５個必要になってくるということなのです。

虫用のエサ入れには、エサ箱が多用されます。ベルトにセットして固定できるタイプが安価でポピュラーですが、釣り場での持ち歩きの利便性を考えると、ヒモ付きの首下げ式エサ入れがより使いやすいです。赤虫をはじめ他のエサに流用の利く小型タイプと、イソメやキヂ（ミミズ）に適した容量のある中型タイプの２個を準備しておくと、使い勝手がよいでしょう。ちなみに、私は最近、竹や木をくり貫《ぬ》いて作った渓流釣り用の首下げ式エサ筒を愛用しています。

同じ虫エサでもヤマベなどの清流釣りやワカサギ釣りで使うサシには、エサの出し入れをよく考えて設計された専用の首下げ式のサシ入れがあると重宝します。

練りエサには、前記のものとは全く形状や機能が異なる黄身練りポンプが登場します。タナゴや小ブナ、雑魚釣りの練りエサ容器として使用するほか、グルテンエサ用には１００円ショップで購入できる小型の密封容器があればOKです。

ビク　用途や季節で工夫も

フナやタナゴなど、小もの釣り全般の生かしビクには、堤防や磯釣り用の折りたたみ式水くみバッカンがあると便利。網フタと尻手ロープが付いた製品は、足場の高いところからでも水替えが容易で、魚を弱らせずリリースできます。気温が高い季節はエアポンプを併用すると万全です。

ヤマベやアユなどの清流釣りにはズックビクのほか、アユ友釣り用の折りたたみ式の引き舟も便利です。

ハゼやテナガエビなど、釣った魚を美味しく食べたい魚種用には、ソフトクーラータイプの渓流用クリールと凍らせた５００mlペットボトルのコンビがおすすめ。夏場はさらに保冷力の高い密封型クーラーボックスを併用することは、いうまでもありません。

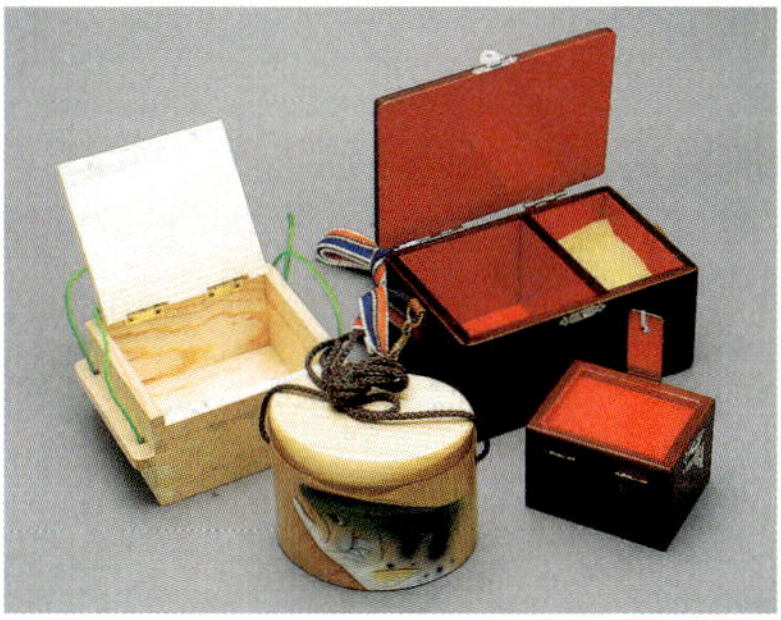

虫エサを収納するためのエサ入れは多種多彩。素材は木やプラスチック製があり、用途やサイズ別に4～5個そろえておくと重宝する。エサ箱のほか、渓流釣りによく使われる首掛けタイプのエサ筒も使いやすい

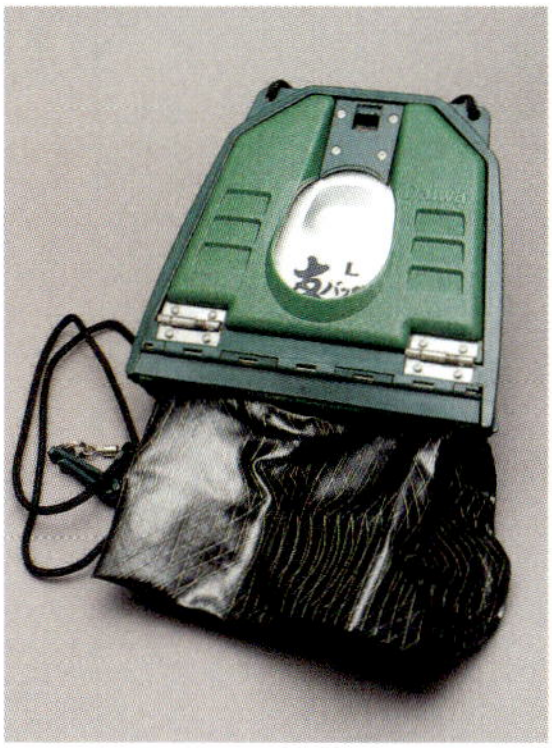

流れの速い瀬の中でも安定性がよく清流釣りに適したビクといえば、アユ友釣り用の引き舟。写真は折りたたみ式のタイプで携行性もよい

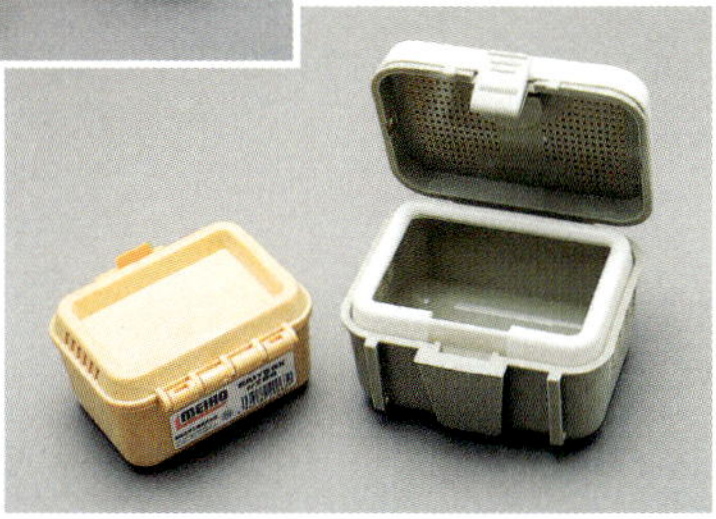

フナやタナゴ釣りなどの生かしビクには、折りたたみタイプの水くみバッカンを1個用意しておくと便利。気温が高い季節にはエアポンプを併用しよう

ハゼのオカッパリ釣り用ビクとして愛用者が増加中のソフトクーラータイプの渓流用クリーク。自宅で凍らせた500ml ペットボトルで保冷するのが一番

ヤマベやワカサギ釣りに使うサシエサ用には、首下げ式のサシ入れ（左）がある。また、タナゴなどの小もの釣りには黄身練りポンプも必需品

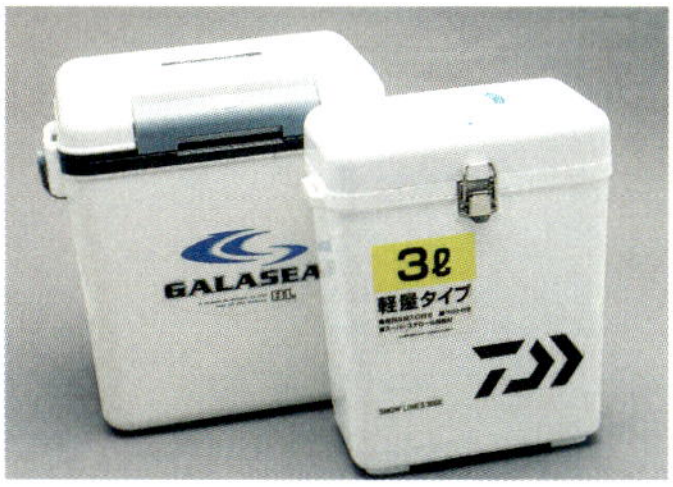

サマーシーズンは保冷力に優れたハードタイプのクーラーボックスが欠かせない。釣った魚の保冷以外に飲み物や弁当も収納しておきたいので、マイカー釣行の場合は容量の大きなタイプを用意するとよい

ヤマベやアユなどの立ち込み釣りやフナのエンコ釣りには、昔から魚を生かしておく水溜めが付いた網ビク、通称ズックビクが愛用されている

道具を準備しよう③

玉網ほか

その他の必需品、各道具の収納系からあると楽しみが広がるグッズまで

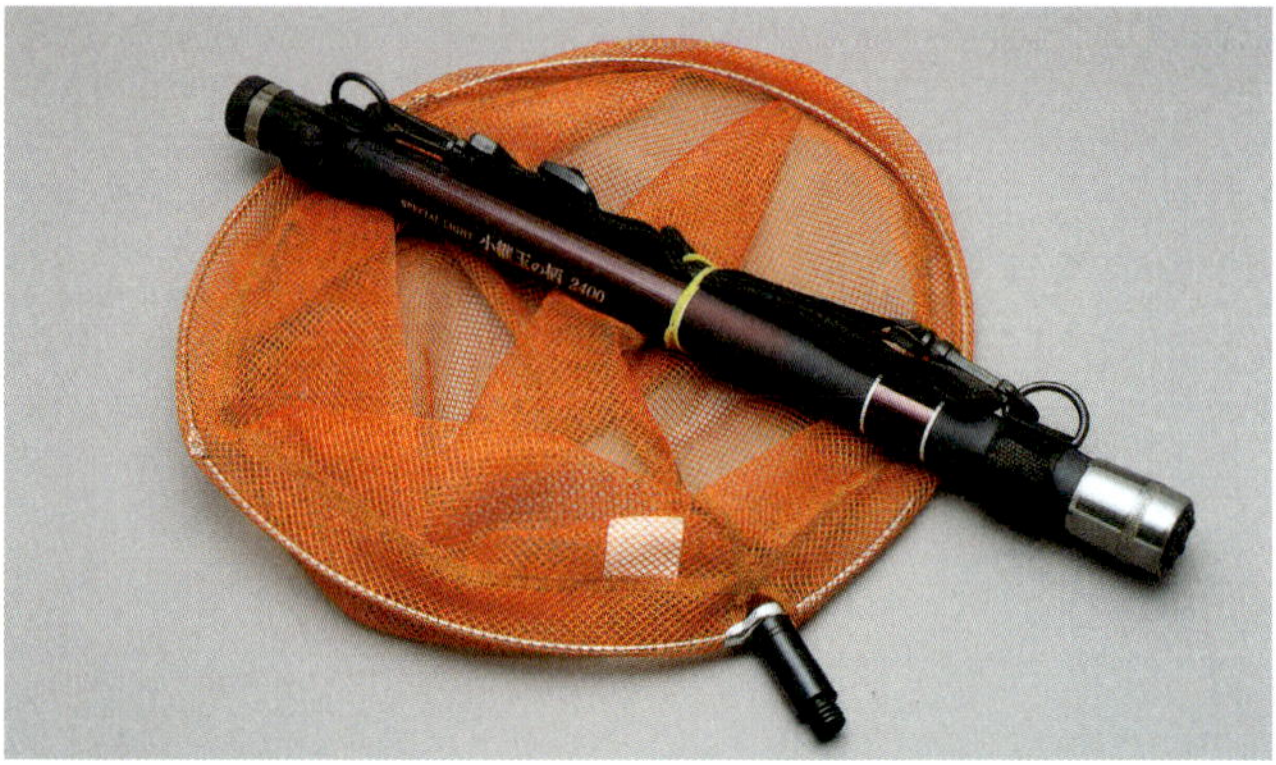

大型がヒットする春の乗っ込みブナ釣りには玉網が必需品。ヘラブナ用で代用できるほか、小もの釣りに特化した釣具店には振り出し式玉ノ柄がセットされたオリジナルの玉網もある

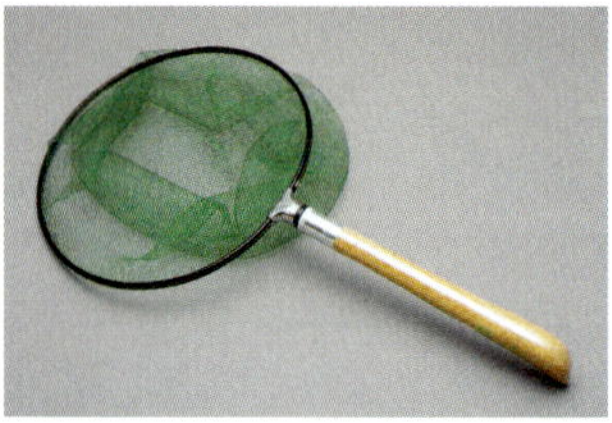

アユのチンチン釣りやヤマベの蚊バリ釣りでは、受けダモとして渓流用の玉網を使う人もいる

自動車釣行メインの現代では不要にも思えるが、それでも持っていたいのがサオケース。渓流ザオ用にはセミハードタイプが各社から市販されているほか、最近は小もの釣り人気を反映してか、昔ながらの小継ぎザオ用のショルダー式サオケースもリバイバル中

収納上手は釣り上手

●玉網

春の乗っ込みブナ釣りでは尺ブナと呼ばれる30㎝を超える大ものも掛かります。したがって、出番は少ないですが玉網は必需品です。玉枠30㎝、玉ノ柄1・5～2mのヘラブナ用玉網が買い求めやすいほか、一部の釣具店ではフナ釣りに特化した専用品もあります。

アユのチンチン釣りには受けダモとして、フィッシングベルトに差して使う渓流用の玉網があると重宝します。ヘラブナ釣り用のものとは形状が異なるので注意してください。

●サオケース

釣りものによっては長短のサオや、振り出しザオとリールザオといったように使い分けをするので、1回の釣行で何本もの釣りザオを持ち歩くことがあります。

こんなとき、マイカーの場合はトラ

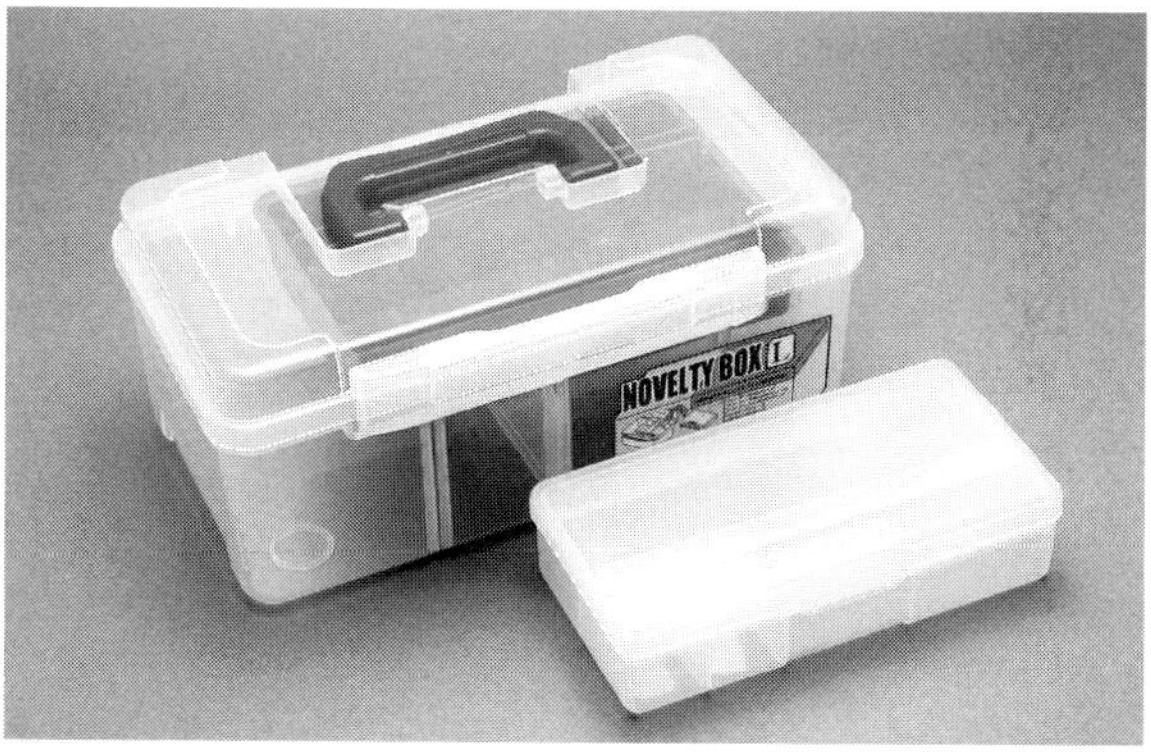

仕掛け作りに必要なハサミなどの小道具から、ミチイト、ハリ、サルカンなど細々としたパーツ類まですべて収納しておく自宅待機用のタックルボックスを用意しよう。それとは別に好みのターゲット専用のタックルボックスを作っておくのもいいアイデア

著者は小もの釣りに出かける時は十中八九、携帯用の小型仕掛けバッグを愛用している。またタナゴ釣りとフナ釣り用には通年それぞれの専用ショルダーバッグを用意してある

仕掛け作りで使用頻度が高いのはハサミ。人間が古い著者は主に和バサミ（下）を愛用。携帯用にはPEラインやメタルラインなどもカットできる最新のクリップ付きシザーズ（上）を選んで使っている。ハサミはとにかくよく切れることが第一

チチワやそれを作るための8の字結びは難しいものではないが、小さなチチワにしたり、大きさをそろえるとなると話は別。そこで登場するのが写真のような補助器具。一度使うと手放せなくなるほど便利だ

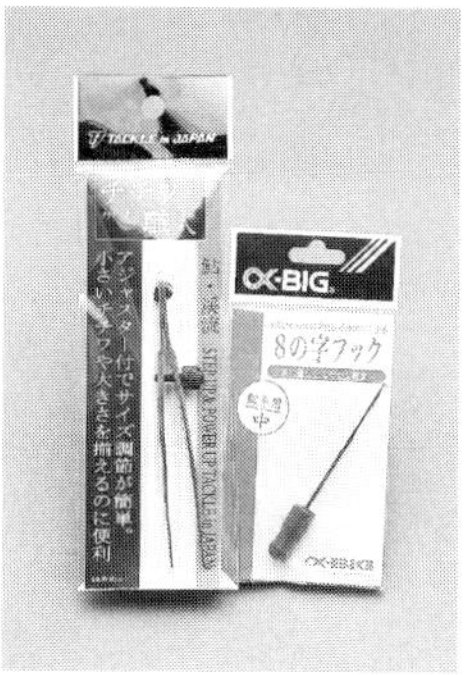

ンクの中へ個別に収納することも可能ですが、電車釣行の際はひとまとめにできるサオケースが欲しくなります。全長・用途別に市販されているソフトまたはセミハードタイプのサオケースの中から、自分に適したものを選びましょう。

●タックルボックス

自宅用の合切箱として、透明または半透明プラスティック製の万能型タックルボックスを用意しましょう。ミチイト、ウキ、ハリ、オモリまで仕掛け類一式をまとめて管理しておくと大変便利です。フナならフナ、タナゴならタナゴというように魚種別タックルボックスを作ることもできます。量販釣具店のほか、類似したポリケースは100円ショップにも数多くあります。

●携帯用仕掛けバッグ

電車やマイカー相乗り釣行が多い私は、当日使う予定の仕掛け類とハサミ、パーツケース、ハリケースなどのアイテムをコンパクトにまとめて持ち歩いて

います。タナゴやフナといった小もの釣りには主に、アウトドア用の小型ショルダーバッグを愛用しています。また、より小さく簡単な収納バッグには冷凍保冷用のジップバッグを活用しても便利です。

●パーツケース

釣り場では念のため丸カンや自動ハリス止メ、サルカンなどの接続具やガン玉、板オモリ類を収納した予備の小型パーツケースを持ち歩きましょう。

●ハリケース

市販のハリス付きハリは、自動ハリス止メを使うと好みの長さに切ってワンタッチで接続できます。一方で、丸カンやサルカンへの接続用にハリスの長さをそろえたチチワ付きのハリを収納しておくにはフェルト付きのハリケースが必要です。タナゴ用の小型タイプから各サイズが市販されています。

●折りたたみイス・ヘラクッション・レジャーシート

好ポイントに陣取ってサオをだす「エンコ釣り」には、折りたたみイスを用意しておきたいものです。また、ベタ座り用にはヘラブナ用クッションが意外と楽で、レジャーシートを併用するとズボンも汚れません。

楽しみが広がるその他のグッズ

●接写撮影キット

最近の小型デジタルカメラは、全長

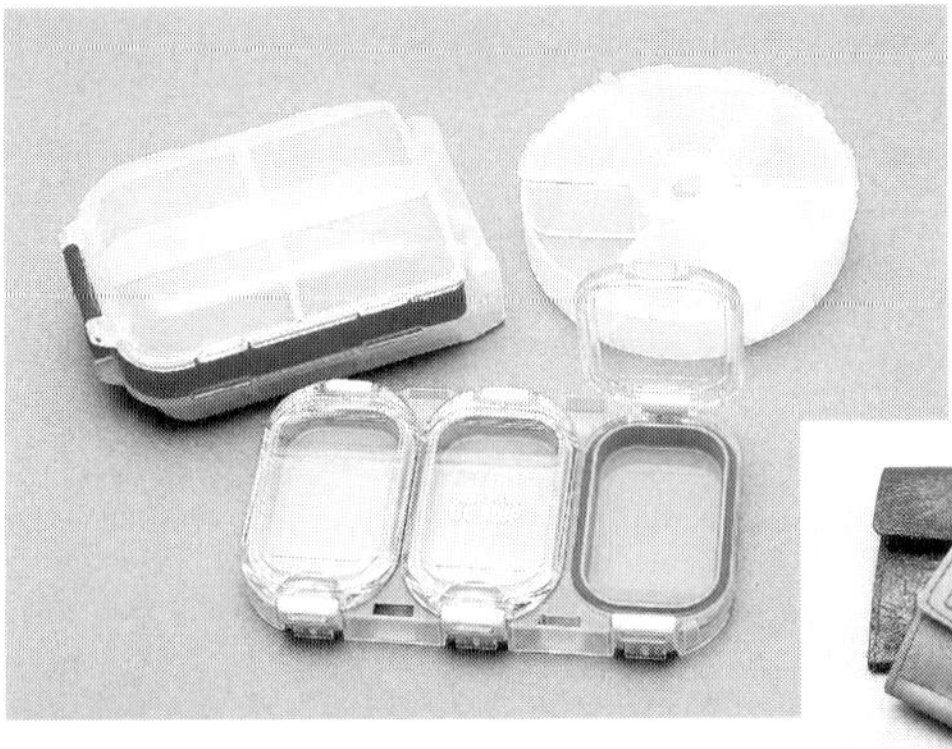

いろいろなサイズやデザインのパーツケースが市販されている。目的に応じて使いやすいタイプを選ぼう

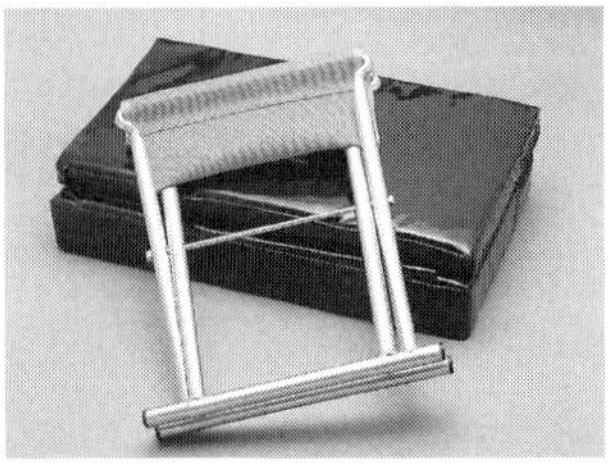

ハリケースは、自分で結んだハリス付きのハリや、ハリスの長さを決めたチチワ付きのハリを整理しておく際に必要。タナゴ用の小型ケースからヘラブナなどに使うロングタイプまで大小の市販品がそろっている

1ヵ所に陣取ってサオをだすエンコ釣りには、折りたたみイスやヘラブナ釣り用のクッションがあると楽だ

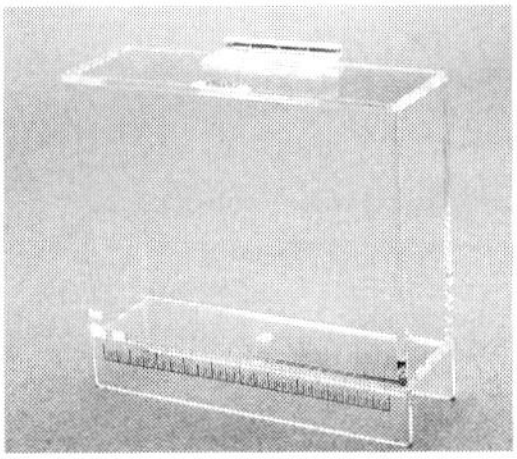

婚姻色の美しいオスタナゴなどは、いつでも見られるようにデジカメで撮影して残しておきたいもの。小魚の接写用として市販のアクリルケースを常に忍ばせておこう

釣り場近くに駐車スペースがほとんどない時に便利な乗り物が折りたたみ自転車だ。電車釣行での輪行のほか、マイカーのトランクに積み込んでおくのもいい。安価すぎるものは現場では使い物にならないことが多いので、最低でも5〜6万円以上の製品を選ぶようにしたい

釣り仲間のマイカーを利用した相乗り釣行は交通費が安く経済的。余分な荷物とともに、パンクなどに備えてスタンド式の空気入れやメンテナンス道具も積んでおける利点もある

東京近郊の河川や釣り場近くには全般に駐車場が少ない。折りたたみ自転車なら釣りたいポイントまで自由気ままにGO。マイカーに積んで出かければ、少し離れたコイン駐車場で組み立ててポタリング釣行も楽しい

電車釣行では、目的地の駅に着いたら乗客に迷惑のかからない場所で自転車を組み立てて出発。帰路は出発駅に戻らず、他の駅から乗り込むことも可能。これが電車釣行の楽しさだ

わずか数cmの魚でも簡単に接写撮影ができる時代になりました。特に、婚姻色や色彩が鮮やかなタナゴの仲間は釣りたての美しさが別格で、自宅のパソコンに保存してコレクションするのも楽しいものです。接写用のアクリルケースも市販されています。

　このほか、私は100円ショップで見つけた乳白色の皿を魚体撮影用に愛用しています。タナゴサイズの魚の撮影にはぴったりなうえ、魚の色を邪魔することもありません。

●折りたたみ自転車

『小さな魚を巡る小さな自転車の釣り散歩』という書名で単行本化された月刊『つり人』の長期連載「釣輪具雑魚団」では、折りたたみ自転車が移動手段の主役です。

　私が団長を務める雑魚団は電車釣行が優先ですが、マイカー釣行時でも折りたたみ自転車を積んでおくと、特に駐車個所が少ない釣り場での利便性を痛感できると思います。

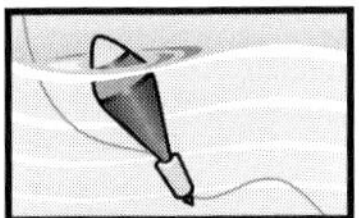

仕掛けを準備しよう① ミチイト・ハリス・ウキ・目印

イトはナイロンが主役、ウキは中通し玉ウキの出番多し

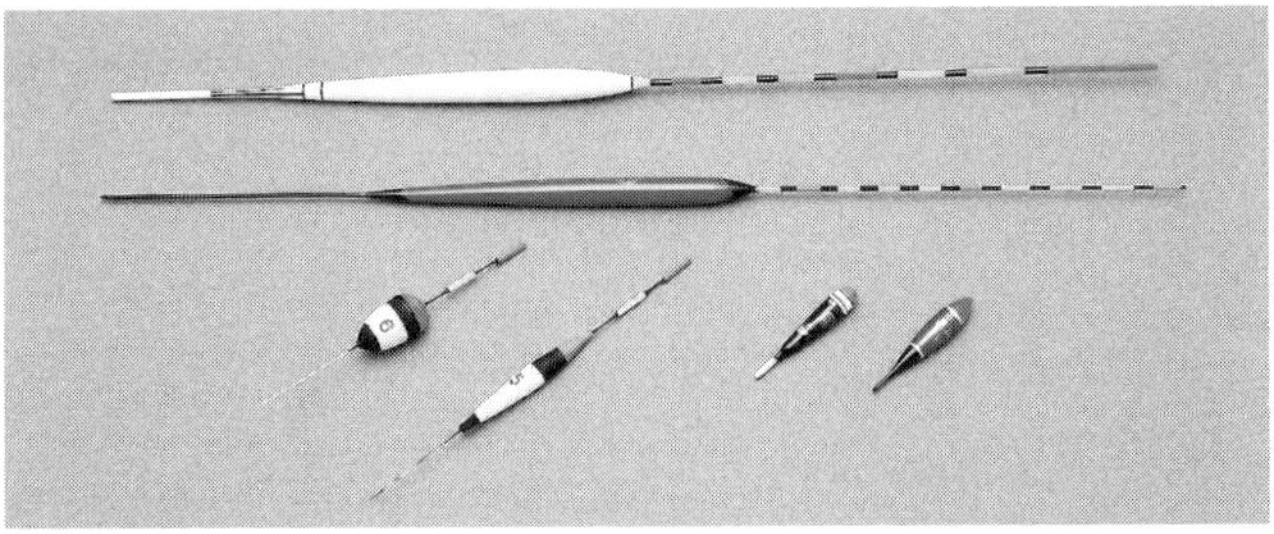

立ちウキ　立ちウキ系統のバリエーションは数え切れないほど多彩。川釣りの中でもフナの連動シモリ仕掛けに適したバットウキやタナゴ用の極小親ウキ、ハエウキなどの出番が多い

ミチイト1（ノベザオの場合）
振り出しザオでねらうターゲットにはナイロンミチイトが使いやすい。ハリスはナイロンのほか用途や好みでフロロカーボンを選んでもよいだろう（写真はともにナイロン製品）

ミチイト2（リールザオの場合）
リールザオに使うミチイトは、根掛かりの多いウナギ釣りなどでは安価なナイロンのボビン巻き（右）でも充分。ハゼのチョイ投げには伸縮が少なく感度良好なPEライン（左）もいい

●ミチイト・ハリス

アユ釣りで使用する金属ラインなどを除くと、釣りイトはナイロン、フロロカーボン、PEの3種類に大別されます。このうち振り出しザオの川釣り仕掛けに用いるミチイトとハリスは、ともにナイロンイトが使いやすいです。ヘラブナや渓流など、同じ淡水用の製品から選ぶとよいでしょう。いずれも特別高価なものではなく、普及品で問題ありません。

リールザオのスピニングリールに巻き込むミチイトは、釣魚によってナイロンとPEラインを使い分けます。根掛かりが多いウナギのブッコミ釣りなど、ナイロンの太イトを使う場合は数100mの安価なボビン巻きの徳用品でも充分です。

●ウキ

振り出しザオで楽しむ川釣りターゲットの大半はウキ釣り仕掛け。そのため、ウキの種類も豊富にあります。バットウキやハエウキなどの多種多彩

玉ウキ　足付き式と中通し式の2種類があり、材質は硬質発泡製かプラスチック製が大半。よく見る足付きタイプは意外にもテナガエビ釣りくらいしか出番がなく、川釣りで多用されるのは写真の中通し玉ウキだ。最近はストッパー付きの使い捨てタイプ(左)も出回っている。サイズは号数で表示されている。球形かナツメ型かは好みで選んでもいい

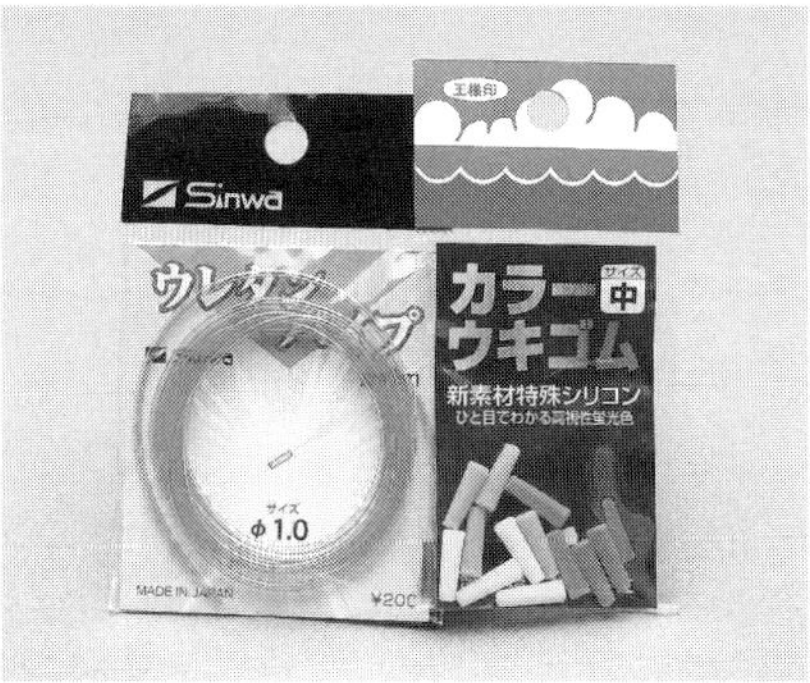

ウキ止めゴム　立ちウキをミチイトに止めるにはウキ止めゴムが必要。使うウキの足の直径に合ったタイプを選ぶほか、ハエウキなど足が細いものにはウレタンパイプが適している場合もある

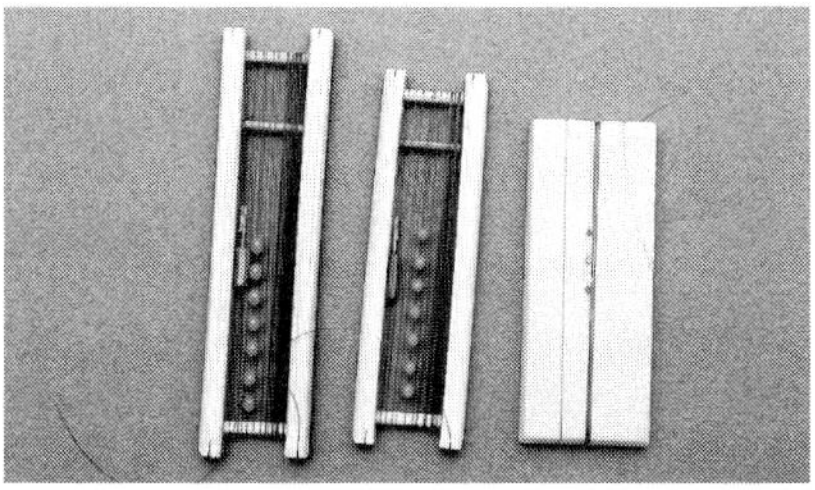

イトウキ　塗料を固めたり、羽根の芯を通して蛍光塗料などを塗って作られた水中のアタリウキ。ミチイトには5～8個通して使う。主にタナゴ、小ブナ、クチボソといった小もの釣りに愛用されるので、仁丹大の極小サイズから市販されている

目印　アユ友釣りや渓流釣り用に市販されているウイリーナイロン目印は、オカッパリハゼのミャク釣り仕掛けに3～4個セットしておくとアタリが分かりやすい。カラーはイエロー、オレンジ、ピンクなど数色あり、好みのものを配色するとよい

な小型立ちウキ、スリムで長いヘラブナ釣り用のヘラウキ、球形やナツメ型の中通し玉ウキ、鳥の羽根の芯で作った羽根ウキ、さらにタナゴや小ブナ釣り独特のイトウキ。これらを使い分けること自体が釣趣だと思ってください。

中でも出番が多いのは中通し玉ウキです。一般的には中通し部分を爪楊枝の先端や箒《ほうき》の芯などで止めて移動式にしますが、ビギナーにおすすめしたいのは、ストッパー付きの中通し玉ウキです。1回きりの使い捨てですが、チチワ状のリード線にミチイトを引っ掛け、使用したい数の中通し玉ウキを導くだけと使い方が簡単です。

●目印

ウキの代わりにアタリをキャッチするアイテムとして、主にミャク釣りに使うのが目印です。振り出しザオで楽しむハゼのミャク釣りなどに重宝します。目印は伸縮性があるウイリーナイロンなどの専用品が市販されています。

仕掛けを準備しよう②

ハリ・接続具・オモリ

小もの釣り仕掛けの重要パーツが目白押し!

川釣りの万能バリといえばこの袖型。著者は常時、2号から6号までの大小サイズをそろえている

袖

袖1号に代わる小バリが秋田狐の1～2号。小ブナ釣りとともにオオタナゴなど良型のタナゴをねらう時に使う

秋田狐

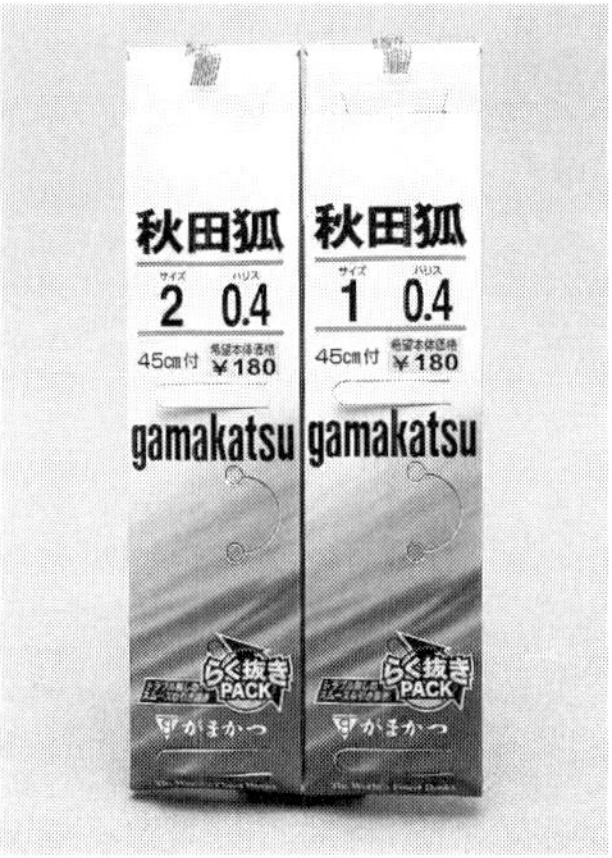

●ハリ

日本は世界を相手に釣りバリ大国と威張れるほど鋭く精密なハリを生産しています。種類も豊富で、大手メーカー数社のラインナップを合わせると膨大な数になります。

川釣りで主に使う基本的なハリは10数種類程度。代表的なものは万能タイプといわれる袖バリです。袖バリの大小をそろえておけば、本書で紹介する魚種を全部釣ることも可能です。また、タナゴバリやエビバリ（テナガエビ）、マスバリ、ウナギバリなど、用途の魚種名がそのまま名前になっているハリも数多くあります。

このほか、擬餌バリもあります。ヤマベの流し釣りの蚊バリをはじめ、アユのチンチン釣りのチンチンバリ、アユ毛バリなどの各種擬餌バリが魚種別のパートで登場します。擬餌バリはエサ釣りのハリとはまた別にさまざまな種類が存在します。おいおいそろえていけばOKです。

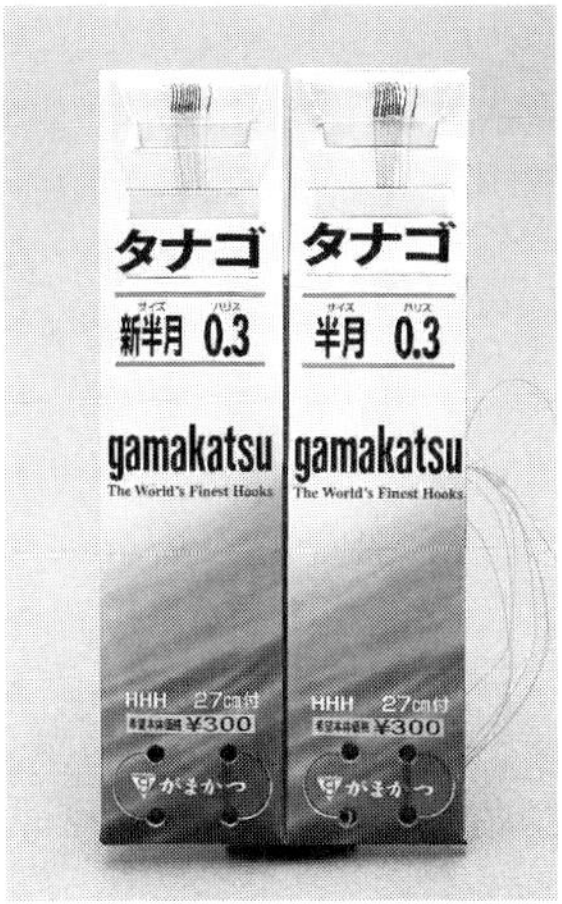

タナゴバリは数種類のハリ型が市販されていてクチボソや小ブナ釣りにも出番がある。著者の選ぶ基準は良型タナゴが半月、中小型タナゴは新半月、そしてオカメタナゴなどの極小サイズねらいには極タナゴを使い分けている

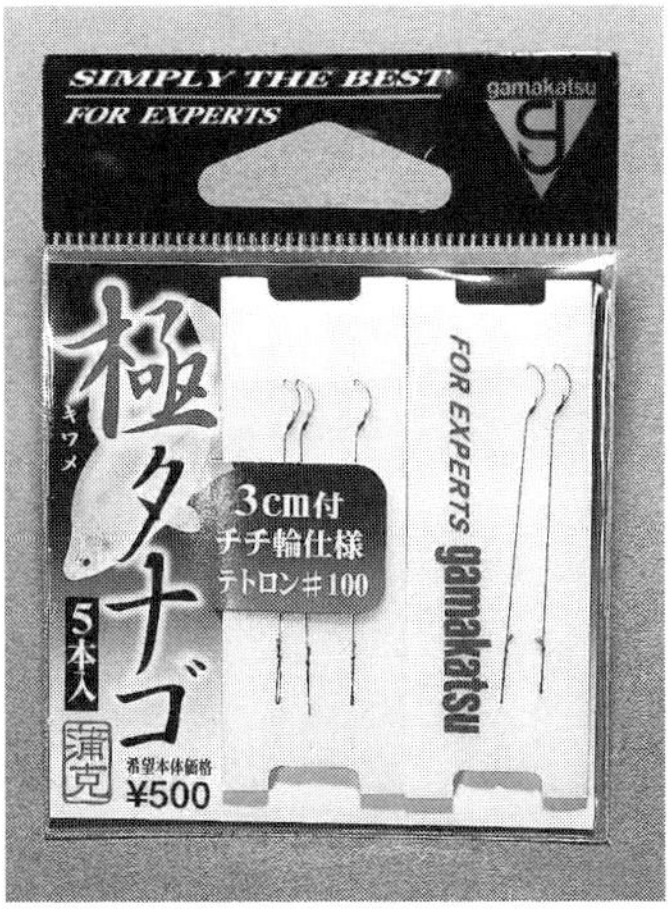

新半月

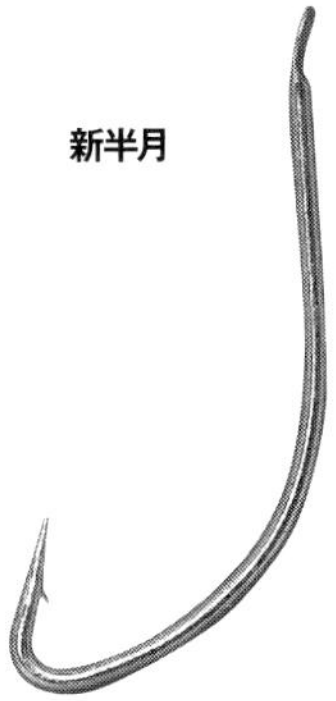

半月

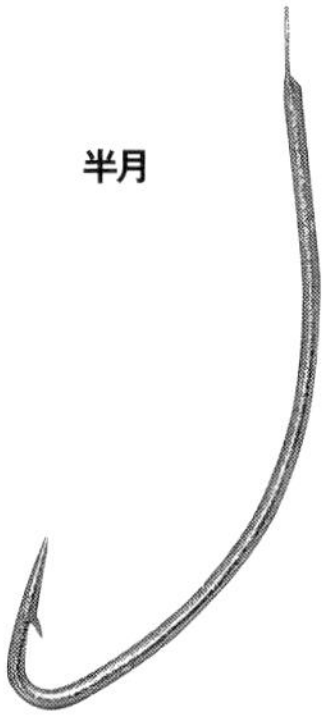

極タナゴ

●接続具

ミチイトとハリスなどをじかに結ばず、仲介役のアイテムとして多用するのが接続具です。川釣りには主に丸カン、サルカン、自動ハリス止メの3種類が用いられ、どれも小型サイズを選びます。ほかに、ハゼやウナギねらいの投げ釣りには片テンビンがよく使われます。テナガエビ釣りにも独特の十字テンビンがあります。

●オモリ

オモリは、ウキ釣り仕掛けで浮力バランスを整えたり、ミャク釣りでは的確に仕掛けを沈める目的で使われます。川釣りで多用されるのは板オモリとガン玉です。

繊細なバランスが要求されるタナゴ仕掛けには極薄タイプの0・1㎜厚の板オモリが適します。その他の仕掛けには0・17～0・25㎜厚を用います。ガン玉は8、6、4……1号、B、2B……などの大小サイズを小型ケースにそろえておくと重宝します。

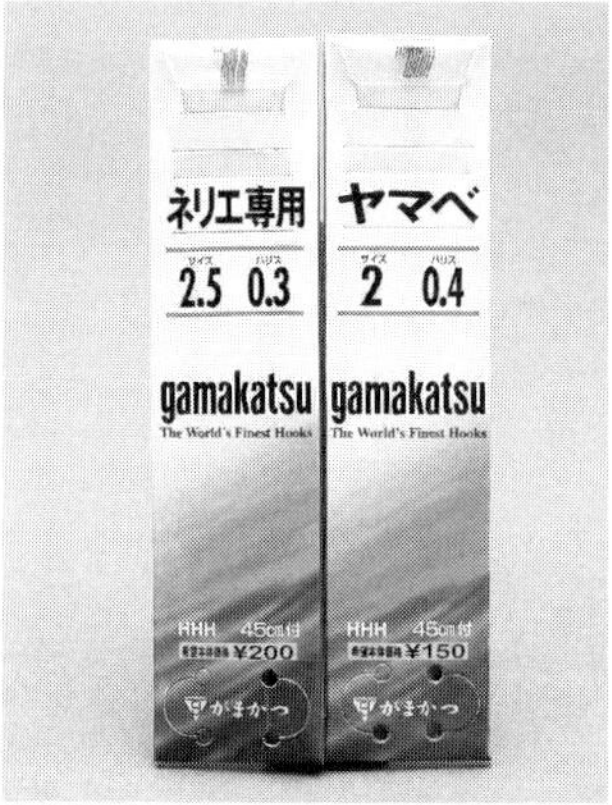

ヤマベ釣りには専用バリが市販されている。虫エサのフカシ釣りのほか、立ちウキの寄せエサ釣りにはカエシなしのスレバリを使うこともある

ハゼのオカッパリ釣りは袖バリの大小サイズで間に合うが、落ちハゼやケタハゼねらいの投げ釣りには発光玉付きのハゼ専用バリを使うのもいい

アユのエサ釣りにはカエシなしの専用スレバリがある

ネリエ専用

ヤマベ

発光ハゼ

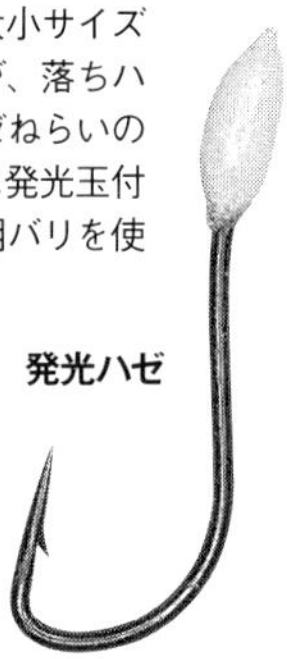

改良鮎エサ（金）

テナガエビ釣りには専用バリの2～2.5号が多用される。根掛かりの多いターゲットなのでスペアバリを充分に用意しよう

エビ

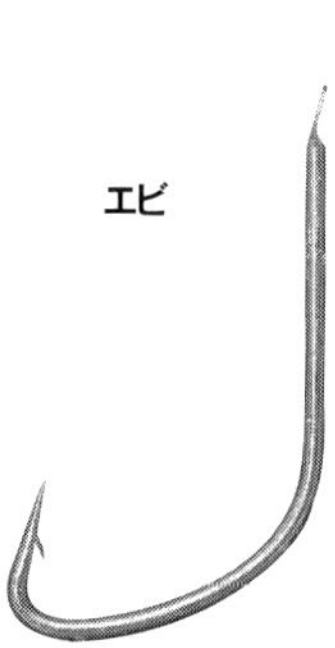

本書に出てくる最も特殊な大型ハリがこのウナギバリだ。13～15号の3サイズがよく使われる

三越うなぎ

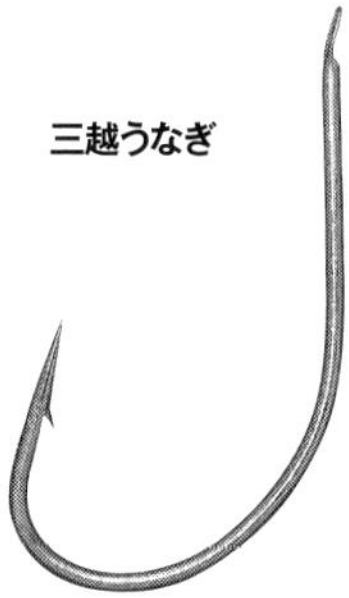

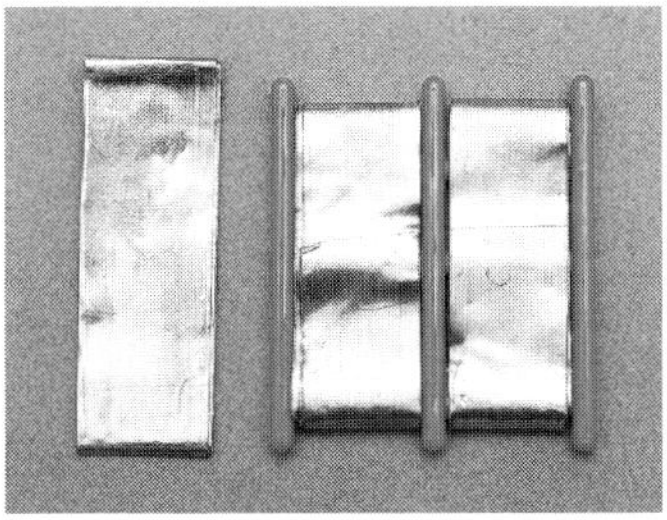

川釣り仕掛けの微調整には板オモリが必要不可欠。通常は0.17～0.25㎜サイズを使用するほか、タナゴ仕掛けには0.10㎜の極薄タイプが適している

ヤマベの蚊バリ仕掛けはまず、瀬ウキが付いた完成品を買い求めてみるとよい。慣れてきたら数10種類ある蚊バリ単体から組んでオリジナル蚊バリ仕掛けで楽しもう

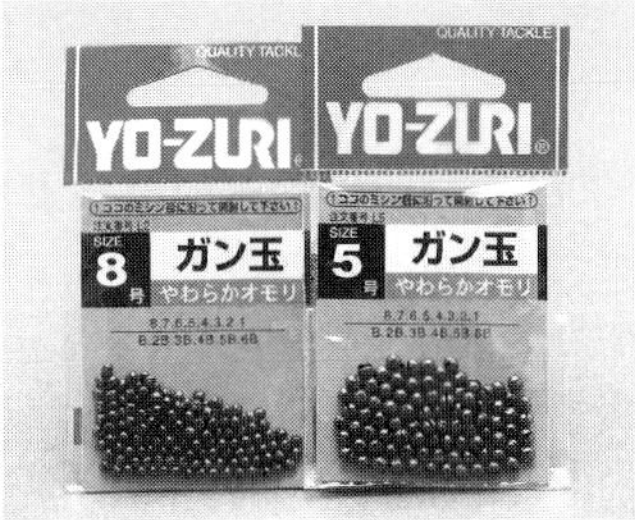

簡単なウキの浮力バランスやミャク釣りのオモリにはガン玉が使いやすい。号数は小さなものから8、6、4号……B、2B、3Bくらいまでの各サイズをそろえ、パーツケースで常に持ち歩くといい

ワカサギ用の完成仕掛けは多種多彩。迷った時は釣具店の店員に屋形船&ドーム船、ボート釣り、オカッパリ釣りなど用途を告げてアドバイスしてもらうのが得策

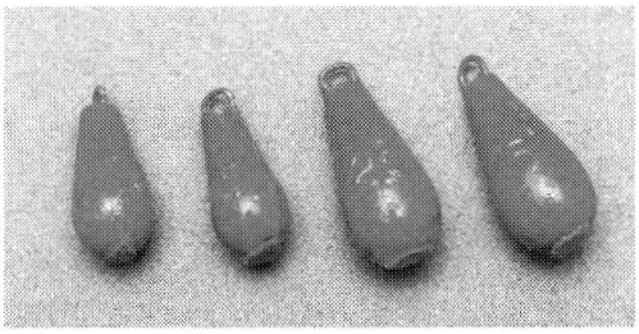

ハゼやウナギの投げ釣りや、ハゼのミャク釣りにはナス型オモリのほか、ナツメ型の中通しオモリを使う。号数はそれぞれのターゲットにマッチした重さを選ぶ

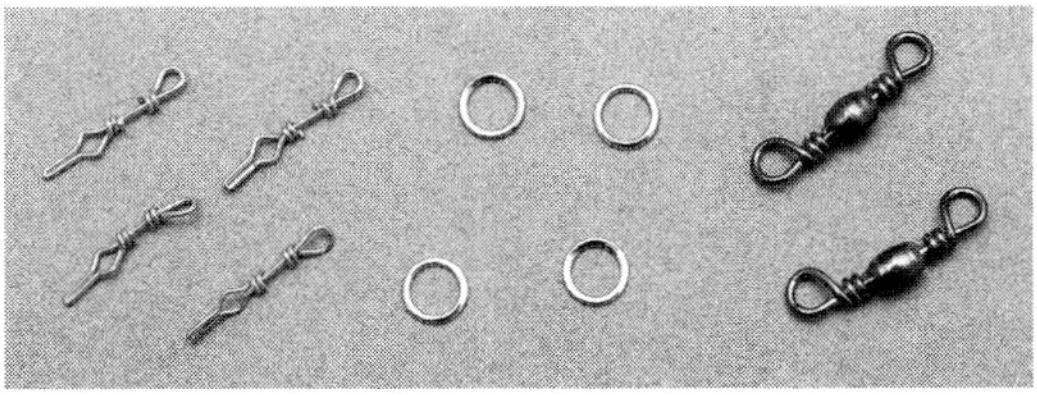

川釣りに用いる接続具は自動ハリス止メ(左)、丸カン(中)、サルカン(右)の3種類がほとんど。号数は自動ハリス止メと丸カンが極小・小小・小の3サイズ。サルカンは20～16番の小型サイズが中心

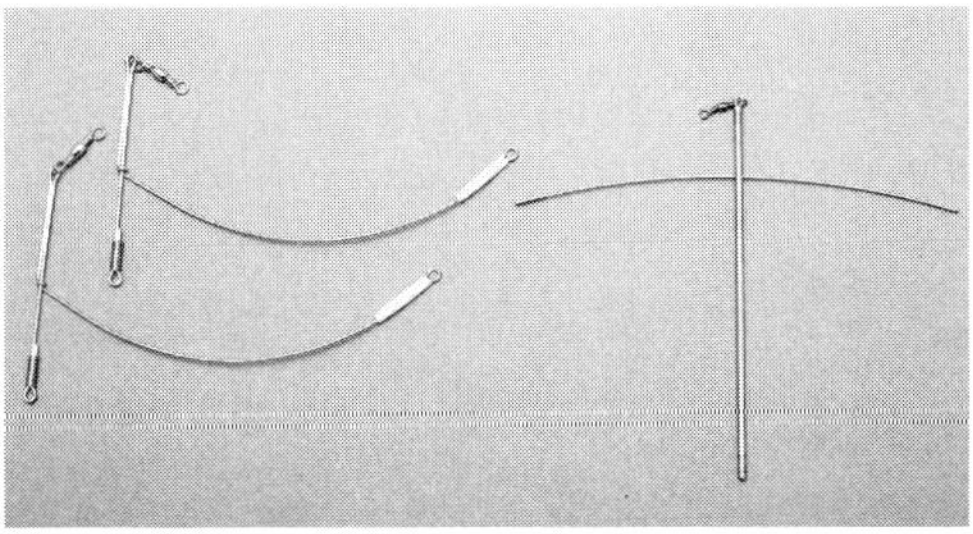

接続具の代表的なバリエーションといえばテンビン。投げ釣りには片テンビンが使われ、ハゼなど小もの用にはキス用片テンビン(左)が流用される。また、テナガエビ釣りの根掛かり多発地帯用には専用の十字テンビン(右)が市販されている

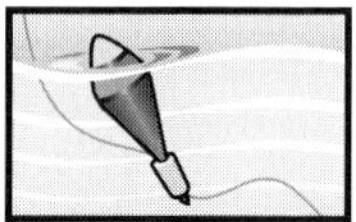

川釣りの代表的なエサ

特徴をよく理解して使うことが釣果アップの近道

虫エサ編

川釣りに使われるエサは「虫エサ」と「練りエサ」、そして「寄せエサ」の3種類に大別できます。虫エサは、本書では赤虫、キヂ（シマミミズ）、サシ、アオイソメを多用します。このほかウナギ釣りにドバミミズ、ヤマベのフカシ釣りには川虫、また、アユのエサ釣りにはシラスやアミエビも使います。

●赤虫　小もの釣りの万能エサ

頭だけが黒くて体全体が真っ赤な全長1㎝前後のユスリカ科の幼虫です。フナ、タナゴ、タモロコ、クチボソ、ヒガイ、ワカサギ、テナガエビなど、川の小もの釣りの万能エサです。

付け方は胴体のどこでもチョン掛けでよく、魚種の大小や食い気で1匹掛けから7～8匹の房掛けにします。真っ赤な体液が就餌を誘うので、少しでも色が抜け落ちてきたら新しいものに付け替えます。

赤虫は日持ちしないので前日に買い求めましょう。気温が高い季節は冷蔵庫の野菜室などで保冷します。川の小もの釣り1日分としては、ワンパック200～300円があれば充分です

●キヂ　動きと匂いでアピール

シマミミズ（主に養殖）を釣り用語ではキヂと呼びます。フナ釣りをはじめハゼ、テナガエビ、ウナギ釣りなどによく使われるキヂは、クネクネとせわしなく動く躍動感とともに、体液の臭いの強さが魚の食欲を誘います。

付け方は1～2匹のチョン掛けを基本に、大きめのキヂは2～3ヵ所の縫い刺しでもOKです。ウナギ釣りは数匹を房掛けに、テナガエビ釣りではカッターの刃などで5㎜から1㎝程度に小さくカットして用います。

市販のキヂは紙パック&ビニール袋入りでワンパック300～500円。冷蔵庫の野菜室に入れておくと少なくても1カ月間は生きています。

●サシ　ワカサギのメジャーエサ

エサ専用に養殖されたハエの幼虫なので清潔です。主にワカサギ釣りとヤマベ、ハヤ（ウグイ）ねらいの清流釣りの虫エサとして用いられます。

白サシと赤く染色された紅サシのほか、近年はワカサギ用にミニサイズのサシも出回っています。気温が高いとすぐにサナギ化してしまうので、釣行前日に買い求めると同時に冷蔵庫の野菜室で保冷しておきましょう。

●アオイソメ　汽水のエースエサ

赤　虫

1匹のチョン掛け＝胴体のどこを刺してもOK。ただし赤い体液が抜けてきたらすぐに交換すること

房掛け＝ねらう魚種の大小や食い気によって2匹から7、8匹まで替えてみるとよい

購入の際は湿した新聞に包んで渡してくれる

キ　ヂ

通し刺し＝テナガエビ釣りにはカッターなどで1cm前後に刻んだキヂを切り口からハリ軸に通す

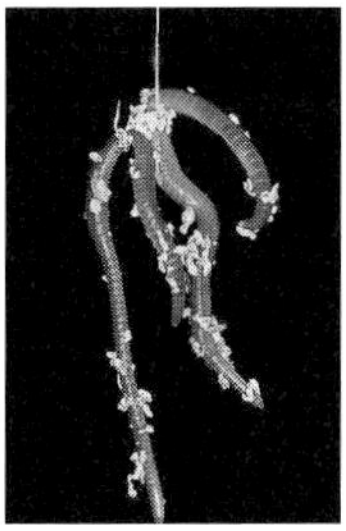

房掛け＝2匹掛けでアピール度を高めるほか、ウナギ釣りの場合には5～6匹の房掛けも

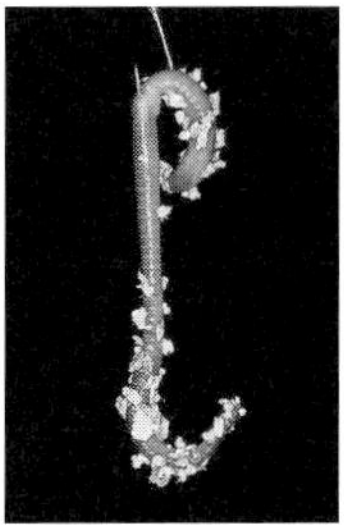

1匹のチョン掛け＝フナ釣りなどの基本的な付け方

ゴカイやジャリメ、イワイソメなど多彩なゴカイ類の虫エサの中で、アオイソメは汽水域を含む海釣り全般の万能エサとして定評があります。本書ではハゼ釣りとウナギ釣りで使います。

ハゼ釣りに適した付け方は数cmに千切って通し刺しかチョン掛けにします。ウナギ釣りでは逆に数匹チョン掛けの房掛けにして大きく見せます。アオイソメは1杯300～500円。魚種や釣り方によっては多めに買い求めましょう。冷蔵保存にも強く、冷蔵庫の野菜室で1週間ほど生きています。

練りエサ編

●グルテン練り

タナゴ釣りのほかに雑魚五目釣り、フナ釣りでよく使われるグルテン練りは、植物性の繊維質を多く含む練りエサです。食わせエサとしてハリ残りがよく、溶け出た成分は集魚効果が期待できます。主にヘラブナ釣り用に市販

サシ

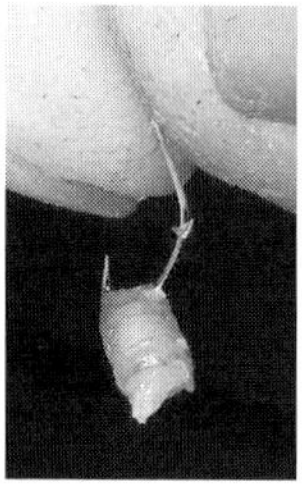

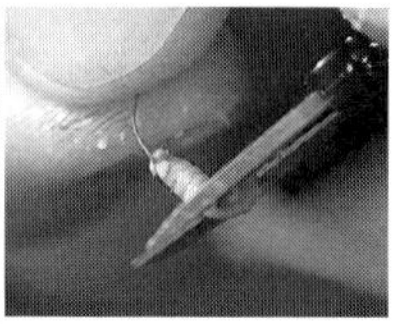

カット刺し＝小型サイズのワカサギ＆ヤマベをねらう時やクリーム状の体液の匂いで誘う場合は半分にカットするとよい

1匹のチョン掛け＝サシの刺し方の基本。頭または尻尾の先端部をハリ先で引っ掛けるだけ

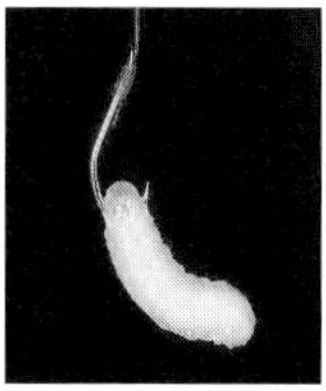

白サシ（左）と紅サシ。密封された状態で市販されている

練りエサ

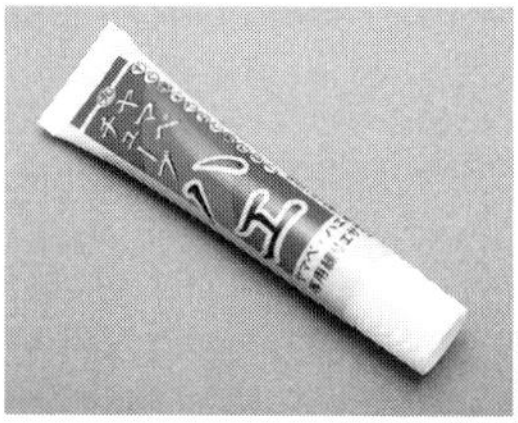

雑魚五目釣り用には携行に便利なチューブタイプの練りエサも市販されている

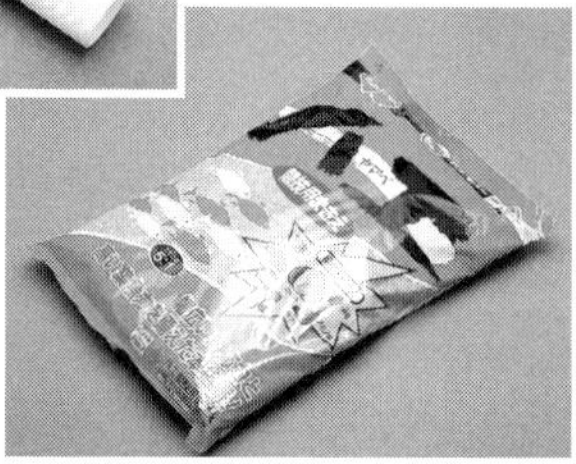

ヤマベ用集魚材（寄せエサ）。魚種や釣り方によってはこのような集魚材を使用することも

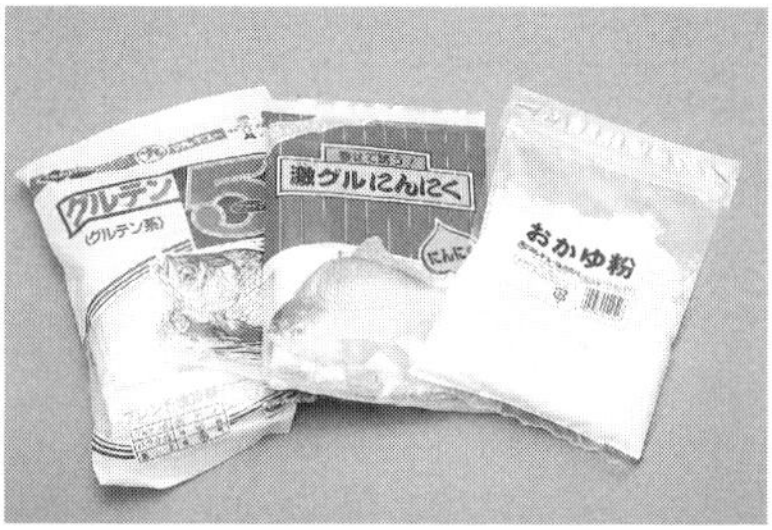

左から、ヘラブナ用グルテンエサ２点、右はおかゆ粉

されている製品を流用します。

ヘラブナ用のグルテン製品にはグルテン量、バラケ性、比重などの特徴が明記されています。ハリ先に小さく付ける釣りものは、エサ持ちをよくするためグルテン量が多めのタイプを選ぶとよいでしょう。寄せエサの効果をより高めたいフナ釣りなどの場合には、バラケ性のよいタイプが好適です。

グルテン練りは、ヘラブナ釣りではあまり練り込まないことがセオリーですが、タナゴ釣りなど極小のエサを使う際には練り込んで粘り気を高めたほうがよい場合もあります。また、グルテン製品は開封すると劣化が早く、本来の特性が失われていきます。これを釣り用語では「老けてしまう」といいます。あまり多用しない向きには、1回分の小袋がセットされたグルテン製品を買い求めたほうがよいでしょう。

●黄身練り

寒タナゴ釣りの特エサには玉虫（イラガの幼虫）が知られています。しか

アオイソメ

ハゼ用の付け方②＝小型ハゼねらいでエサが小さくなったら、小さくカットしたものを追い刺しするとよい

アオイソメは汽水域で出番の多いエサ

ハゼ用の付け方④＝ハゼの就餌を確かめながら数cmにカットしたものを2つ、3つの房掛けに

ハゼ用の付け方③＝彼岸ハゼ以降、ハゼの型が大きくなってきたら、まずは通し刺しでタラシを数cmに

ハゼ用の付け方①＝夏ハゼなど小型ハゼねらいで活性の高い時には頭の通し刺しで、タラシはなしか5mm程度。反対に食いが悪い時には柔らかい胴体の通し刺しに変える

し一般的には入手しづらく、代わりに愛用されているのが黄身練りです。

　黄身練りは鶏卵の黄身と小麦粉やホットケーキミックスの素、ヘラブナ釣り用のオカユ練りの素などを主材料に、食用バニラエッセンスを数滴垂らすのが基本的なレシピです。ヘラブナ用の液体集魚材などを加える人もいます。鶏卵の黄身や粉類が水中で溶け出し、乳白色の煙幕を作るので集魚効果があるのだと思います。

　黄身練りの作り方は簡単なようで意外と難しく、常に同じ練り加減にするには熟練を要します。黄身練りをへらなどでゆっくりと引き上げ、すぐにプツリと切れるのは硬すぎです。水あめのような粘り気で細く伸びてくる感じに仕上げてください。

　作った黄身練りは黄身練りポンプに半量ほど入れて使います。詰め込みすぎは禁物です。余りを小分けにして冷凍保存する方もいますが、練り加減などが変化してしまうのが難点です。

黄身練りの作り方

黄身練りに使う粉類は小麦粉の薄力粉が基本だが、より粘りの強い強力粉を用いる人もいる。ヘラブナ用のおかゆ粉やバニラエッセンスなどの香料を含む菓子用のホットケーキミックスの愛用者も多い。

香料＆集魚用添加物は甘い香りがするバニラエッセンスを加える人が多く、ハチミツは最終的なエサの硬さや滑らかに仕上げる調節材として重宝する。このほか、化学調味料や炭酸栄養ドリンクといったアミノ酸系の添加物も利用されているが、混入しすぎるとタナゴの活性が過度になってパニックに陥るとの情報もあるので要注意。

［道具］ 上段左は練り容器として使う、調理用の小型ボールと歯科医のセメント用ゴム製ボール。下段は練りベラ用のバターナイフと調理用シリコンヘラ、市販の黄身練りポンプ

［材料］ 上段左から小麦粉（薄力粉）、おかゆ粉、ホットケーキミックスの粉類。下段は左から卵黄（Lサイズ）、ケーキ作り用バニラエッセンス・化学調味料・ハチミツ

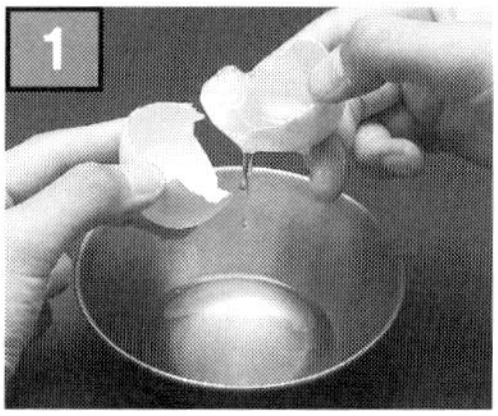

鶏卵を割り、2つの殻を利用して卵黄を入れ替えながら卵白と白っぽい筋を取り除く

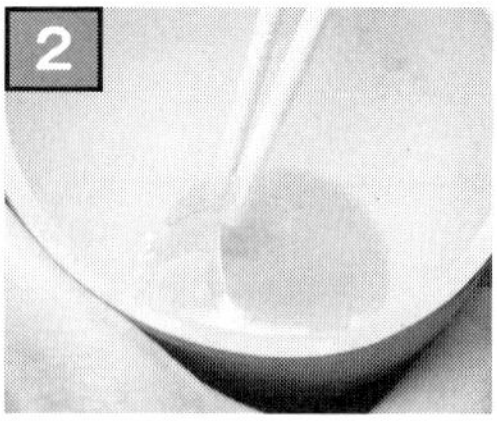

卵黄を練り容器に移し替え、割り箸などで卵白を覆う薄い膜とともに、わずかに残っている白っぽい筋もきれいに取り除く

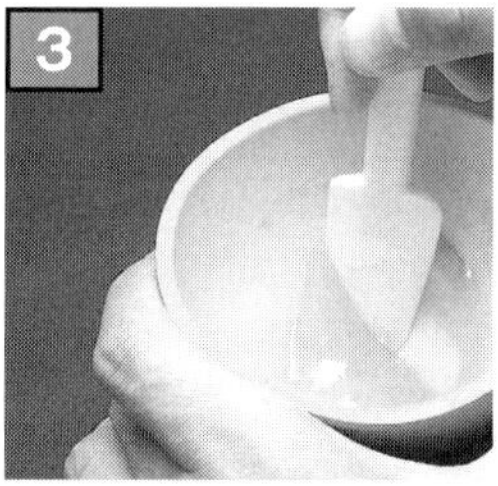

まずは卵黄を数10回かき混ぜてから黄身練り作りのスタート!

好みの粉類を加える。分量は鶏卵Lサイズの卵黄1個に対して小麦粉（薄力粉）大さじ1弱が一応の目安

同じLサイズでも鶏卵の大小や粉の種類で変わるので④の分量は目安。慣れないうちは粉類を少なめから練り始め、軟らかすぎたら途中で足したほうが無難

卵黄と粉がよく混ぜ合わさった時点で香り付け用のバニラエッセンスを3～4滴垂らす。入れすぎは禁物

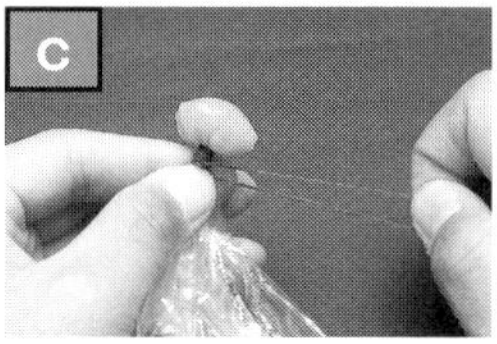

ビニールで絞り込んだ根元を輪ゴムで固定する

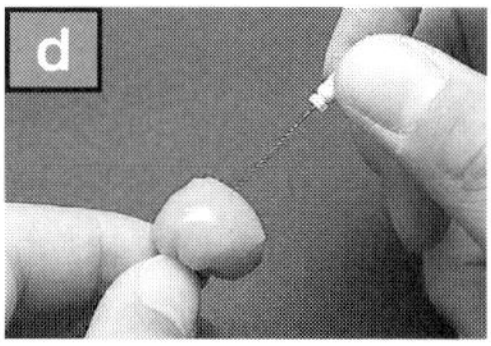

使用する際は裁縫用の待ちバリなど鋭いハリを持参し、釣り場で穴を開けて使う

●黄身練りの付け方

ここでは見やすいように黄身練りを少し大きめに絞り出した。実釣では食いが渋い寒タナゴやオカメタナゴなどのミニサイズには直径1mmくらいのケシ粒大。一方、ヤリタナゴやカネヒラといった大中タナゴは直径2mm前後の仁丹粒にハリ付けするのが目安といえるが、状況に応じて大小の粒を使い分けること

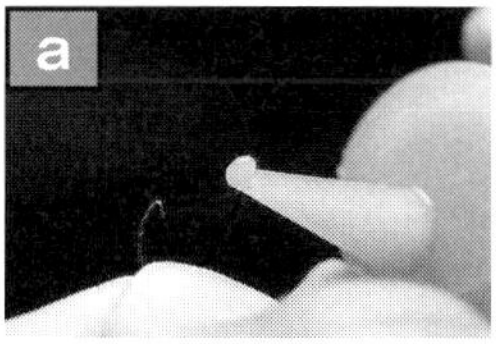

黄身練りは必要な分だけノズル先端部から絞り出す

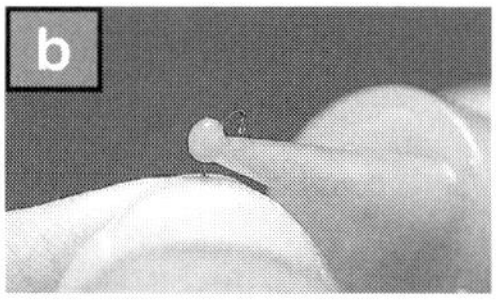

最初にノズル先端部の切り口にハリの軸の腰部分をあてがうように近づけ…

●黄身練りポンプへの詰め方

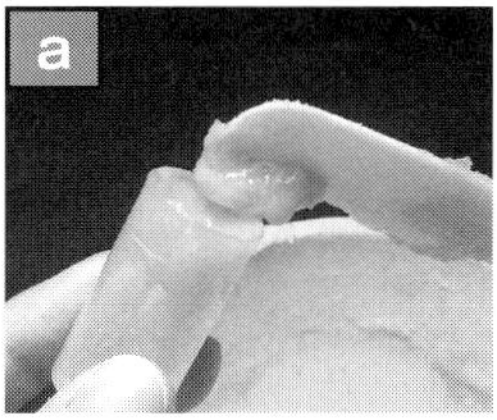

ヘラの先端部で少量の黄身練りを取り、ていねいに詰めていく

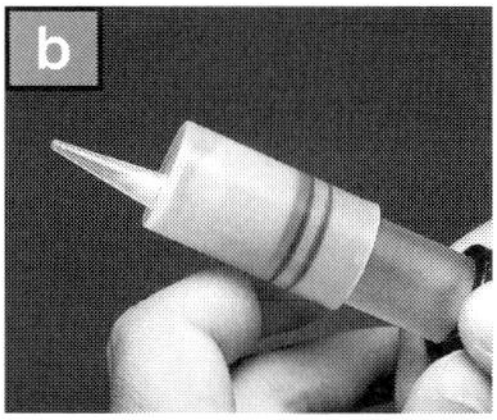

目いっぱい詰める必要はなく、1日分として容量の3分の1から半分あればOK

●てるてる坊主の作り方

「てるてる坊主」と呼んでいる黄身練り絞り器は最も古典的なタイプ。しかし、使い捨てで手軽に作れるため、今でも愛用者が多い。また、事務用に市販されているゴム製の指サックを使う手もある

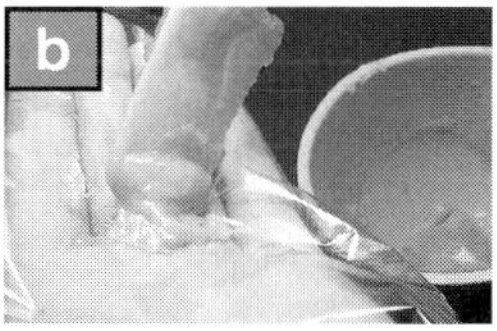

10×10cmに切ったやや厚手のビニールを用意し、黄身練りは親指の先くらいの分量を乗せる

黄身練りをまとめるように軽く絞り込み……

何10回か混ぜ合わせた後、ヘラで持ち上げてみるとブチッと切れてしまうはず。まだまだ粘りが出ていない

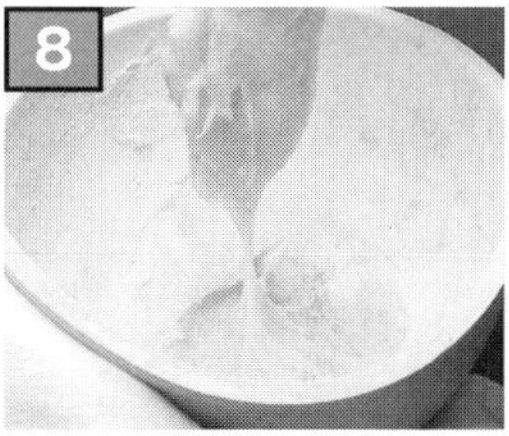

静かに練り込むこと数分～10分、ヘラでゆっくりと持ち上げてみると粘り気が増したことがよく分かる

黄身練りが硬すぎる時はハチミツ微量を垂らして調節してもよい

仕上がりの基準としてはヘラで持ち上げてみて、鋭いツノを残して切れる感じがよい。個人差もあるので硬軟をいろいろ試してみること

●黄身練りの水中状況

水中に沈めて少し経つと黄身練りは匂いを発散しつつハリのフトコロから少しずれてくる

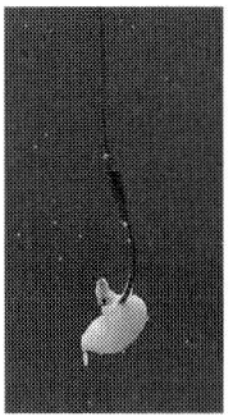

さらに仕掛けを小さく上下動する誘いを繰り返したり、流勢が伴う流れっ川を流していると徐々に垂れ気味になって、そのうちエサ落ちの状態に

グルテン練りの作り方

グルテン練りはエサの性質上、流れっ川には弱い反面、止水の釣り場では集魚力が高く、グルテン練りと黄身練りを併用して釣果をあげているベテランも多い。ちなみに、市販されているグルテンの成分はマッシュポテトを主軸に、つなぎ材としてグルテン繊維が含まれている。つまり、バラケ性とともに粘り気も出るマッシュポテトをうまくまとめてくれるのがグルテン繊維の役割と理解してもらいたい。

タナゴ釣りに適したタイプを選ぶキーワードはグルテン量である。チョン掛けでハリ付けするため、エサ持ちを重要視することが第一。パッケージからグルテン量が中以上､大または多を選べば間違いない。

また、添加物には黄身練り用として紹介したものが併用できるほか、マルキユーの「へらにこれだ!!」も人気。

[材料&道具]
上段は市販のヘラブナ用グルテン各種。下段はヘラブナ用の集魚材と小型の練り容器

1

練り容器に粉末のグルテン1袋分を開け、袋の目盛りで水量を計る。標準水量ラインを基準にして、著者の場合はやや少なめが好み

2

計った水を一気に注ぐ

c

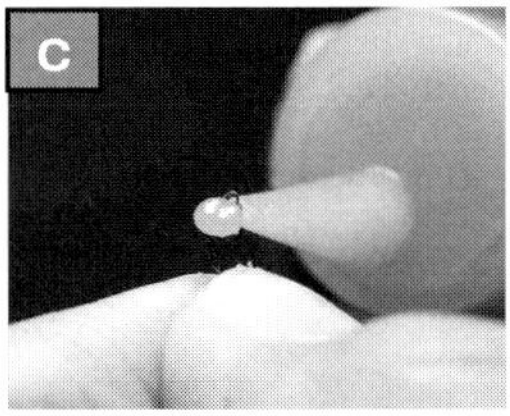

そのままハリをずらすようにして黄身練りを切る感じで……

d

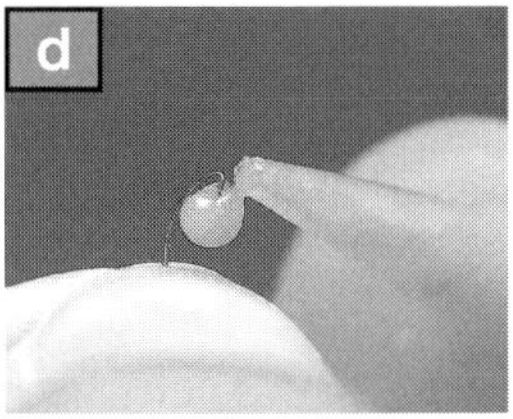

ハリのフトコロに黄身練りを乗せる。この際､ハリの角度を少しひねっておくと写真のように黄身練りの中心部に乗せることが可能

e

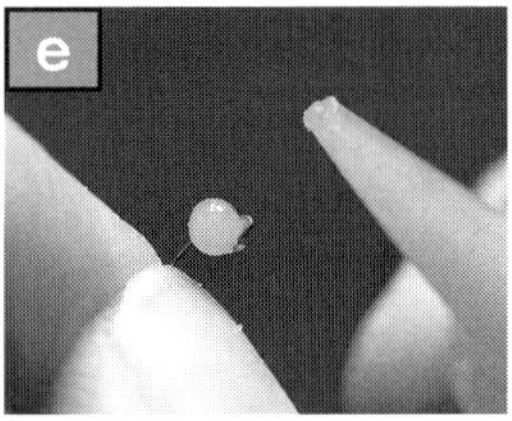

エサ付けが多少偏ってしまっても、ハリのフトコロに乗っていれば問題ない

f

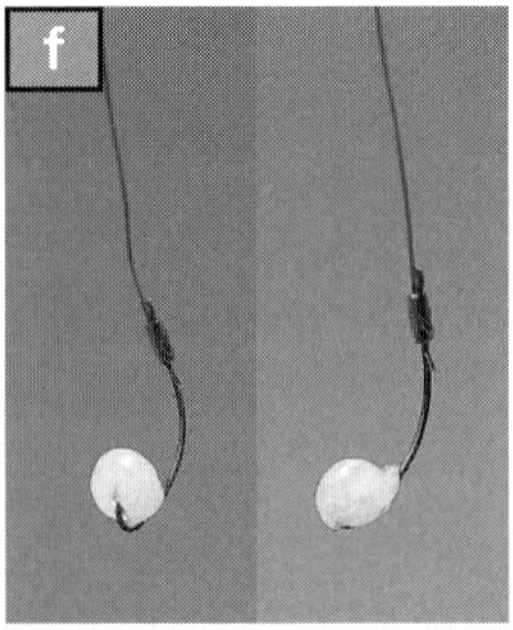

黄身練りのハリ付けベストの状態がこれ!

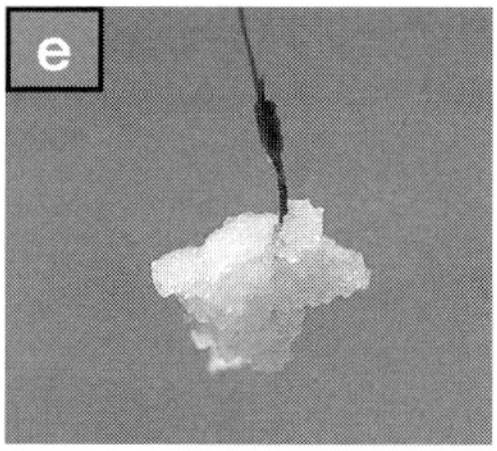

釣り開始直後タナゴを寄せたい場合にはたっぷりとハリ付けし、何回か打ち込むと効果的

●グルテン練りの水中状況

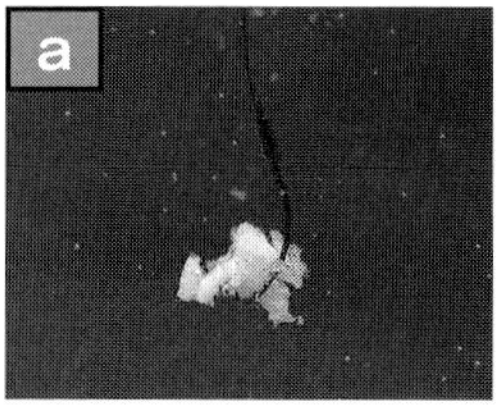

仕掛けを振り込むと、グルテン練りは水中でふわりと膨らみ、じわじわとマッシュポテトが溶け出していく

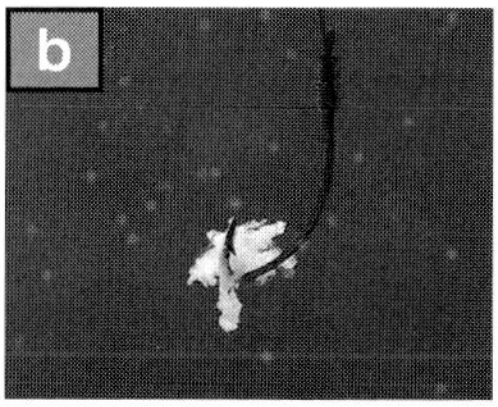

そのうちグルテン繊維だけが残るケースが多い

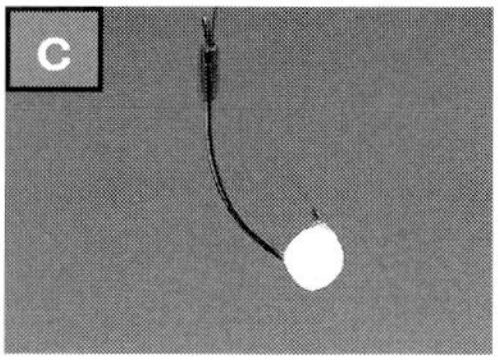

仕掛けを上げてみるとグルテン繊維がハリのフトコロで丸くまとまっている､これを｢グルテン玉｣と称する。タナゴの活性が高い場合には、このグルテン玉1つで数尾のタナゴを連釣できる

●グルテン練りの付け方

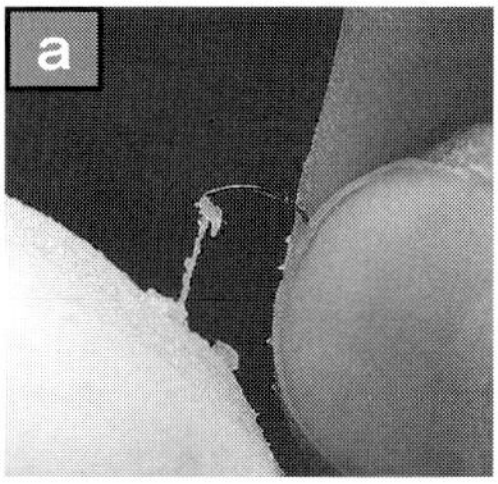

グルテン練りはピンポン球大にちぎって丸めて持ち、その表面をハリ先で引っ掛けてハリ付けする

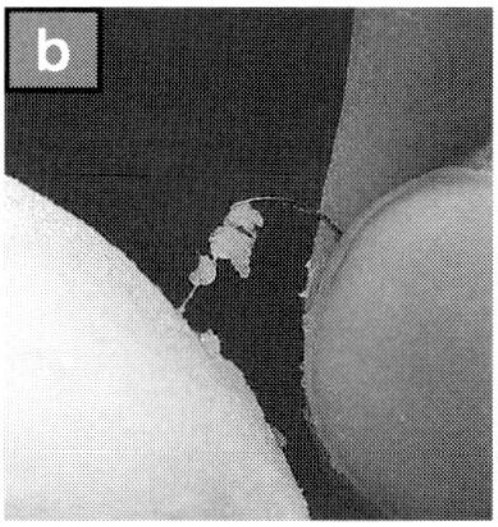

好みの大きさになるまで何回か引っ掛けること

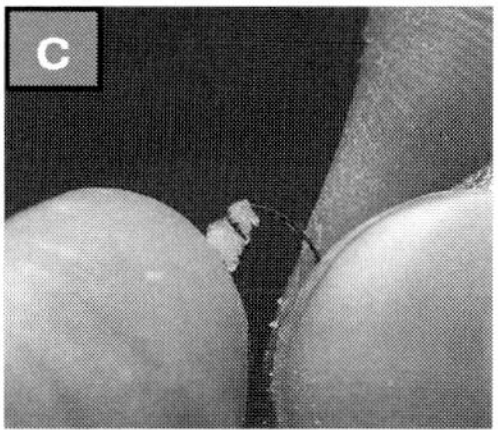

グルテンの形がまとまらない時には指先でチョン、チョンとタッチしてやればよい

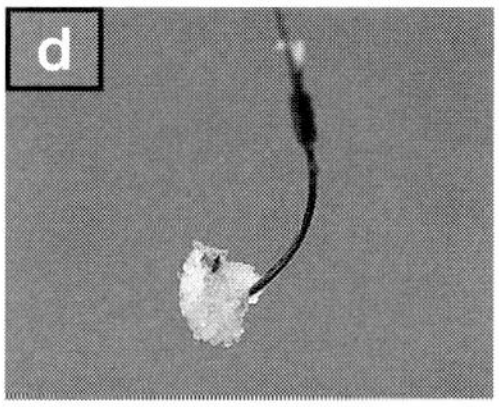

基本はハリのフトコロにこぢんまりとまとまるくらいの大きさ

マッシュポテトとグルテン繊維を偏らずまんべんなく混ぜ合わせ、粉が残らないよう全体に水分を含ませる

この状態で３分前後放置しておけば出来上がり

グルテンを織り込む感じでひとまとめにしておく

風などに当てると成分が変化してしまうため、未使用分は密封容器に入れておくこと

結びをマスターしよう① 穂先への接続（準備）

8の字結びのチチワ

ナイロンリリアン付きの穂先には、 8の字結びで作った大小2つのチチワで仕掛けをセットする。8の字結びのチチワは、ハリスの長さを決めた交換バリでも使うので必須の結びだ

① イトの端を2つ折りにする。慣れないうちは10cm程度と長めにしたほうが作業が楽

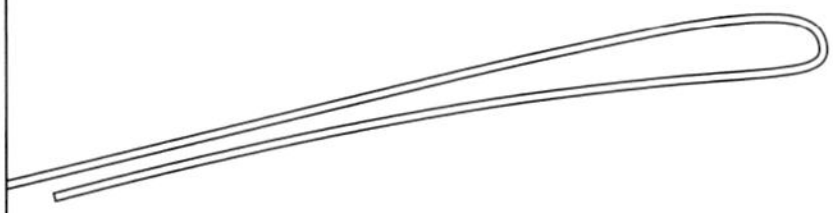

② 先端部の輪を折り返す

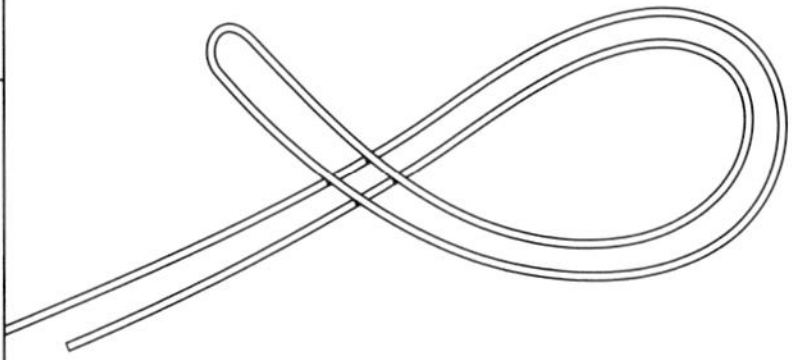

③ 2本の中心イトを軸に1回転させたら……

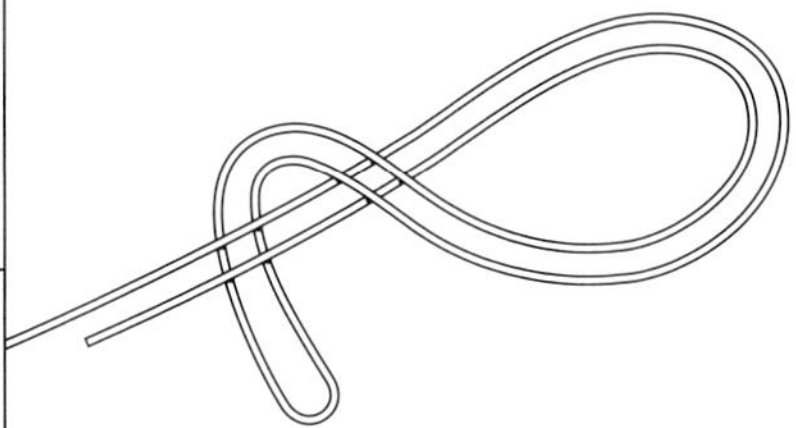

④ 巻き込んだ部分を離さないように注意して、さらに折り返して輪に潜らせる

⑤ 先端部の輪と2本の中心イトを持って静かに引き絞る。この時、摩擦熱でイトの強度が低下しないように結束部をだ液で湿らせておく

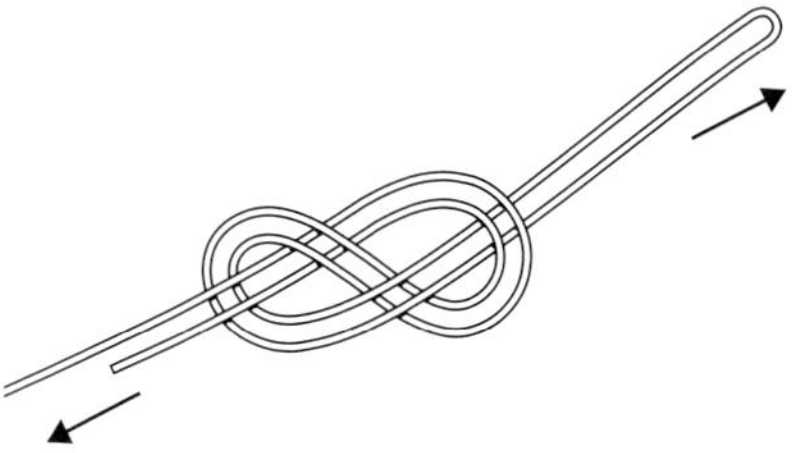

⑥ チチワの大きさを加減するにはヨウジやピンの先などとがった器具を使い、8の字の結束部右側の輪に通した状態でゆっくり引くと調整可能

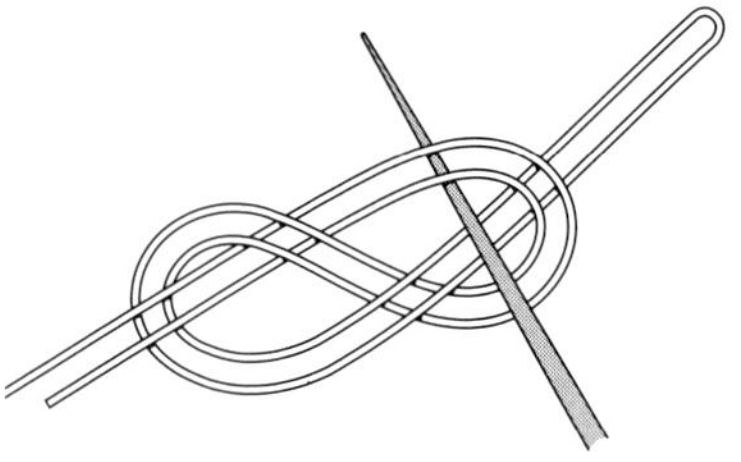

⑦ 完成

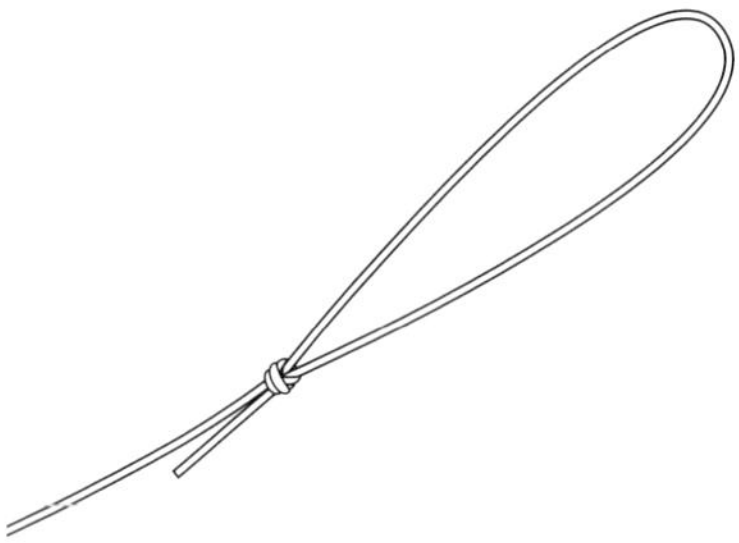

結びをマスターしよう② 穂先への接続

ぶしょう付け

8の字結びで作った大小2つのチチワによる基本的な穂先への接続法

① 8の字結びで大小2つのチチワを作る。
小さなチチワは引きほどき用

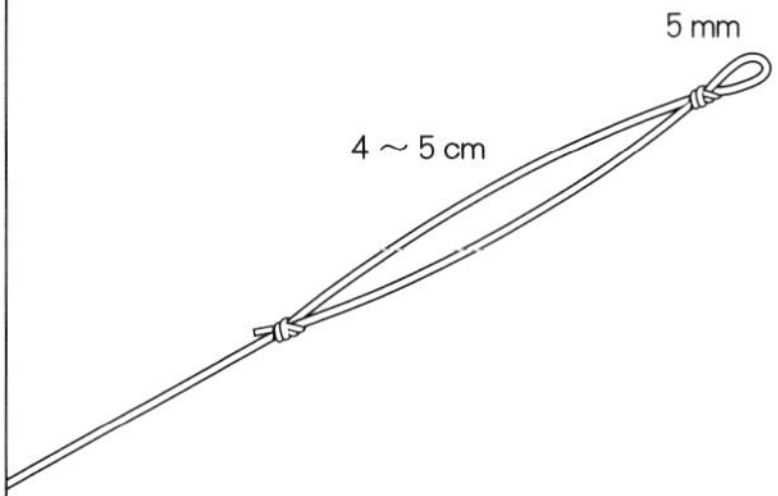

② 大きなほうの輪の中に親指と
人差し指を差し込む

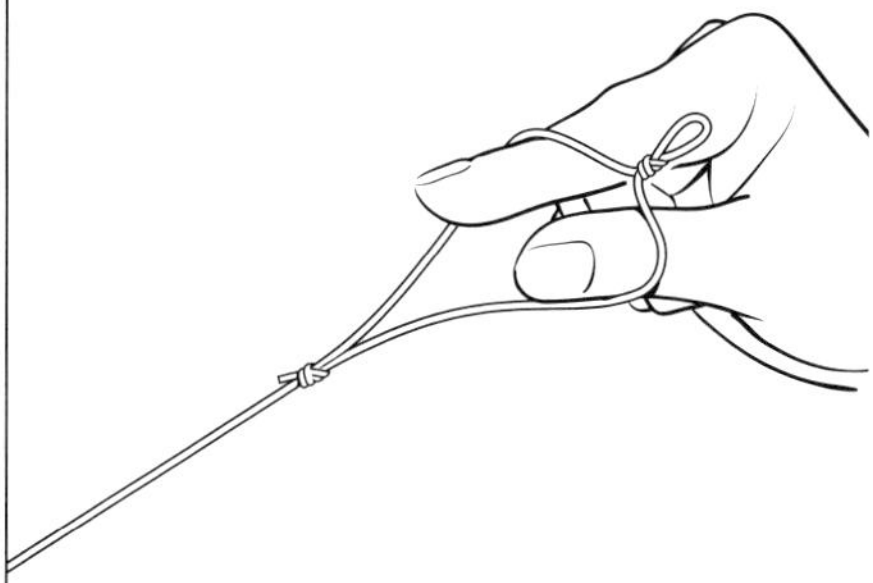

③ そのまま2本の中心イトをくくり取って……

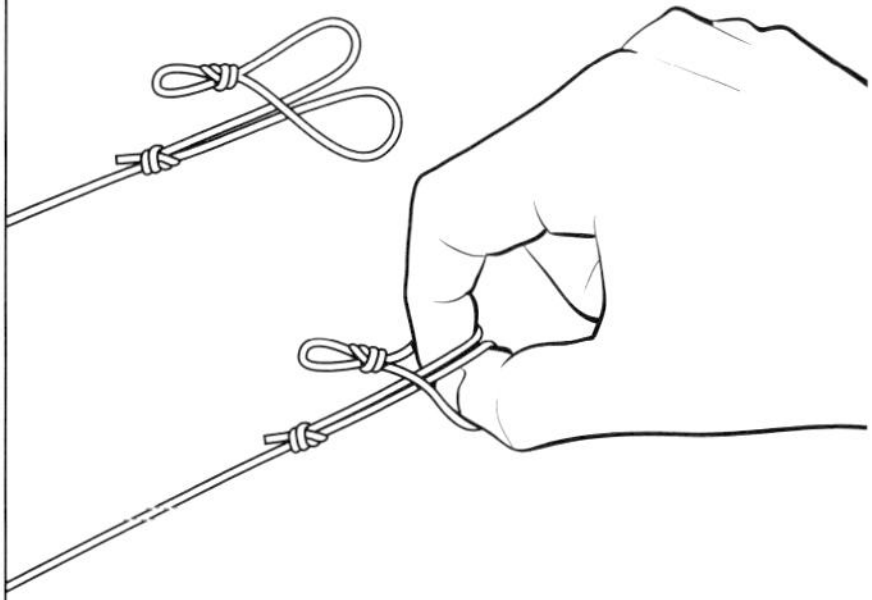

④ 2重の輪を作る

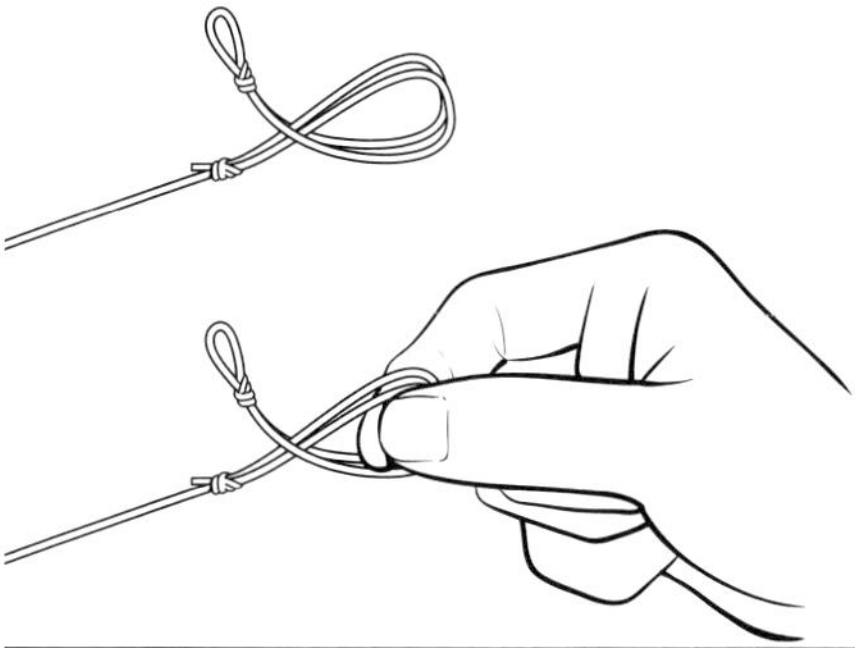

⑤ この輪にリリアン穂先を通し入れて……

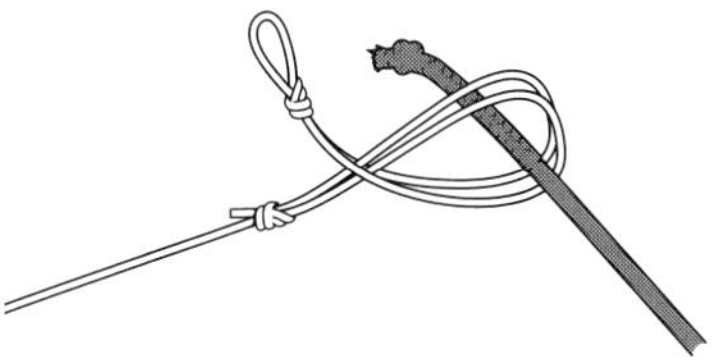

⑥ 引き締めるとリリアンにイトが食い込んで
固定される。ほどく時には小さなチチワを
引っ張ると簡単に外れる

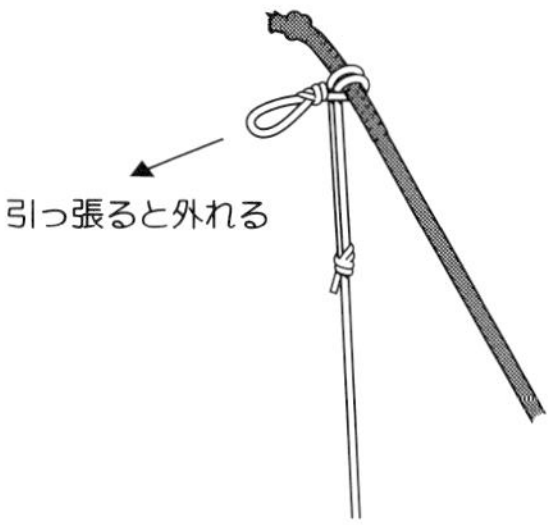

結びをマスターしよう③　穂先への接続

投げなわ結び

川の小もの釣りに流用する小継ぎの渓流ザオは、金属製の回転トップが主流になっている。投げなわ結びは回転トップにはもちろん従来のリリアン穂先にも使える

①　イトを交差して輪を作る。端には抜け防止用としてあらかじめ8の字結びで1～1.5cm間隔でコブを2つ作っておく

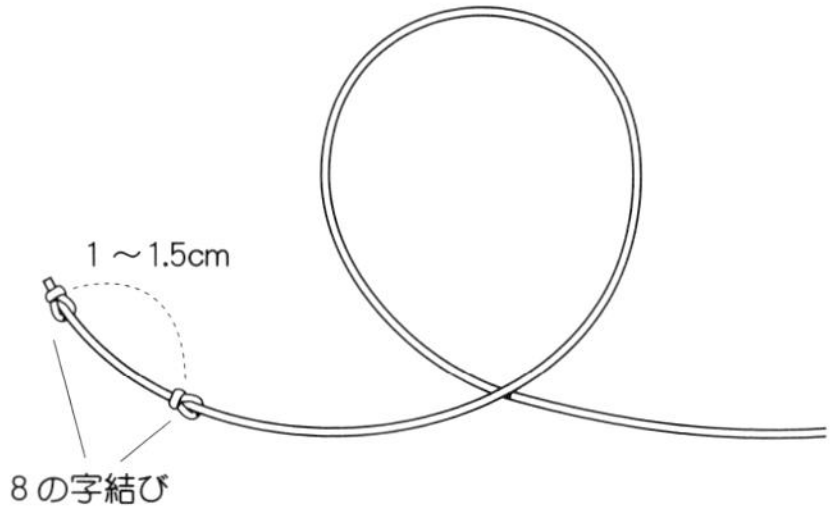

②　①の輪に端イトを通す

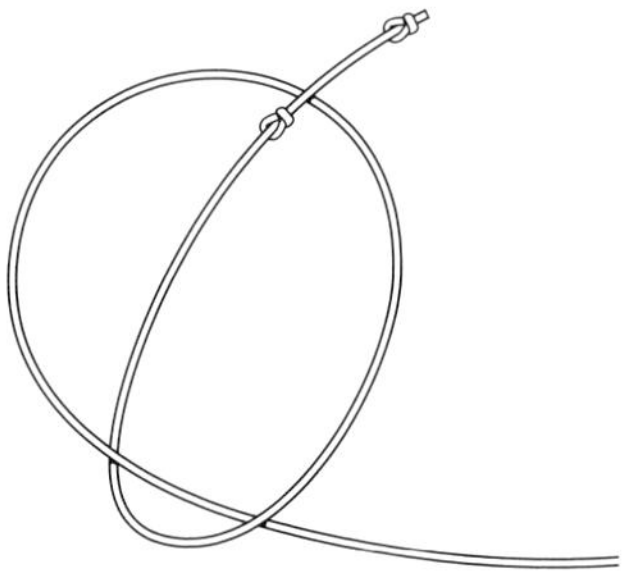

③　端イトを図の矢印のように回す

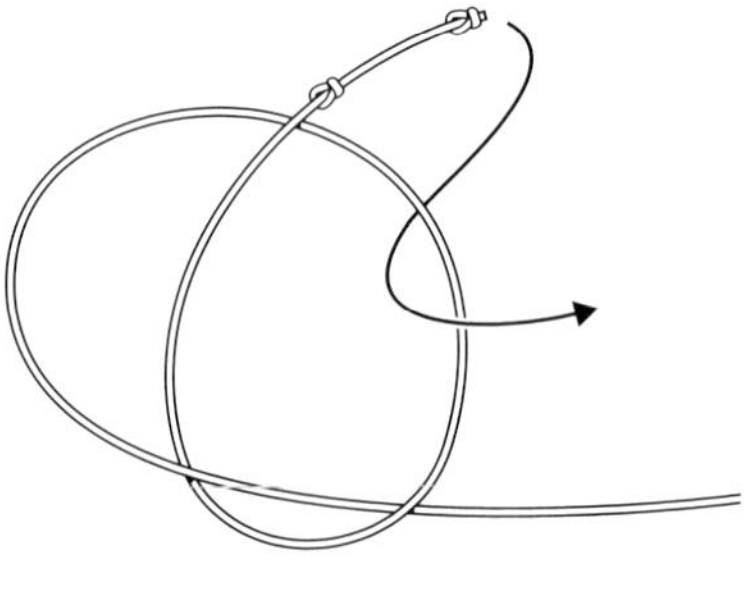

④　手前のコブの際で止まるようにチチワを作る

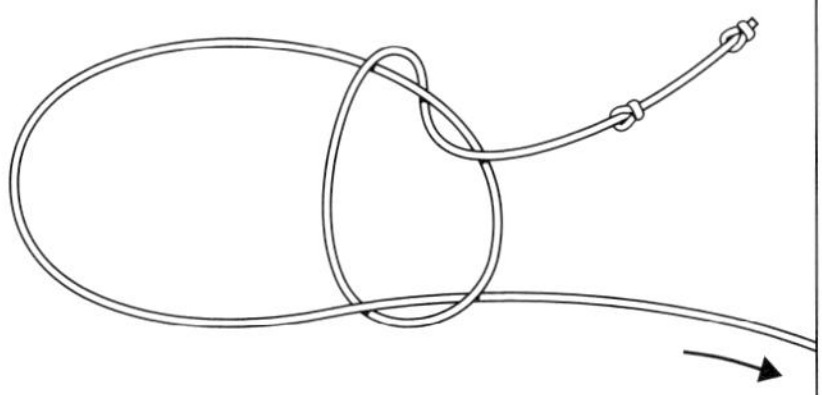

⑤　チチワに穂先を通して引き絞る

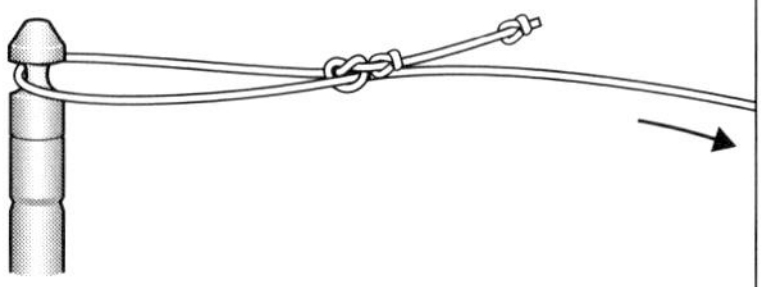

⑥　ほどく際はコブのある端イトを引く

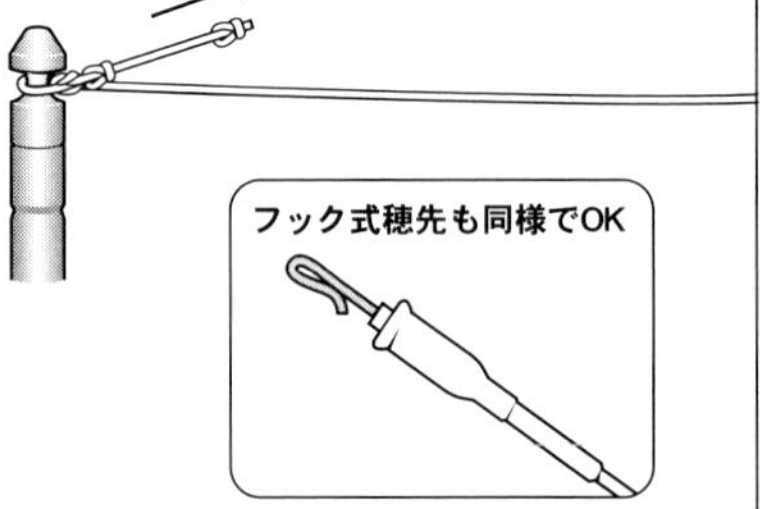

結びをマスターしよう④ イトとイトの接続

電車結び

短い仕掛けにミチイトを足したい時などの応急処置用に便利で簡単な接続法。強度もOK

① 結ぶイト同士を合わせて１本を折り返す

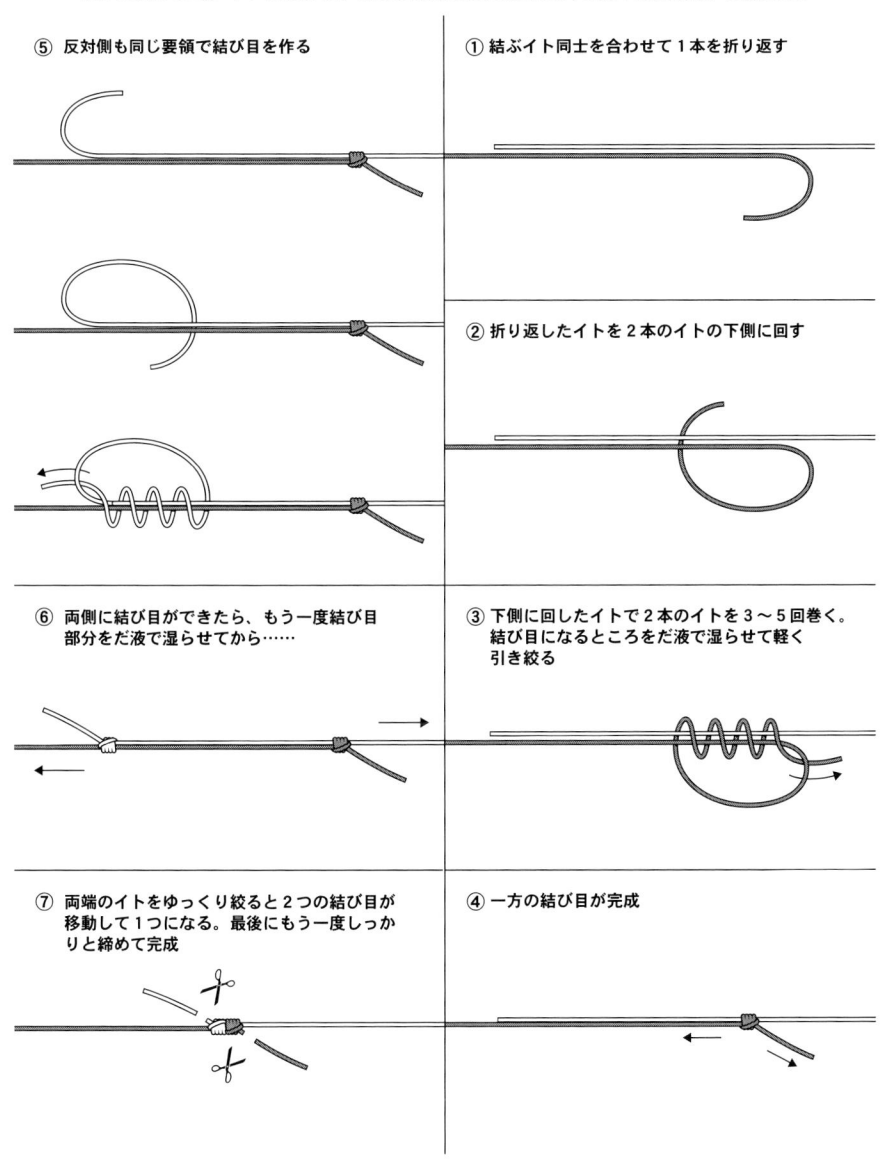

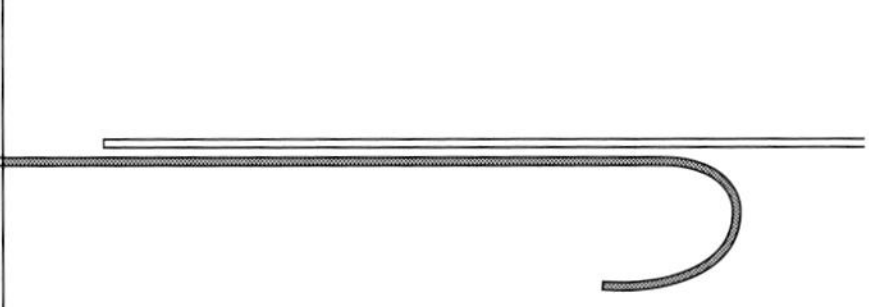

② 折り返したイトを２本のイトの下側に回す

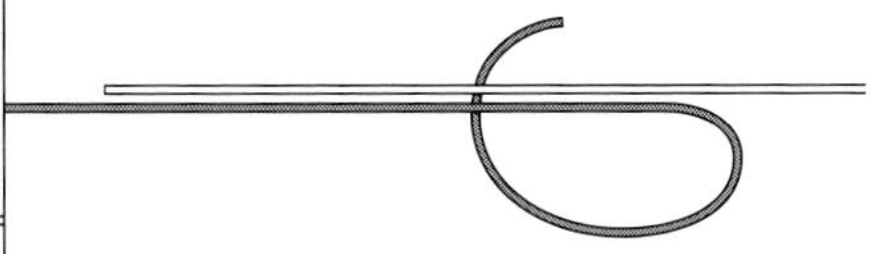

③ 下側に回したイトで２本のイトを３～５回巻く。結び目になるところをだ液で湿らせて軽く引き絞る

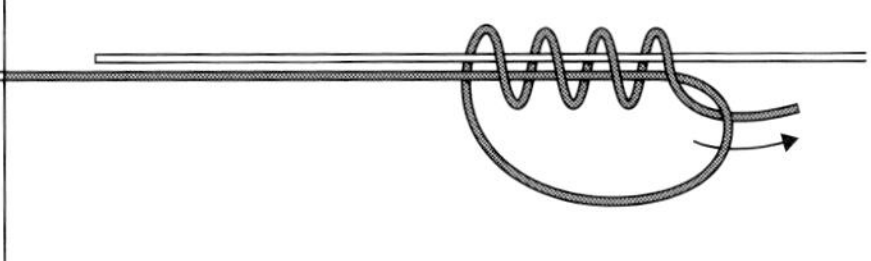

④ 一方の結び目が完成

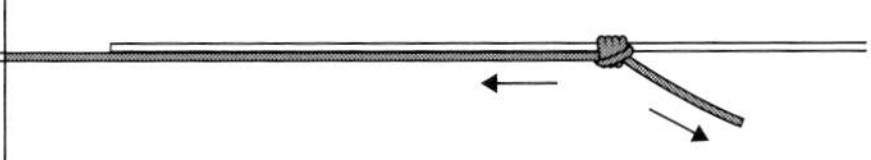

⑤ 反対側も同じ要領で結び目を作る

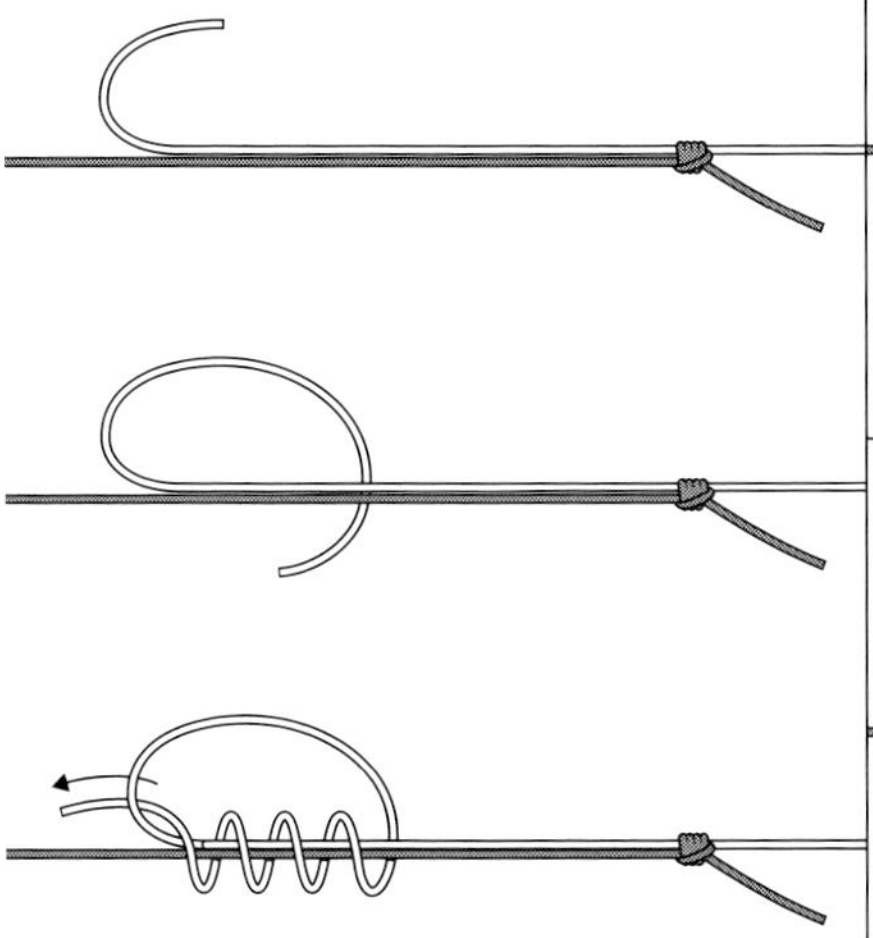

⑥ 両側に結び目ができたら、もう一度結び目部分をだ液で湿らせてから……

⑦ 両端のイトをゆっくり絞ると２つの結び目が移動して１つになる。最後にもう一度しっかりと締めて完成

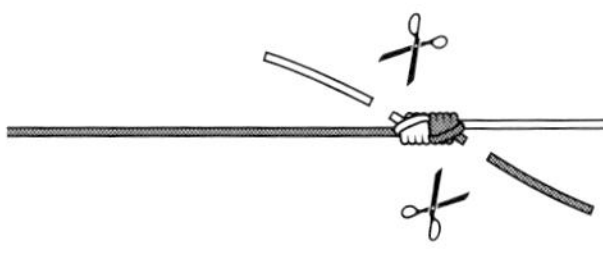

結びをマスターしよう⑤　イトと接続具の結び方

ユニノット

簡単で信頼性も高いノット。丸カンや自動ハリス止メなどの接続具とイトの結びはコレ！

①　丸カンなどの接続具にイトを通して折り返す

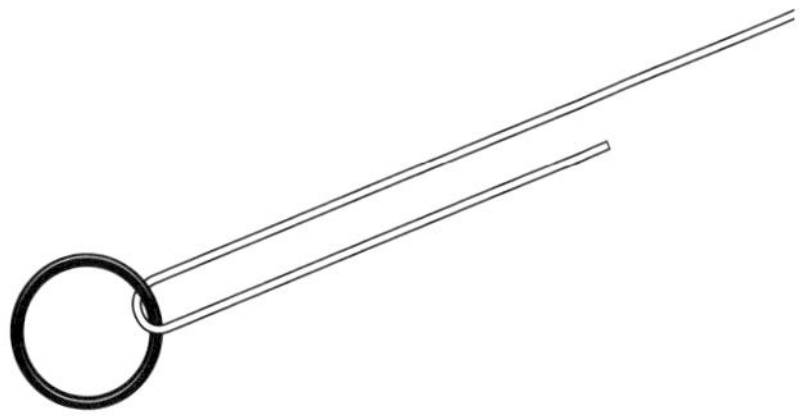

②　端イトをもう一度折り返して輪を作る

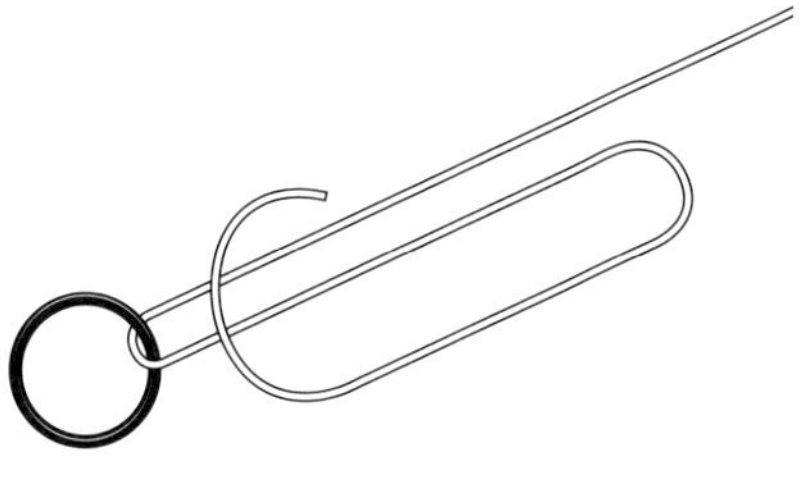

③　端イトを２本のイトの奥に回して
②でできた輪の中に潜らせる

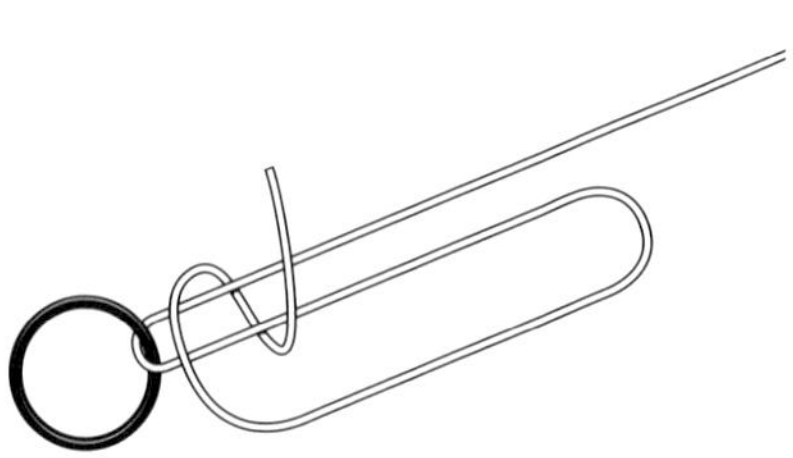

④　そのまま続けて４～５回巻いていく

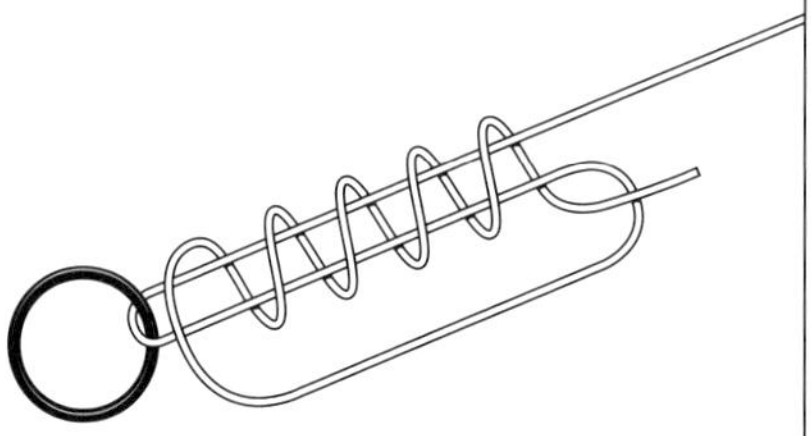

⑤　端イトを引いて軽く締めたら
だ液で結び目を湿らせ……

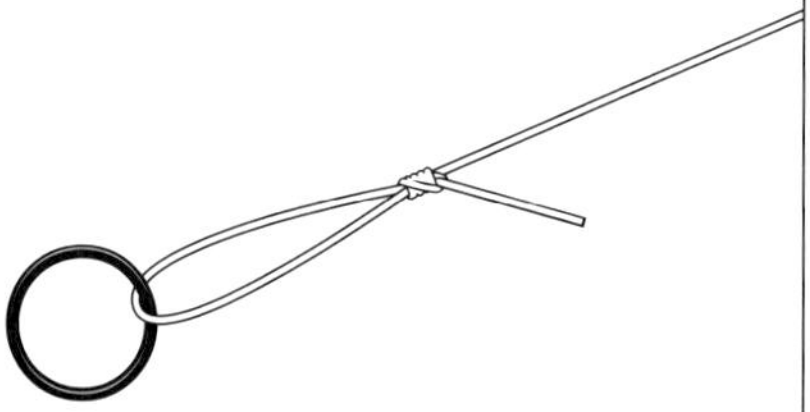

⑥　本線イトを締め込んで完成

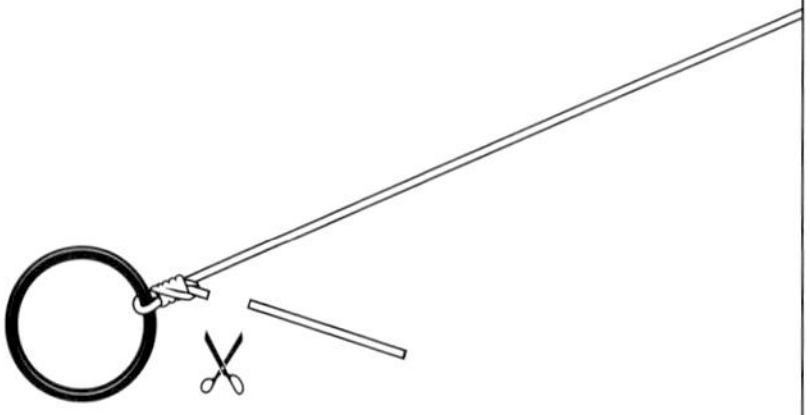

結びをマスターしよう⑥ イトと接続具の結び方

上バリ用丸カン結び

上バリ用の丸カンはこの方法で結ぶと下バリまたは捨てイト用のイト部分の長さの調整がしやすい

① 下の丸カンから7～8 cm上のミチイト部分を2つ折りにして上バリ用の丸カンを通す

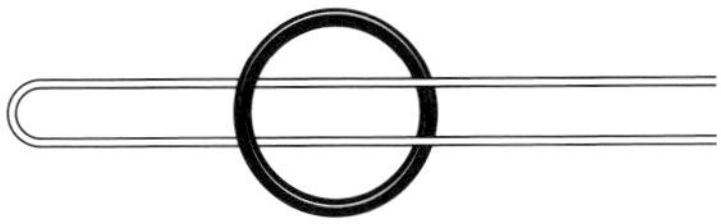

② 丸カンをくくるようにして通したイトを折り返し……

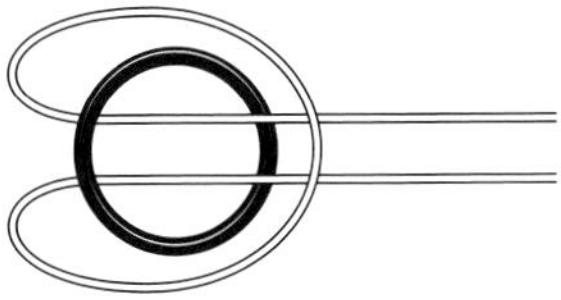

③ 丸カンを押さえ込みながら下側のイトを任意の長さに微調整したあとでイトを絞り込む

④ 下側のイトで輪を作る

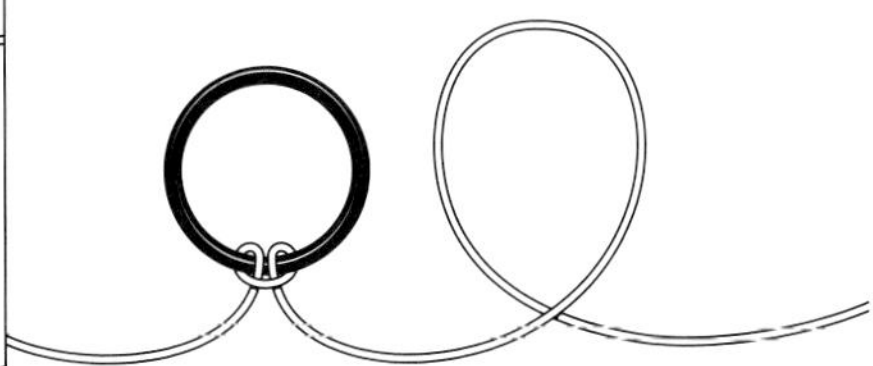

⑤ 丸カンに潜らせて絞り込む

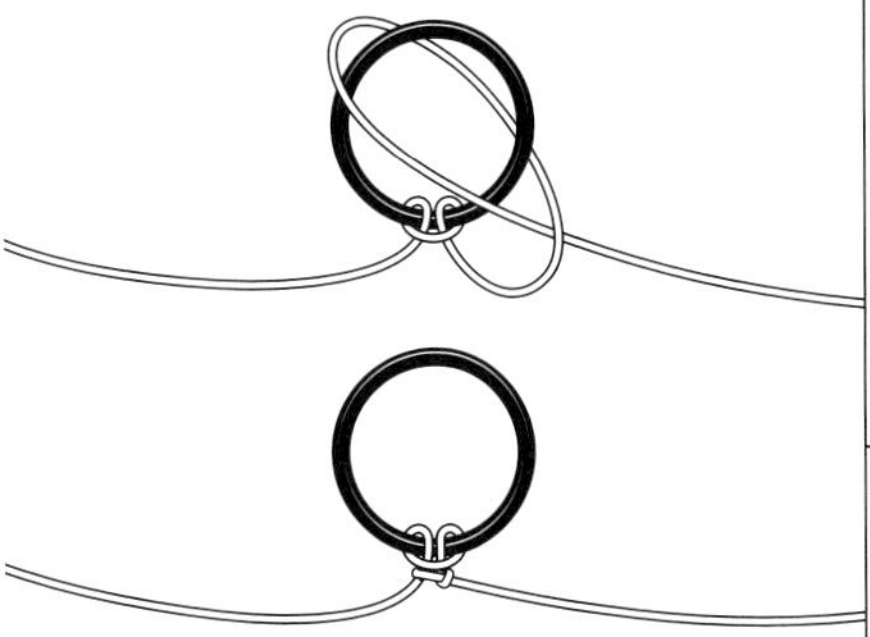

⑥ 続いて上側のイトも同じように輪を作り……

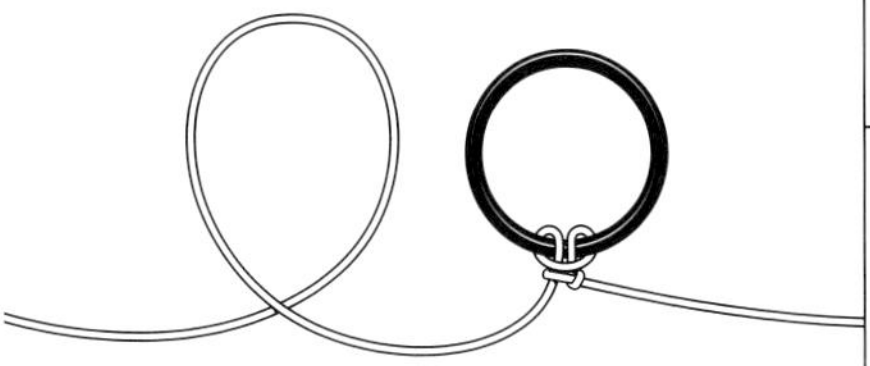

⑦ 丸カンを潜らせてイトを締め込めば完成

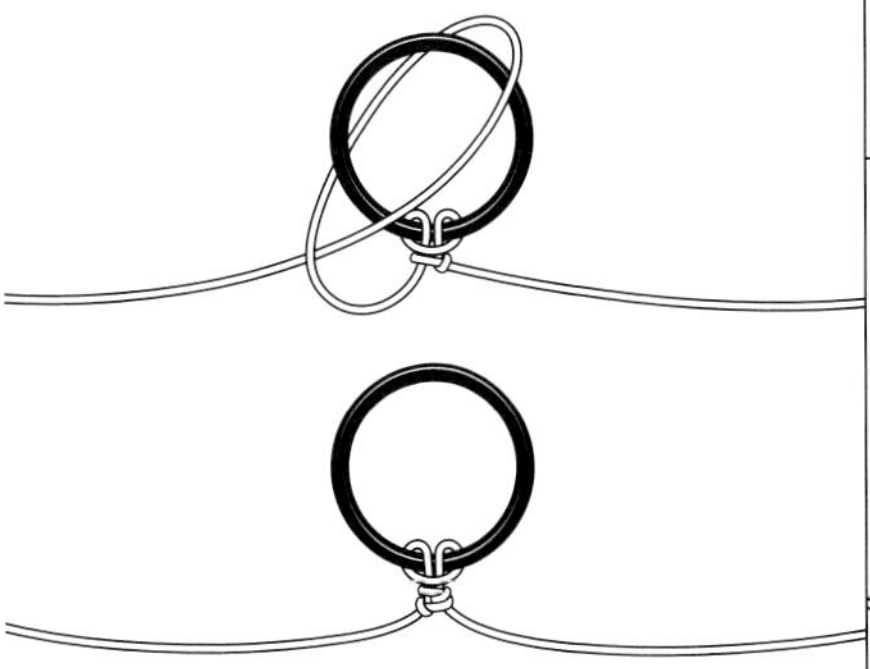

結びをマスターしよう⑦　ハリの結び方

外掛け結び

淡水から海釣りまでオールラウンドに通用するハリ結び

① イトを折り返して小さな輪を作る

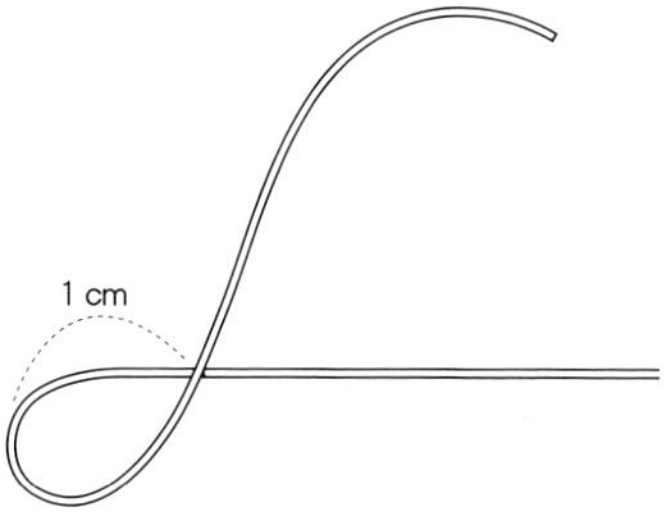

② ハリの軸にイトを交差させた部分をそえる

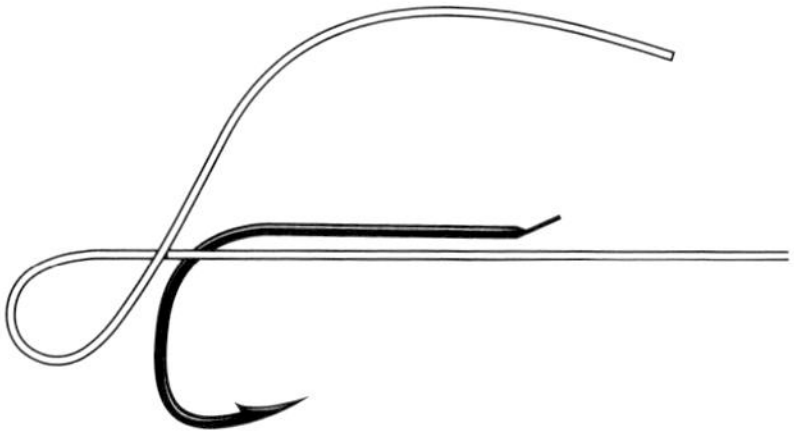

③ イトをそえた箇所をしっかりと指で押さえ、端イトで本線イトごとハリの軸を巻く

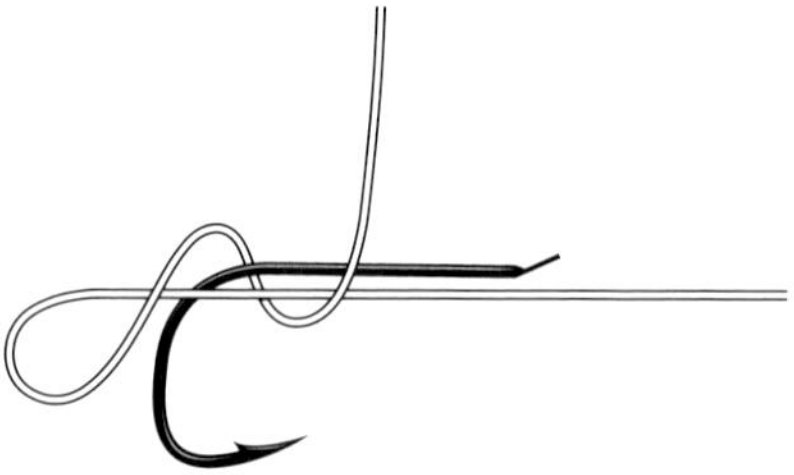

④ 続けて5～6回巻く

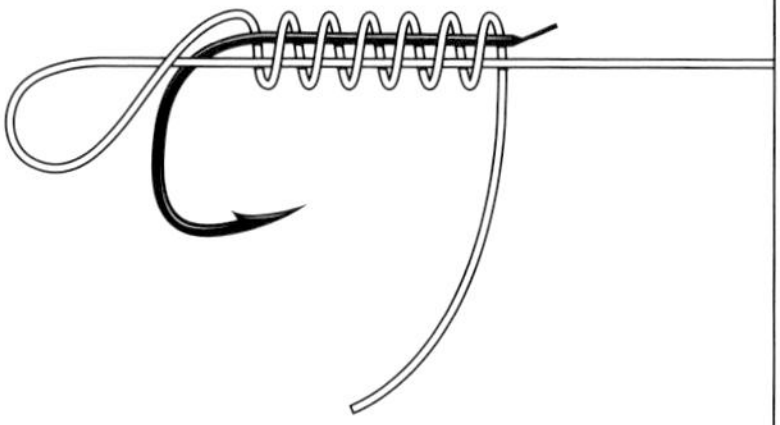

⑤ 巻いた部分を離さないように注意して、端イトを折り返して最初の輪に潜らせる

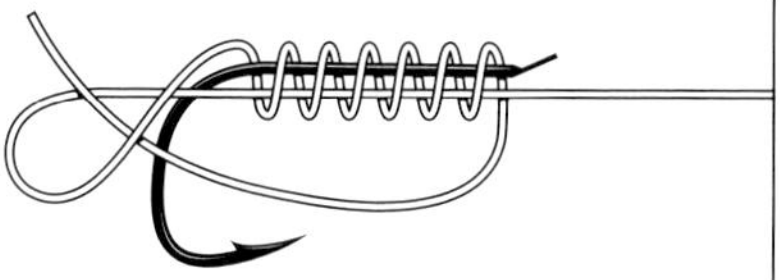

⑥ ここでも巻いた部分は決して離さず、端イトを張った状態で本線イトを引き絞り仮止めする。本線イトがチモトの内側から出るように調整して最後に本線イトをもう一度引き絞って結び目を止める

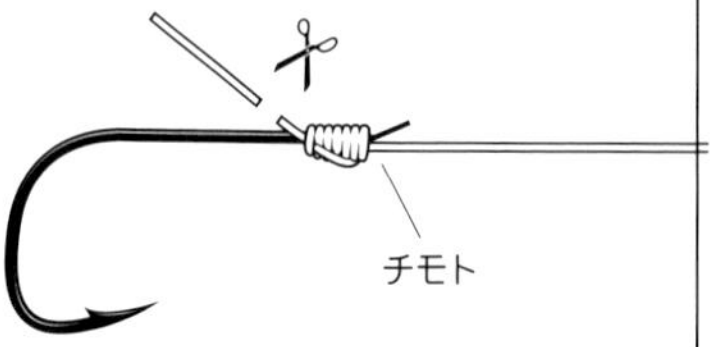

3章 フナ釣り

分　類	コイ科。全長 25㎝。最大では 30㎝以上
釣り場	田んぼの水路など里川
タ　ナ	底層
エ　サ	キヂ（シマミミズ）、赤虫など
仕掛け	中通し玉ウキを複数付けたシモリ仕掛け（立ちウキ併用型もあり）
ひと言	春は大型、秋は小ブナ中心と季節で釣趣が大きく変わる

フナの釣期

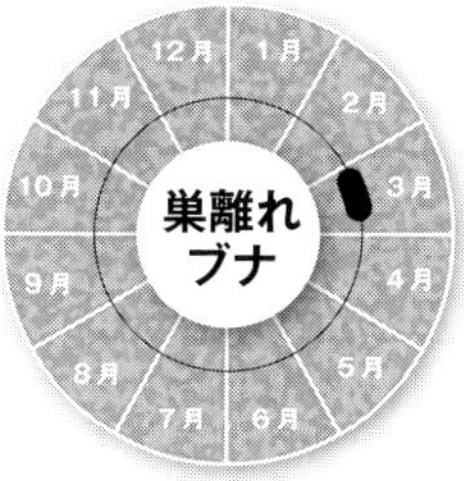

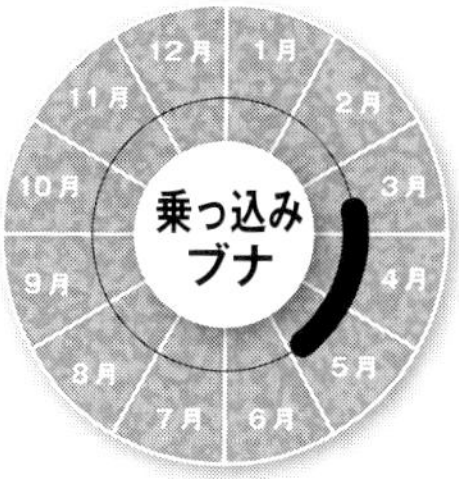

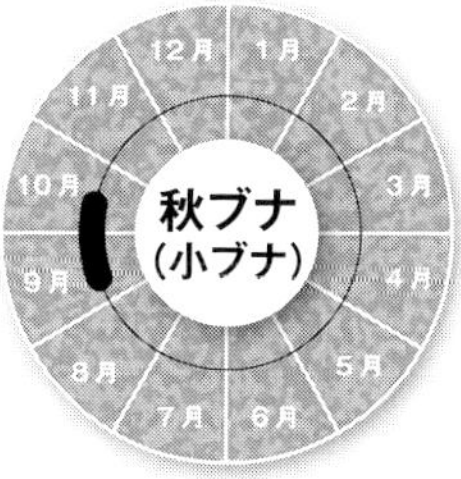

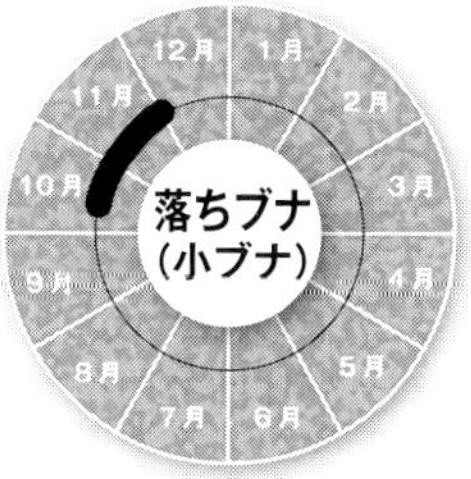

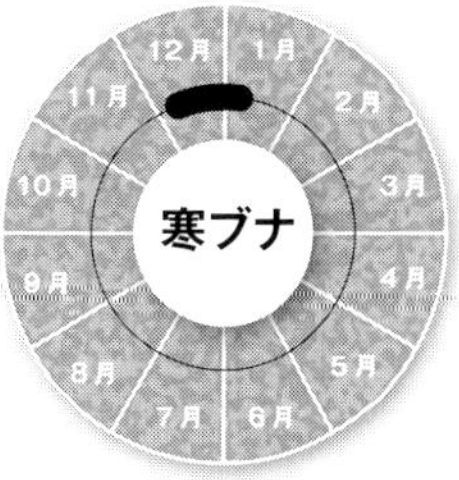

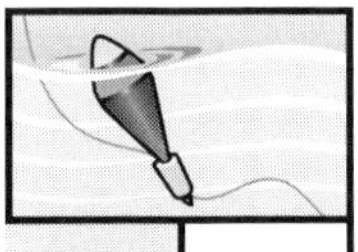

釣期について

春と秋、対称的な釣趣の季節から始めてみよう

フナ釣り暦とは

川釣り人気ターゲットのフナは、夏を除く3つの季節に合わせた釣り方が伝統的に楽しまれてきました。

「フナ釣り暦」とでもいうべきそのサイクルは、まず3月早々、越冬から目覚めた巣離れブナ釣りに始まり、産卵時期とともに春4月の乗っ込みブナ釣りを迎えます。続く6月の梅雨時から8月いっぱいの盛夏は、人もフナも暑さをしのぐためにひと休みです。

その後、9月に入って秋らしいさわやかな季節になるとフナ釣りが再開されます。秋ブナ釣りに続いて、晩秋から初冬にかけては落ちブナ釣りという好機を迎えます。そして師走の12月に入ると寒ブナ釣りで1年の幕を閉じます。本書では春と秋の釣りを取り上げてそれぞれ解説します。

春は夢の尺ブナのチャンスも

乗っ込みブナ釣りは、3月初めの巣離れブナからスタートして5月連休頃まで続く春ブナ釣りのメインイベント。地方や水域によって時期にズレが生じますが、通常は4月上旬から中旬にかけてがトップシーズン。フナの活性は温暖な地方ほど早く高まり、産卵準備に入る行動もそれだけ早まります。

乗っ込みブナ釣り最大の魅力は、良型がヒットする確率が高いこと。特に30㎝を超える大型を尺ブナと呼び、釣り人にとっては夢の1尾なのです。

しかし、乗っ込み特有の旺盛な食欲で引き味を楽しませてくれるフナは、産卵が始まると不思議なことにピタリと食いが止まります。これをハタキと呼び、フナは水草などの障害物を産卵床としてバシャ、バシャと水しぶきを上げながら卵を産み付けます。

ハタキを終えたフナの大半は産卵場所を離れますが、周辺で体力の回復を待つ一群もいます。これを居残りブナと呼び、春ブナ釣りの最終段階として楽しむことができます。

秋の釣りは小型サイズが中心

秋の小ブナ釣りは9月の声を合図に始まり、晩秋から初冬にかけて落ちブナ釣りへと続くシーズン後半戦のフナ釣り暦を楽しみます。

乗っ込みシーズンとの決定的な違いは、釣れるフナの大きさです。尺ブナ

春の乗っ込みシーズンの勲章、30㎝を超える尺ブナ。傷一つなく銀色に輝く魚体が美しい

秋の小ブナ釣りは、全長7～8㎝に育ったお兄ちゃんサイズから、3㎝前後の柿の種級まで、100尾以上の数釣りが期待できる

水路と水路の交差点は乗っ込みブナの超一級ポイント。探り歩かず、次々に通りかかるフナを待ち伏せて一網打尽に釣りあげるエンコ釣りも面白い

の姿は少なく、4～5㎝の小型から大きくても15㎝級の中ブナ止まりが大半です。小ブナはその大きさといい体型といい、形が似ていることから「柿の種」の愛称で呼ばれます。そして型が小さいぶん、数釣りが楽しめることが大きな魅力。3～4㎝以下のミニブナになると100尾以上の束釣りの期待が持てます。

江戸前の釣り愛好家の末裔《まつえい》として本音をいわせてもらうと、秋ブナ&落ちブナ釣りシーズンは、中小型を専門にねらうのが長年のしきたりなのです。

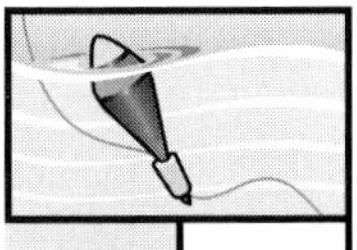

季節とフナの居場所

春は「産卵」、秋は「落ち」を意識しよう

春　水深1m以内の浅場に注目

　大河川や湖沼で越冬していたフナは、春本番に向かって水温が上昇してくると中河川や水路のホソ群をたどりながら産卵場所を捜し始めます。

　フナが好む産卵場所とは、卵が付着しやすいヤッカラなどの障害物周り。特に田園地帯の中や土手下を流れる川幅が狭い水路のホソ群は、乗っ込みシーズンの主要釣り場といっても過言ではありません。このような釣り場の水深はどこも1m以内と浅く、ときにはフナが動いて波紋が出てしまうほど（水深20～30㎝）の場所で大当たりするケースも多々あります。

　好ポイントの目安としてはヤッカラなどの障害物周りのほか、機場や小水門の出入り口、水路とホソおよびホソとホソの合流点、田んぼからの排水口下など、水通しがよい人工物周りも見逃せません。

秋　水温低下とともに水路のホソ群から中～大河川へ移動開始

　夏の猛暑が終わって、やっとしのぎやすい9月になるとフナもふたたび活性を取り戻します。これが後半戦の秋ブナ釣りのスタートです。

　この時期のフナは水路のホソ群を居場所にしています。水温はまだ高く、朝夕の時間帯を中心に数10尾の群れで平場に出てきてエサを就餌《しゅうじ》します。

　10月中旬までカレンダーが進むと水温も日に日に落ちてきます。フナも冬の気配を感じだすのか、中河川から大河川へ、あるいは湖沼があればそこを目差す行動に移ります。これが落ちブナです。春の乗っ込みとは逆のコースをたどってフナたちは越冬場所へ向かうわけです。

　一方、初冬から年末に入って水温が低下しても棲んでいたホソ群や河川を離れず、深みを捜して残るフナの集団もいます。また、当歳魚などのミニブナは川幅がごく狭いホソの中で越冬する場合もあります。

　いずれにしても秋から冬へ向かう季節のフナ釣りシーズン後半戦では、水田などの田園地帯は通水がなくなる減水期にあたります。このため、水路やホソの大半は水位が急激に落ち、場合によっては干上がって水なし川と化してしまうケースもあるので注意してください。

春の乗っ込みブナ・秋の小ブナの主な釣り場エリア

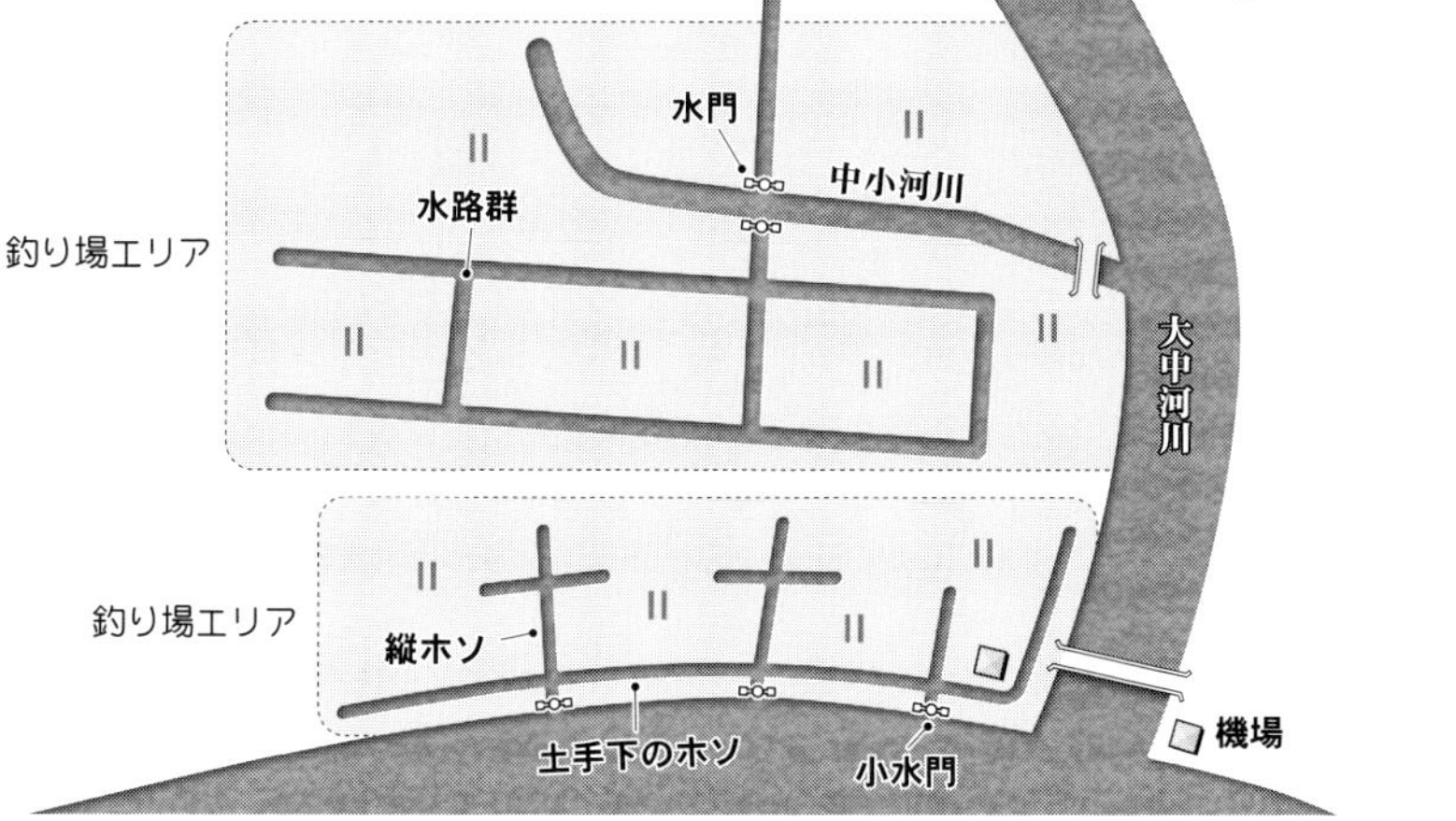

春

春の乗っ込みブナ釣りは、川幅の狭いホソの流れから型のいいフナを引っ張り出すのがだいご味！

秋

秋も深まってくると、小ブナたちはホソの流れで活発にエサを追う。短ザオの探り釣りでかわいい引き味を楽しむ

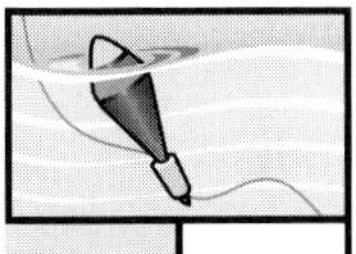

春の乗っ込みブナ釣り　仕掛けとエサ

シモリ仕掛けをベースに　障害物が多いポイントでは半ヅキ仕掛けも多用

サオ　長短は川幅に合わせる

小継ぎの渓流ザオのほか、清流または万能タイプとして市販されているカーボン製の振り出しザオを使います。全長はねらう川幅に応じて使い分けることが大切です。

春の乗っ込みシーズンは1・5m幅前後のホソと、3〜6m幅の中小規模の河川や水路ねらいが中心。そのためホソ用には2・1〜2・4mの短ザオ、河川水路用は3〜3・9mザオの出番が大半です。良型がそろう時期なので小ものザオのように軟らかい調子ではなく、胴の張りが強い中硬調や硬調のサオが適します。

また、サオ以外に大型に備えて玉網も用意しましょう。玉枠30〜33㎝、玉ノ柄2m前後でヘラブナ用の安価な製品で充分です。直径20〜24㎝の小さな玉枠がセットになった玉網を好む熱心な探り釣りファンもいます。このほか、生かしビクも必需品です。

仕掛け　基本はシモリ仕掛け

虫エサの探り釣りには、中通し玉ウキを使ったシモリ仕掛けが基本です。これを標準シモリ仕掛けといい、ビギナーには玉ウキ4個の4ツ玉や5個の5ツ玉が使いやすいでしょう。

標準シモリ仕掛けに対して、立ちウキ型の親ウキと中通し玉ウキを組み合わせたものを連動シモリ仕掛けと呼びます。親ウキには野球のバットに似た形状のバットウキが好まれ、中通し玉ウキはニワトリなどの羽根の芯で作った羽根ウキも使われます。

このほか、乗っ込みシーズンにはヤッカラ（枯れ草や枯れ枝の集合体）など障害物周り専用の仕掛けとして、全長の短い半ヅキ仕掛けも多用します。また、練りエサ釣りではヘラブナ釣りと同じように、グルテンを使ったヘラウキ仕掛けでねらうとよいでしょう。

ミチイトは1・2〜1・5号、ハリスも0・6〜0・8号と太めがよく、ハリは袖型4〜6号が好適です。ハリ数は上バリ1本を基本として、根掛かりの少ない釣り場では上下2本バリにスイッチしてもよいでしょう。

エサ　キヂと赤虫で決まり！

虫エサは常にキヂ（シマミミズ）と赤虫の2種類を用意しておきましょ

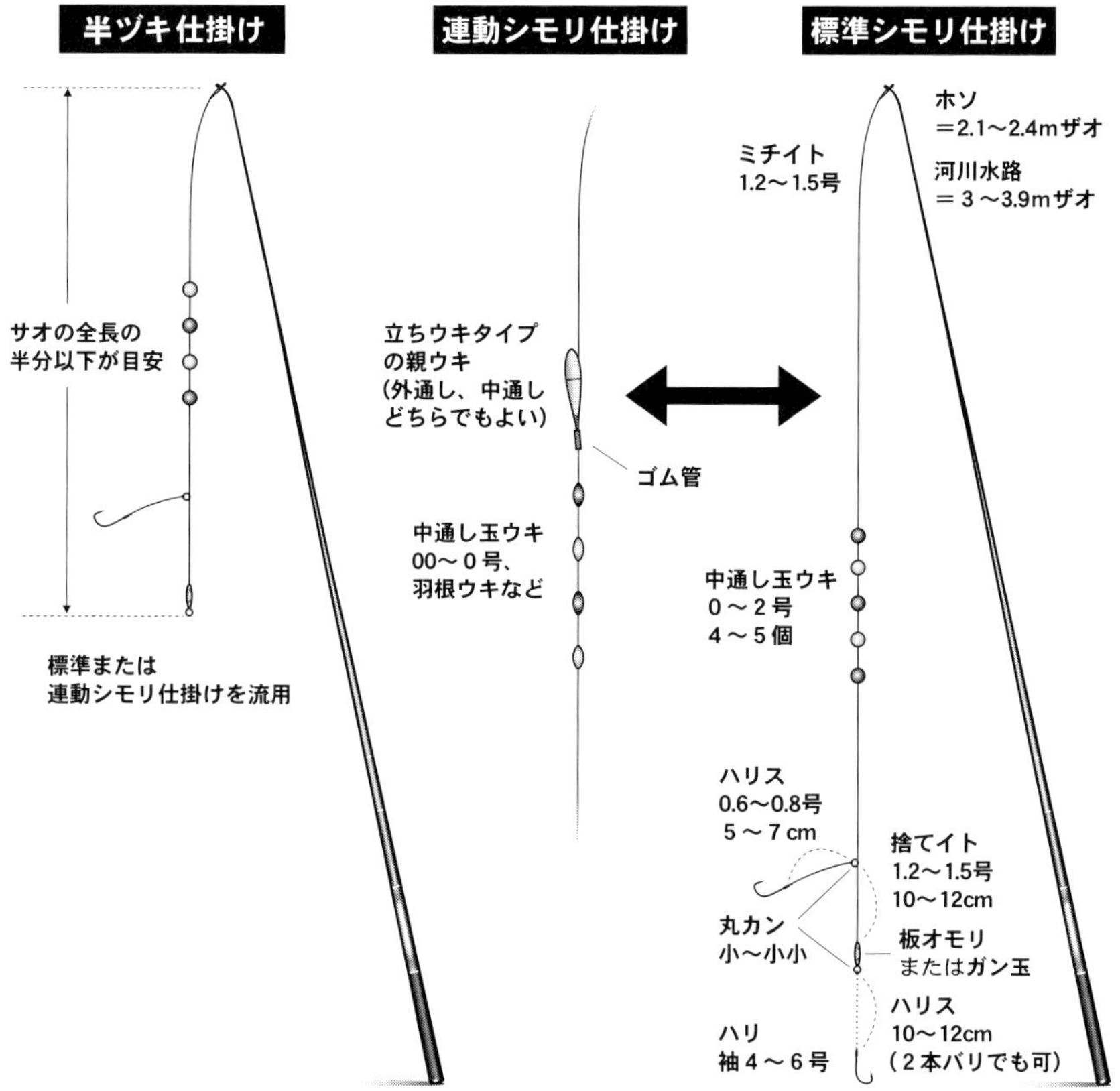

う。活性が高い春の乗っ込みブナは、臭いが強くてよく動くキヂを好むことが多いですが、寒の戻りや花冷えなど急激に冷え込んだ日には赤虫に軍配が上がります。

キヂは1～2匹のチョン掛けに、赤虫はハリのフトコロが隠れるくらい（7～8匹の房掛け）にしてください。

仕掛けは根掛かりによる破損を考慮して、サオの全長別に数組ずつ用意しておくこと

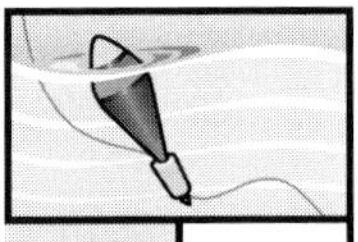

春の乗っ込みブナ釣り　基本テクニック

障害物周り・コンクリート壁・水底の凹みに注目

障害物周りとコンクリート壁に注意

乗っ込みブナは産卵を前に外敵から身を守るためか、障害物に沿って移動します。ヤッカラなどはもちろん、3面コンクリートの水路のホソ群では、両岸の垂直壁に身を寄せるように行動します。

このような習性から、釣り場の項で好ポイントとして挙げた障害物周りや水通しのよい人工物周り、そして両岸のコンクリート壁すれすれをねらうことが釣り方の第一歩です。特に、目立った障害物がない3面コンクリートの水路のホソ群ではコンクリート壁を支える支柱に注目。水流がぶつかり、支柱の川底左右に小深く凹んだ個所ができることが多く、この凹部がフナの休憩場所になり好ポイントを形成します。

虫エサの探り釣りでは、各ポイントにシモリ仕掛けを振り込みながら、一歩、また一歩と探り歩きます。通りかかるフナを待ち伏せるのではなく、食い気旺盛なフナの鼻先にエサを落とす気持ちで、積極的に付き場を探り当てることが大切です。

シモリ仕掛けの基本的なウキ下は、上部の玉ウキ1～2個が水面に出るくらいに調節しておきます。水面から水中に並ぶ中通し玉ウキの沈み具合で水深の変化や水底の凹凸などの情報を察知し、フナの居場所を突き止める手掛かりにします。

アタリは千差万別

乗っ込みブナの典型的なアタリは、フワフワッと玉ウキを揺らした後、仕掛け全体をゆっくりと消し込んでいくパターンです。アワセのタイミングは、食い込みがよい赤虫エサならフワフワッの段階で十中八九ハリ掛かりします。食い込みが遅いキヂの場合は、消し込まれるまで待ってから合わせるほうがよいでしょう。

大型がヒットした時は、障害物の中へ逃げ込まれないようにサオでため、いち早く水面でフナに空気を吸わせて抵抗を弱めます。差し出した玉網にはフナの頭から落とし込むように取り込みましょう。

グルテンの練りエサ釣りでは1ヵ所に釣り座を構えてヘラウキ仕掛けでねらうスタイルと、探りグルテン釣りと呼ぶ虫エサの探り釣りに類似する釣り方もありますが、本書では割愛します。

基本的なアタリ

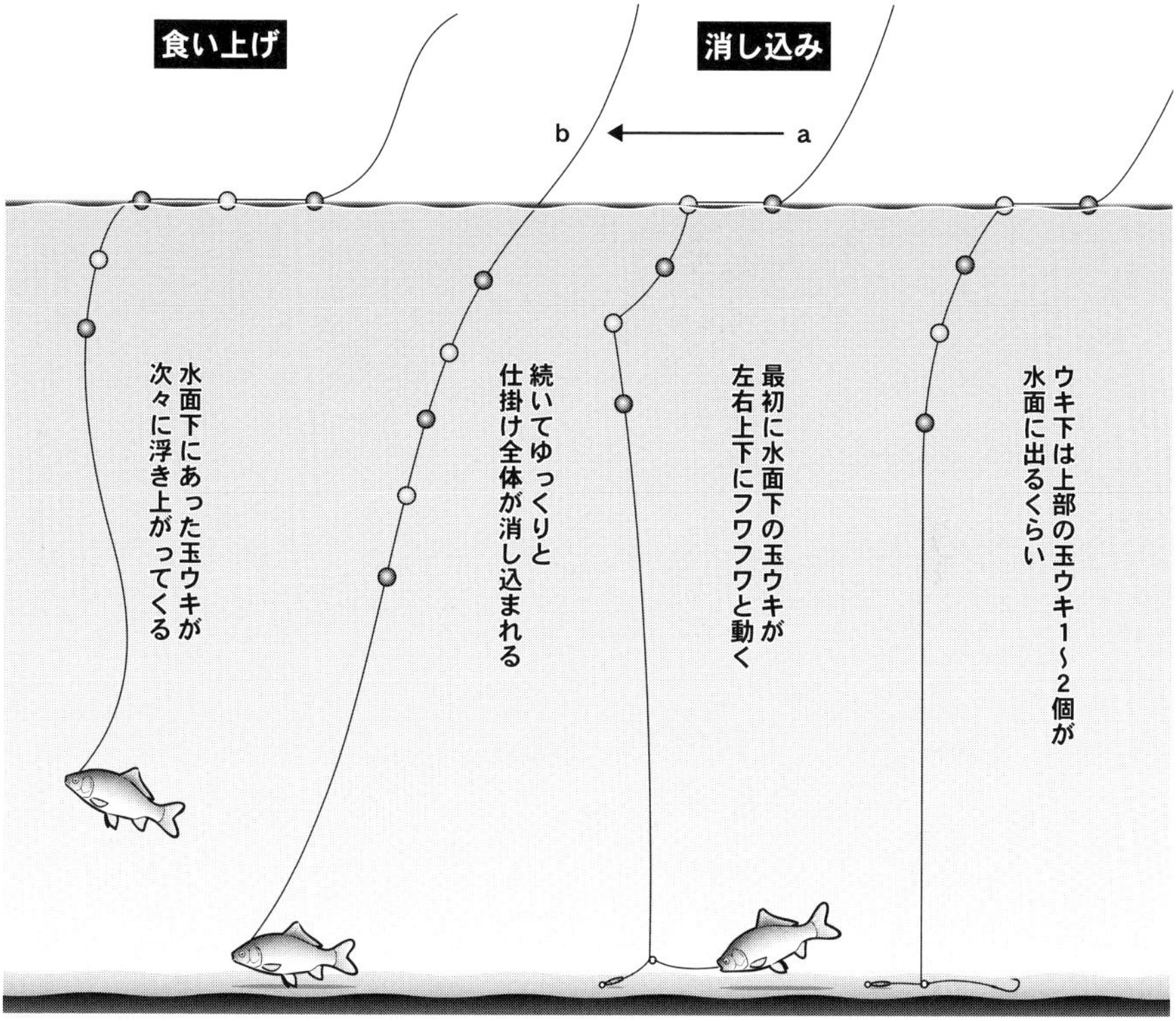
食い上げ
消し込み
b
a
水面下にあった玉ウキが
次々に浮き上がってくる
続いてゆっくりと
仕掛け全体が消し込まれる
最初に水面下の玉ウキが
左右上下にフワフワと動く
ウキ下は上部の玉ウキ1～2個が
水面に出るくらい

●ウキ下の調節法
標準シモリ仕掛け（左）、連動シモリ仕掛け（右）とも、ウキ下の調節は上部のウキが少し水面に寝るくらいが基本。目線は水面上のウキ２～３：水面下のウキ７～８割で注視し、フナのアタリばかりではなく、ウキの沈み具合によって川底の変化も読み取ることが大切だ

主要ポイントの攻略法

●ホソのクランク部
水流の変化があり、内・外側ともフナが通りかかるケースが多い。仕掛けはコンクリート壁すれすれに振り込んで少しずつ引きずるように探ってみる

●排水溝下
田んぼからチョロチョロと水が落ちる排水溝下は小さく凹んでいる個所があり、この凹部にフナがいる確率が高い（水が流れ出ていない排水溝も同様）。また水中に沈んでいる排水溝も見逃せない

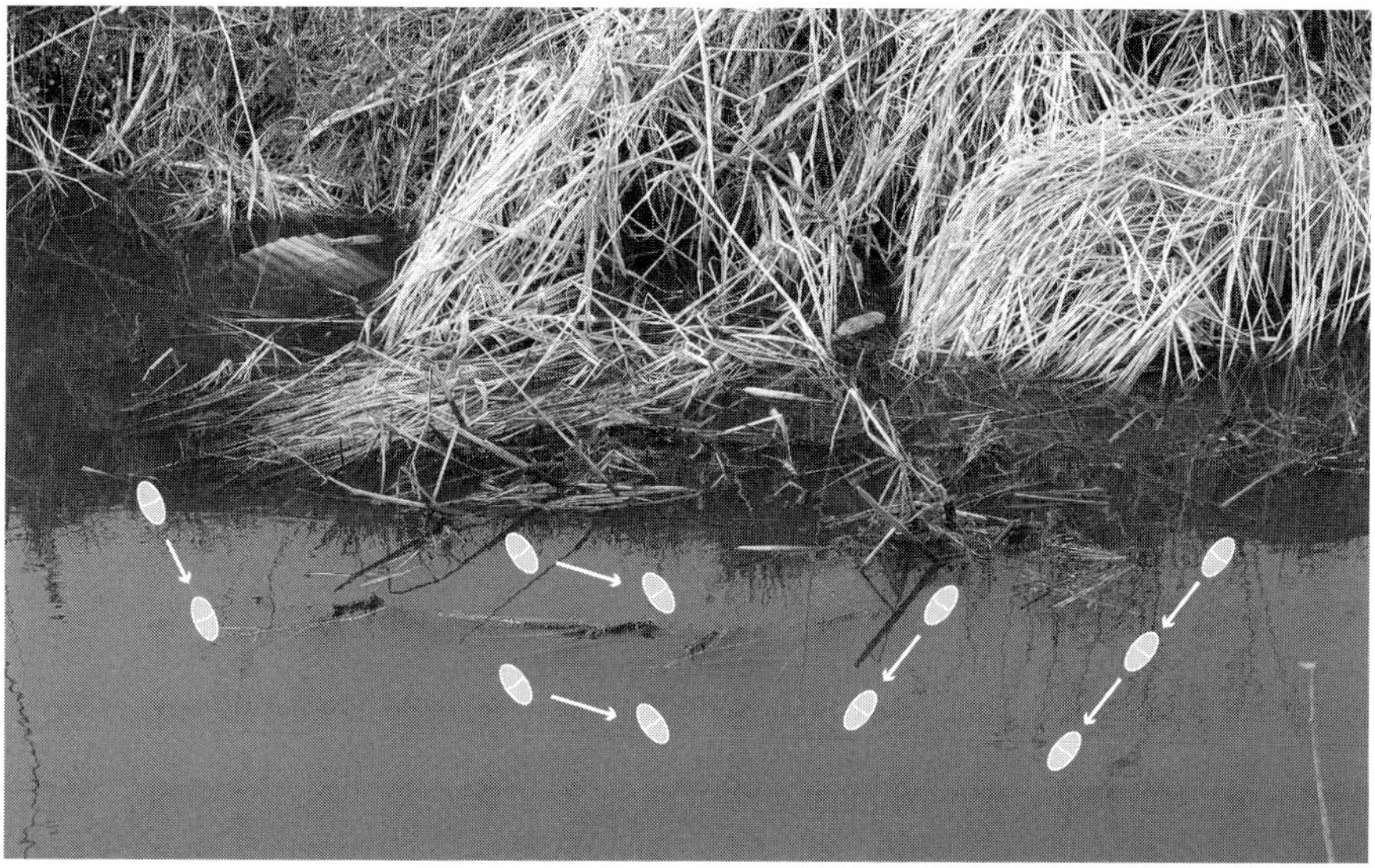

●ヤッカラ周り
枯れ草や新芽が複雑に入り組んだヤッカラ周りはフナの休憩場所。ある程度の根掛かりは覚悟のうえで、多方向からヤッカラすれすれをねらって誘ってみる

減水期の川底観察は来期の釣果につながる！

秋以降の減水期は川底まで干上がってしまうホソも多い。そんな時は来季の、特に乗っ込みシーズンに役立てるために調査しておくとよい。写真のようにコンクリートブロックや大きな枯れ枝が沈んでいるなど、数多くの障害物が確認される個所はフナが溜まる確率が大きい

春の乗っ込みブナ釣り　釣果アップのヒント

仕掛けの沈下速度調整と天候の見極めは運命の分かれ道

田んぼからの排水状況は乗っ込み期の釣りを左右する最重要要素だ

ガン玉各サイズを用意しておけば、スムーズに遅ジモリから早ジモリバランスへ移行できる

遅ジモリと早ジモリの使い分け

シモリ仕掛けの基本的なオモリバランスは、ウキ全体を沈ませることがセオリーです。沈下スピードはゆっくり落とし込んでいく遅ジモリと、一気に沈ませる早ジモリの2通りの調節方法があります。皆さんはどちらのオモリバランスがベストだと思いますか。

答えは、遅ジモリです。フナは上から落ちてくるエサによく反応するので、仕掛けの落下速度が遅いほどアピール性は高いというのがその理由です。

ウキ全体がじわりじわりと沈み込む遅ジモリから早ジモリへの転換は、ガン玉などを足して重くすればすぐにできます。最初はすべて遅ジモリのオモリバランスに整えておき、強風で仕掛けが振り込みにくい時などに早ジモリへスイッチすることをおすすめします。

このほか、オモリよりもウキの浮力が勝る「お軽バランス」という変わっ

遅ジモリと早ジモリの使い分け

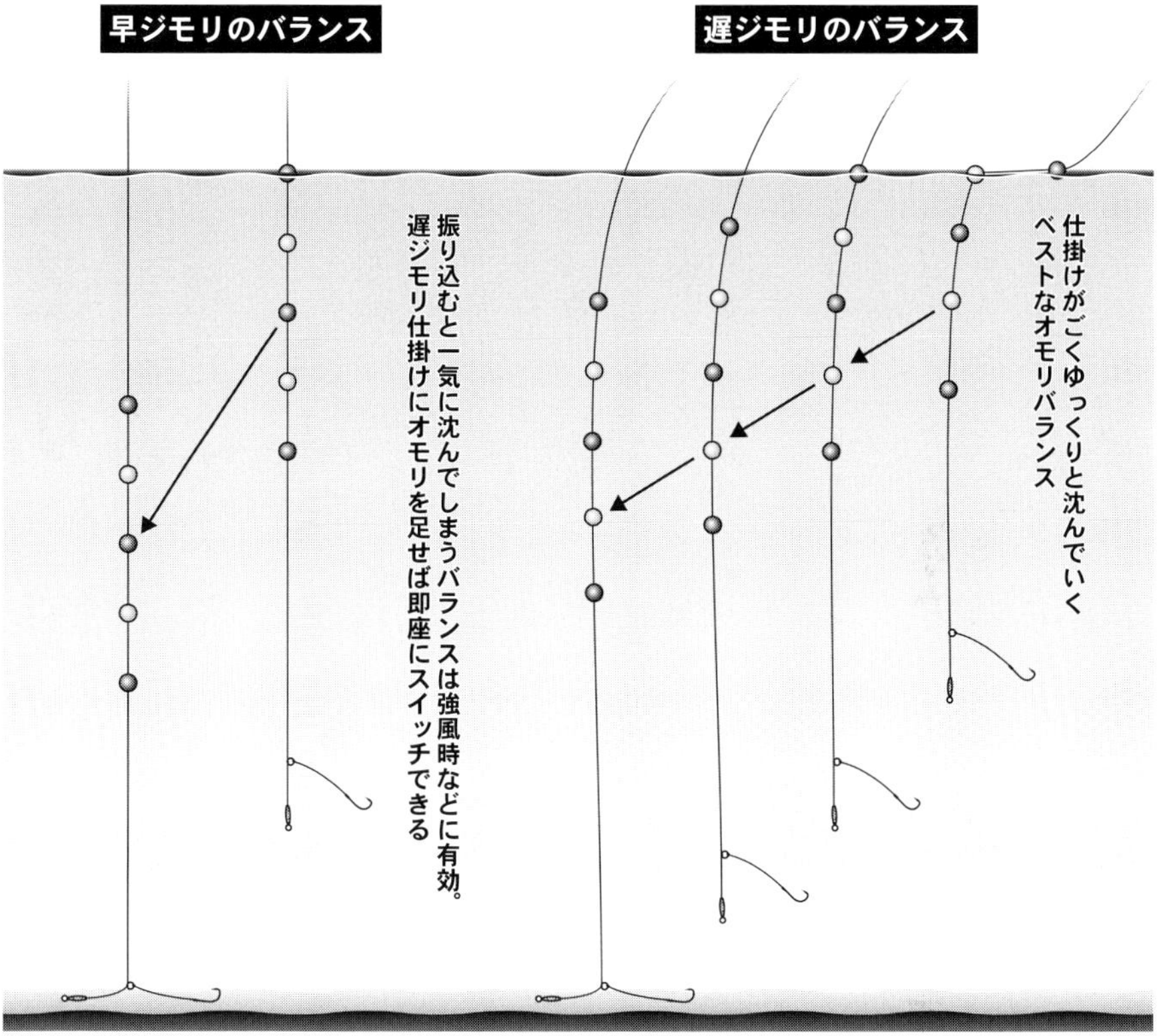
早ジモリのバランス
遅ジモリのバランス
振り込むと一気に沈んでしまうバランスは強風時などに有効。遅ジモリ仕掛けにオモリを足せば即座にスイッチできる
仕掛けがごくゆっくりと沈んでいくベストなオモリバランス

たシモリ仕掛けもあります。これは流速を伴う水深が浅い河川などでの流し釣りに適しています。

乗っ込みブナの好機

4月は寒暖の季節。好天が続いていても寒の戻りや花冷えなどで急激に冷え込むと、フナの活性は一気に鈍ってしまいます。一方で春らしい陽気の温かい雨が降った日は、乗っ込みブナも大喜び。シトシト程度の小雨なら勇んで出かけましょう。大雨後の引き水際2～3日間も好機です。

乗っ込みブナの行動は、田んぼやハス田といった田園地帯の通水にも大きな影響を受けます。田植え前の代《しろ》掻《か》きとともに導水が始まると、フナの産卵行動も活発になります。このため、田園地帯の通水状況は乗っ込みシーズン当初から地域ごとにチェックしておくことも、好釣果を上げるためのキーポイントなのです。

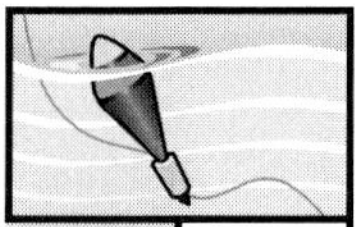

秋の小ブナ釣り 仕掛けとエサ

同じフナでも乗っ込み期とは対称的。型と季節変化に合わせたものを

サオ 2・7m以内が中心

秋から初冬にかけてのフナ釣り場は川幅が狭い水路のホソ群をねらうことがほとんどです。したがってサオは2・7m以内の短ザオでまず間に合います。使い分けとしては、探り釣りには2・1～2・7mザオの出番が多くなり、座り込んでねらうエンコ釣りでは1・2～1・8mザオが欲しいところです。

春の乗っ込みとは打って変わって、主にかわいい小ブナが相手ですから、調子は軟らかめが楽しいです。タナゴザオや、小もの万能ザオとして市販されている小継ぎの振り出しザオを選ぶとよいでしょう。

仕掛け ミニサイズのフナに対応した繊細なものを

春の乗っ込みブナと同じく、秋の小ブナ釣りにも2通りのシモリ仕掛け（中通し玉ウキを連結した標準シモリ仕掛けと、親ウキと玉ウキを組み合わせた連動シモリ仕掛け）が愛用されています。

ただし、同じシモリ仕掛けでも小ブナ相手なので、春の釣りに比べてウキやハリは数サイズ小さく、ミチイトとハリスの号数も細いものを使います。オモリバランスの調節は、ゆっくりと沈んでいく遅ジモリが基本です。

探り釣りに活躍してくれる標準シモリ仕掛けは、球形やナツメ型中通し玉ウキの00～0号を使った5ツ玉を基本として、8～10個まで増やした数珠シモリ仕掛けも面白いです。

連動シモリ仕掛けは、探り釣りはもちろん、1ヵ所に釣り座を構えるエンコ釣りに多用されます。タナゴ仕掛けよりも1、2サイズ大きめのバランスでよいでしょう。

越冬時期も近づいて小ブナが大集合しているピンポイントを発見したら、釣り仲間とにぎやかにエンコ釣りを満喫しよう

ハリは10～15㎝級の中ブナがそろう時には袖3～4号がよく、ひと回り小さな5～8㎝クラスの場合は袖2～3号、または秋田狐2～2・5号を選びます。さらに3～5㎝のミニサイズには秋田狐1号のほか半月や流線、新半月といったタナゴバリにスイッチしてもよいでしょう。

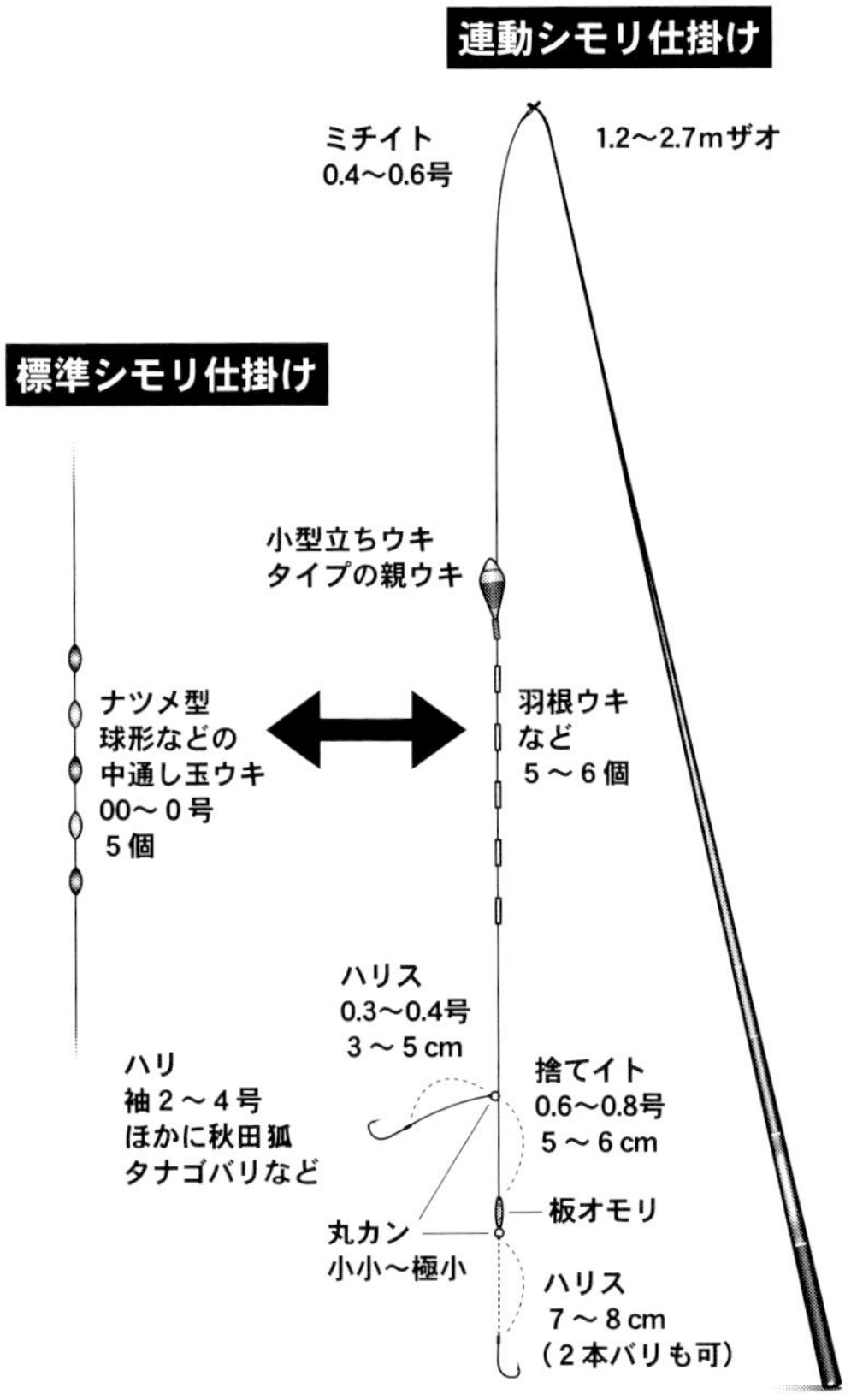

エサ　虫&練りエサの使い分け

虫エサの赤虫とグルテン練りの2種類を用意します。赤虫は探り釣り、エンコ釣りとも主力のエサで、釣れるフナの型によって1～4匹のチョン掛けにします。赤虫は赤い体液が薄くなる前に早めに取り換えることが大切で、これを怠ると釣果に直結します。

グルテン練りは水温が下がる初冬以降に効果的なエサです。集魚効果も高く、特にミニブナねらいには抜群です。付け方は指先でダンゴ状に丸めるのではなく、グルテンの繊維を引っ掛ける感じでハリ先にまとめます。

コスモスを背景に釣り人も風景に溶け込んで秋の釣りを満喫中

秋の小ブナ釣り　基本テクニック

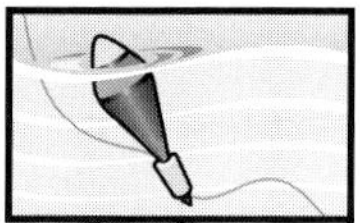

状況に応じて探り釣りもよし、腰を据えてのエンコ釣りもまたよし

ねらいは臨機応変に

秋ブナ釣りから落ちブナ釣りにかけては水路のホソ群を中心にねらいます。シモリ仕掛けの探り釣りでは障害物周りばかりにとらわれずに、平場まで広くポイントを探るとよいでしょう。

探り方の基本は対岸に振り込み、仕掛けが落ち着いたら数10秒待ちます。アタリがなければ20～40㎝間隔で手前へ引き戻しつつ探るの繰り返しで仕掛けを操作します。この際1ヵ所に止まらず、仕掛けを振り込みながら左右どちらかへ1歩ずつ動いていきます。

越冬準備に入った落ちブナは冬を過ごすために食欲旺盛。しかし天候や水温で移動してしまいます。このため浅場を釣ってダメなら深みへ、平場で当たらなければ障害物周りといったようにねらい方を変え、その日その時の居場所を見つけることが大切です。

アタリ方は明確で見逃すことはありません。また、この時期のフナは小さな群れで行動していることが多いので、同じ個所から何尾も入れ掛かりで釣れてくる楽しみもあります。

水温がぐっと下がる初冬から師走に入ると、川幅1m以内のホソで越冬しようとしているミニブナの数釣りが面白くなります。フナは必然的に水温の変動が少なく過ごしやすいヤッカラなどの障害物周りに居着いてしまうので、短ザオと小ぶりの連動シモリ仕掛けを用いたエンコ釣りでねらいます。

アタリは元気のよかった秋ブナに比べて数段渋くなりますが、水中に並ぶイトウキが揺れるだけの微妙なシグナルが愉快です。赤虫が食わない時は、グルテン練りの集魚効果で食い気を高めることがキーポイントです。

エンコ釣りの基本テクニック

仕掛けはゼロバランスかシモリバランスに整えておき、着底後アタリがないときは、ときどき小突くように上下動の誘いを加えてやるとよい

小ブナの探り釣り操作法

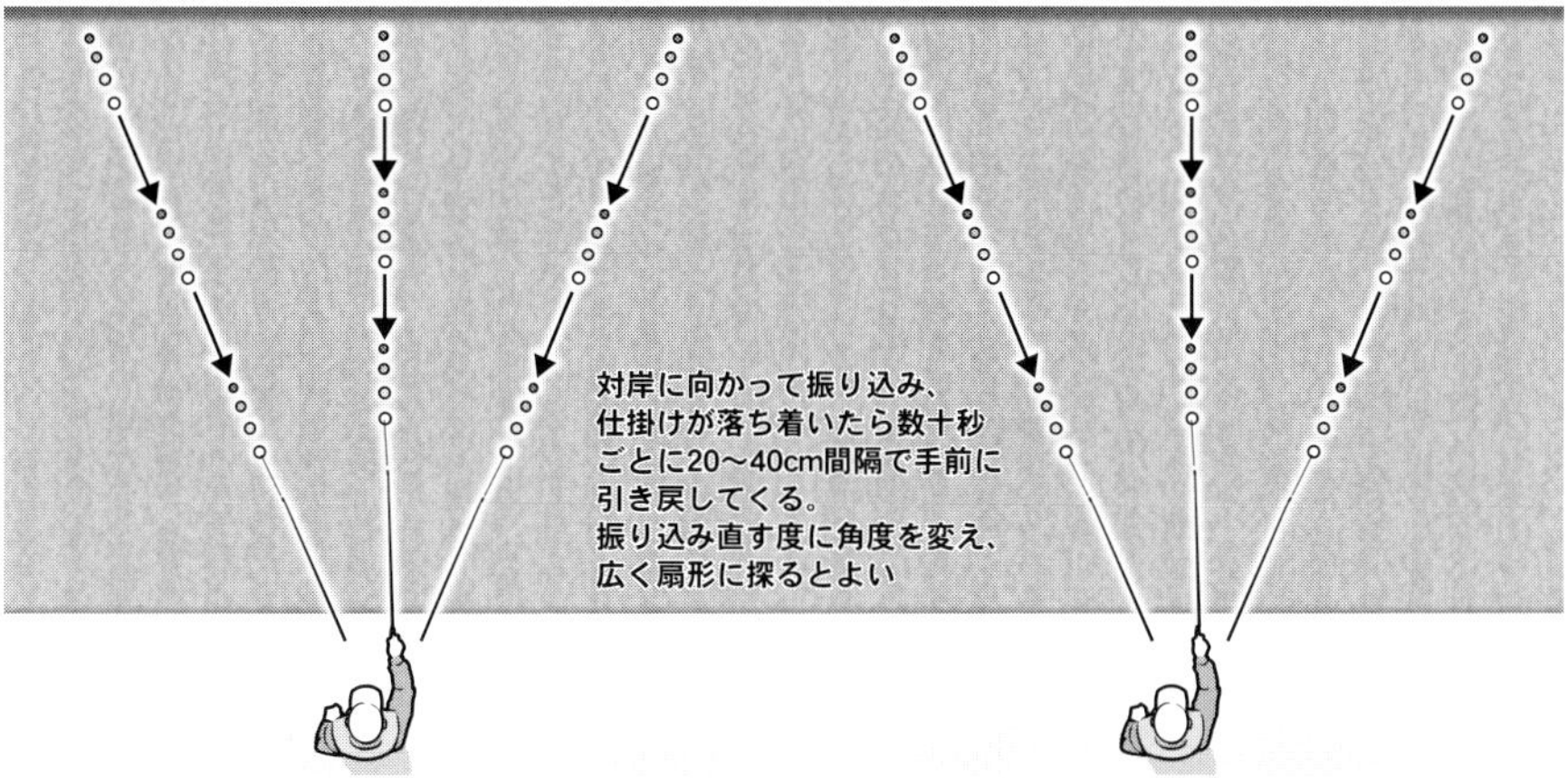
対岸に向かって振り込み、
仕掛けが落ち着いたら数十秒
ごとに20～40cm間隔で手前に
引き戻してくる。
振り込み直す度に角度を変え、
広く扇形に探るとよい

小ブナ釣りに楽しい羽根ウキシモリ仕掛け

小ブナ釣り仕掛けでは、中通し玉ウキの代わりに昔からニワトリなどの羽根の芯で作った全長2～5㎜の羽根ウキが好まれている。オモリ負荷が小さく、ごく軽い浮力バランスに仕上げられるためアタリ感度が抜群によいのが特徴だ。

羽根ウキは8～15個通して数珠シモリ仕掛けに組むか、親ウキと並べて連動シモリ仕掛けで使うのが一般的。このほか中通し玉ウキを加えるなど好みのバリエーションを楽しむことも可能だ。

羽根ウキの作り方は、羽根部分をきれいにカットした後、残った芯の中心に極細の針で穴を開け、ミチイトを通してから蛍光塗料などで視認性を高める。自作するほか、ミチイトに通した市販品もある。

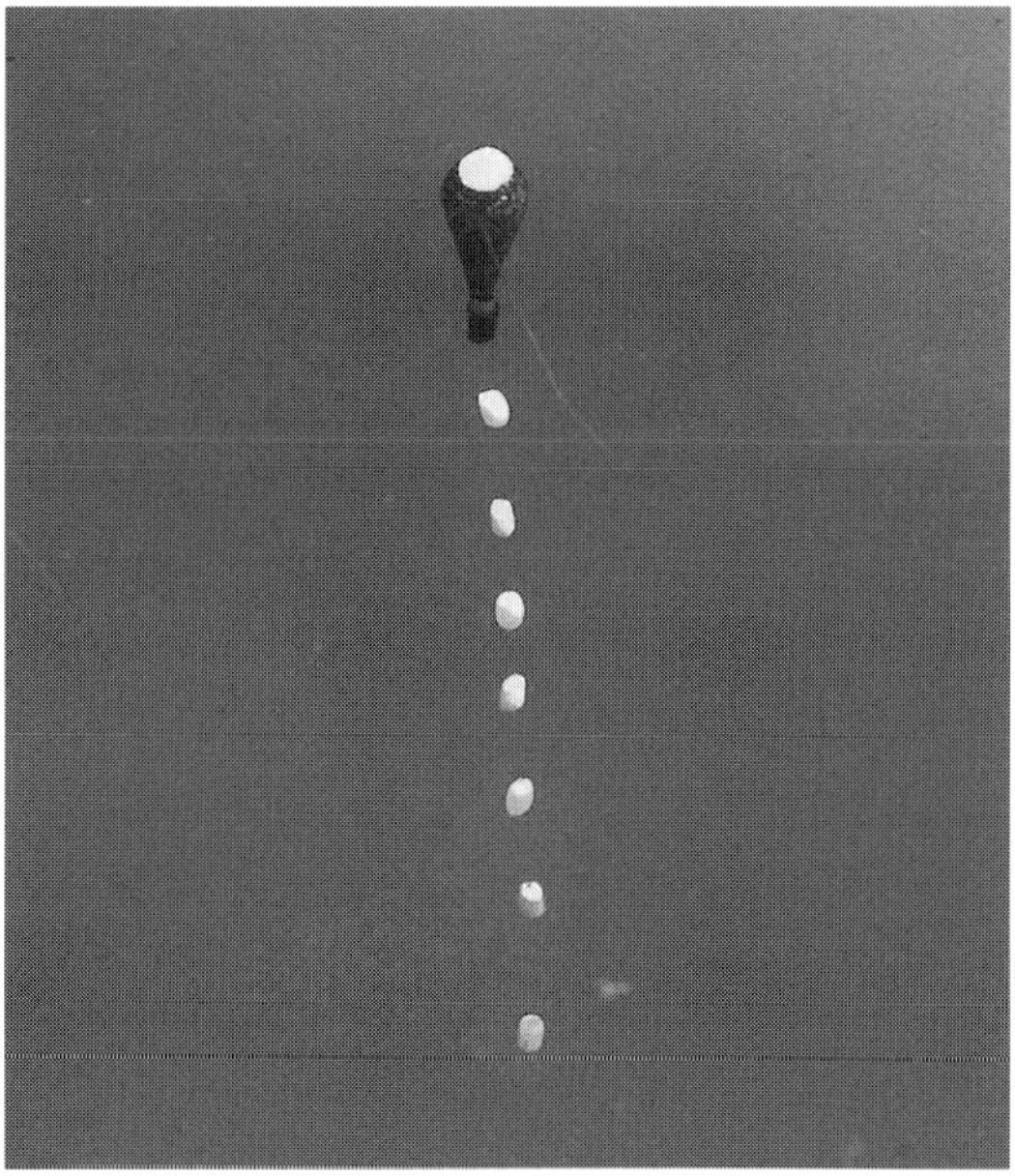

軽い浮力バランスが特徴の羽根ウキ仕掛けはアタリ感度も抜群

COLUMN 01

板オモリを美しく巻く

川釣りでは何かと出番の多い板オモリ。オモリ量の調節が簡単で浮力バランスを整えやすいのが特徴だが、ちょっとしたコツで美しい仕上がりに。指で千切ったりせずこの方法をお試しあれ！

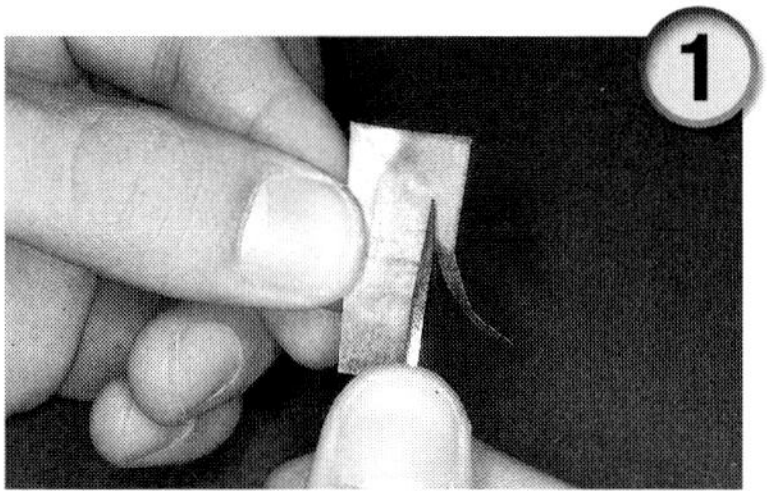

ウキの浮力よりも重めに、長方形に板オモリを切り出し、イトに巻きやすいように両側を斜めにカットする

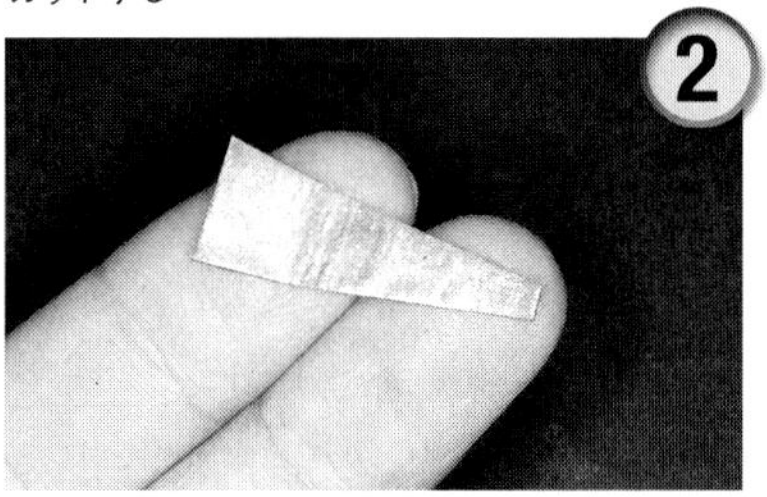

写真のように細長い台形状にできればOK

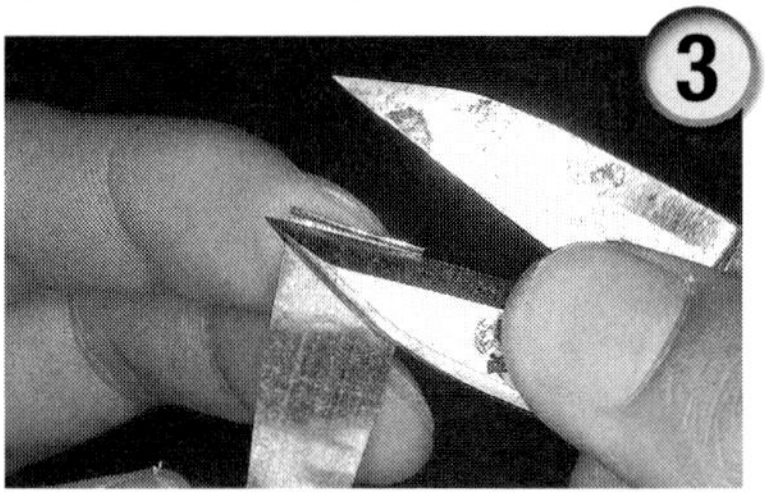

ハサミの刃を利用して②の板オモリの左側部分を2mmほど折り曲げる

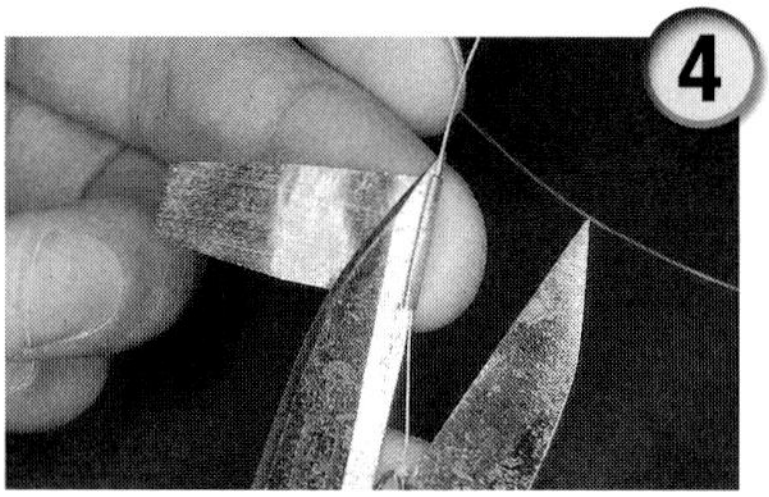

折り曲げた部分にイトを挟んだら板オモリを丸めていく。最初はハサミの刃でフォローしながら板オモリを巻き込んでいく

数回巻いた後は指先で巻き込める

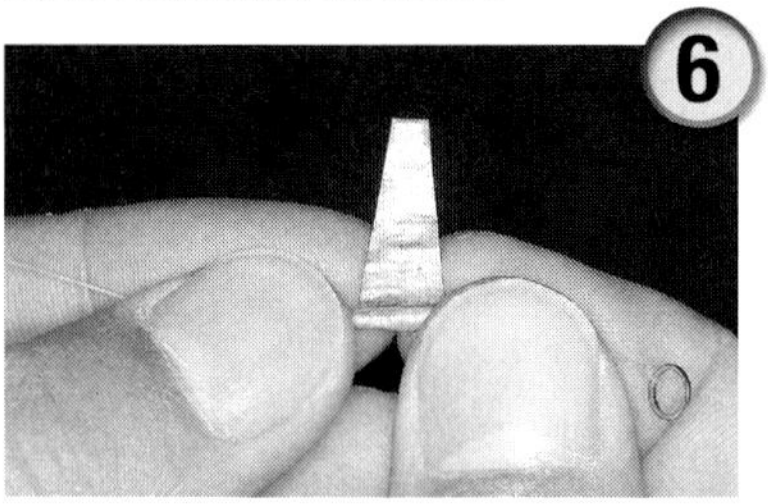

紡錘形にきれいに仕上げたい

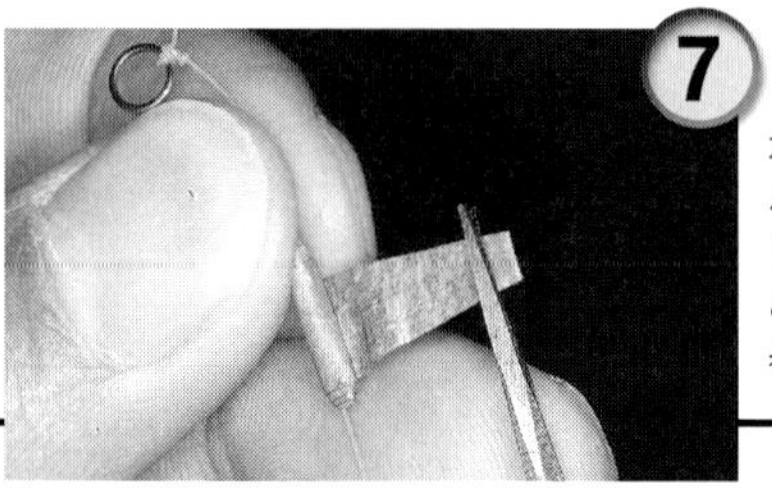

水を張った容器等に仕掛けを入れて浮力バランスを調整する。板オモリの端を少しずつカットして慎重に行なうこと。ちなみに③で縫い針などを添えて板オモリを巻けば中通し仕様にもできる

4章 タナゴ釣り

分　類　コイ科。種類によって4～10㎝。オオタナゴは最大15㎝。産卵期のオスは華麗な婚姻色に染まる

釣り場　里川や田んぼの水路、湖沼

タ　ナ　底～宙層

エ　サ　練りエサ、赤虫など

仕掛け　親ウキ+イトウキにタナゴバリを使う繊細な仕掛け

ひと言　地域別にさまざまなタナゴ類が生息。マナーを守り乱獲は厳禁

タナゴの釣期

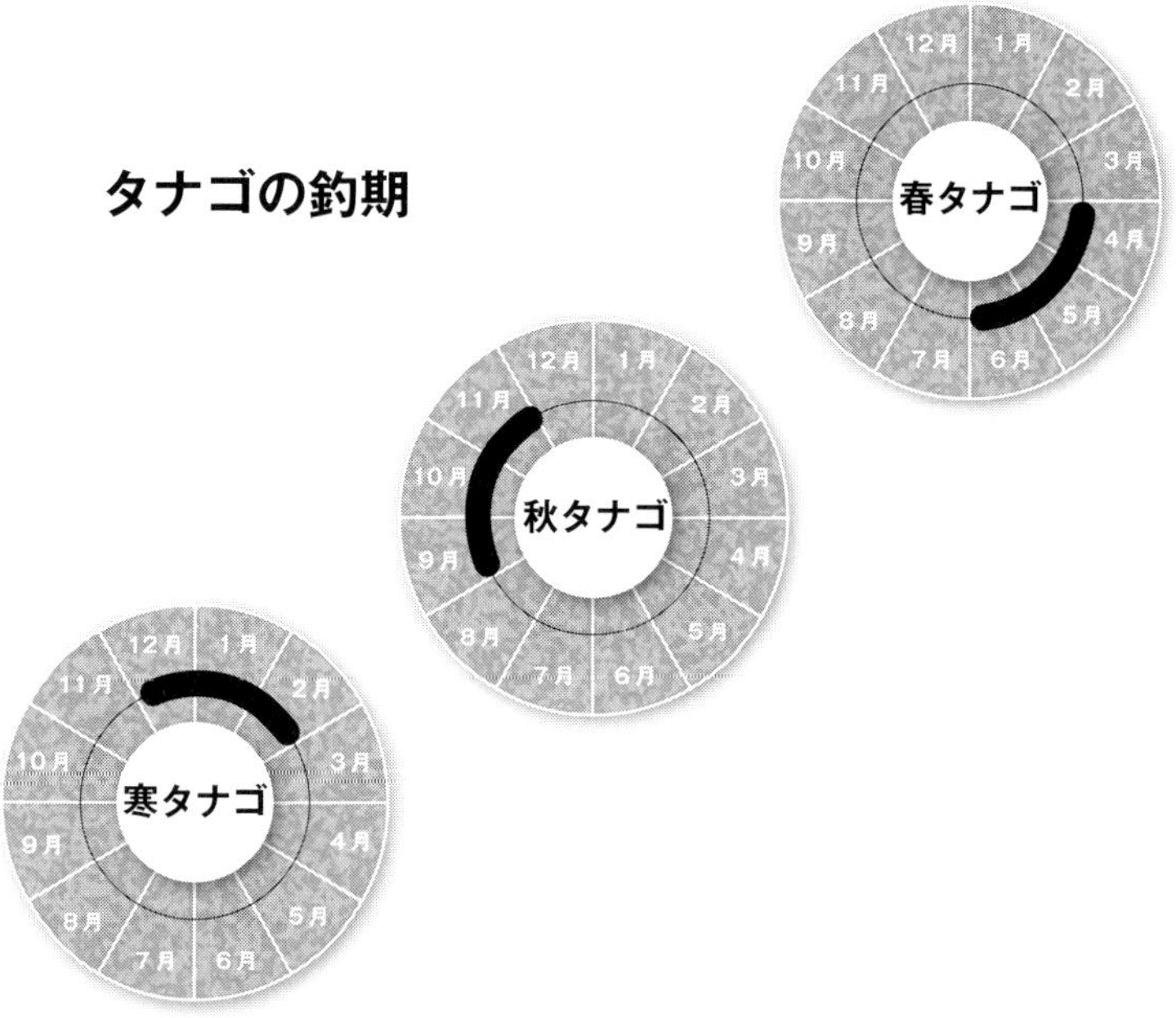

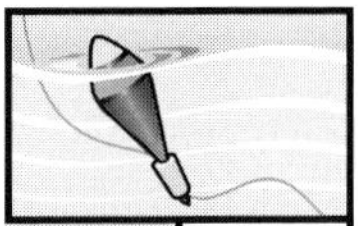

釣期について

冬の風物詩的存在「寒タナゴ」とは別に近年は春・秋2シーズンに注目

近年は冬期の寒タナゴ以外に春と秋の釣りを楽しむファンも増えてきた

止水域　婚姻色を愛でる釣りへ

日本全国に生息しているタナゴ類は現在16種です。これらの中には地方や水域で生息が限定されるタナゴの仲間が多く含まれます。また天然記念物のミヤコタナゴとともにイタセンパラ、スイゲンゼニタナゴは、種の保存法によって捕獲・飼育が禁止されています。

本書で止水域の代表格として取り上げるタナゴの仲間は、「オカメタナゴ」の愛称で釣り人に親しまれているタイリクバラタナゴと、同じように平べったい形でシルエットがよく似ている、大型種のオオタナゴの2種です。

オカメタナゴは、古くから冬の厳寒期をねらう江戸前流の寒タナゴ釣りとしてファンの間で親しまれてきました。また観賞魚としても人気があります。

一方のオオタナゴは関東の霞ヶ浦や利根川水系などに生息域が限られますが、タナゴの仲間の中で最も釣りやすいターゲットとしてビギナーファンに喜ばれています。

タナゴ釣りは、前記したとおりオカメタナゴを相手にした「冬」が伝統的な釣期です。そして近年では、別格的な寒タナゴ釣り以外に、春と秋の2シーズンも楽しむ人が増えました。タナゴの仲間全般を対象に、婚姻色が美しい繁殖期の春4～6月（一部秋産卵型もいる）と、越冬を控えてタナゴたちが食欲旺盛になる秋9～11月の2つの季節です。これは次の流水の釣り場でも同じことがいえます。

流水域　秋産卵のカネヒラも人気

「流れっ川」とも呼ばれる流水域を好

むタナゴの仲間は、扁平なオカメタナゴやオオタナゴとは異なり、流れの中で自由自在に泳ぎ回れる流線形に近いスリムな体型をしています。

その代表格は、生息地域が広いヤリタナゴでしょうか。全国的に見るとアカヒレタビラ・キタノアカヒレタビラ・ミナミアカヒレタビラを合わせたアカヒレタビラ3亜種やタナゴのほか、シロヒレタビラにセボシタビラ、イチモンジタナゴ、アブラボテもいます。

これらは皆、春産卵型のタナゴ類ですが、秋産卵型としては大人気のカネヒラとともに、ゼニタナゴも忘れてはなりません。とはいえそのゼニタナゴを筆頭に、タナゴの仲間は生息数とともに周辺環境もまた悪化の一途をたどっています。

釣りは誰もが楽しむことのできる遊びですが、タナゴ釣りにおいては、ぜひともその点にも留意していただければと思います。ファンならばこそ、乱獲は厳に慎みましょう。マナーを守って末永く釣りを楽しみたいものです。

止水域のトップスターといえば、オカメタナゴの愛称で親しまれるタイリクバラタナゴ

流水域の一番人気は、生息地域が広いヤリタナゴ。関東ではアカヒレタビラ、タナゴと合わせて「マタナゴ」と総称されることが多い

日本に生息しているタナゴの仲間の中で最も大型化するオオタナゴ

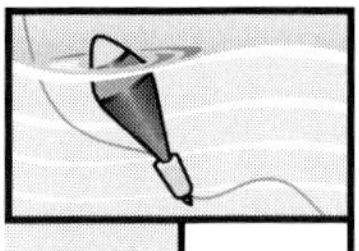

釣り場について

キーワードは身を隠すことのできる「障害物」周り

止水域（オカメタナゴ）の釣り場

オカメタナゴが好むのは止水域が主体ですが、多少流れが伴う河川や水路ホソ群にも生息しています。なかでもオカメタナゴの主力釣り場といえば、田園地帯や集落の中を流れるホソ群と大小の湖沼です。特異的な釣り場としては、関東の霞ヶ浦や北浦の湖岸に点在している船溜まりドックがよく知られています。

冬期のドックでは、水温が上がって暖かい日和には平場に出てきてエサをあさるオカメタナゴの姿を見ることができます。とはいえ外敵から身を守ることが第一なので、障害物周りを中心にして群れていることが大半です。

好ポイントの目安になるのは枯れ草や水草などの水生植物周りのほか、機場や小水門の出入り口、水路とホソ、ホソとホソの合流点、田んぼからの排水口下などの人工物周りもチェックしましょう。船溜まりドック内には係留用の古タイヤや杭、沈船など人工的な障害物が多く、コンクリート壁の角の部分やスロープ脇も代表的な好ポイントになっています。

流水域の釣り場

流れっ川のタナゴ釣り場は、下流域から上流域までと範囲が長いうえに、流速や水色などの水況が加わりポイントは変化に富んでいます。

とはいっても、タナゴたちが好む場所はある程度決まっています。水中に生い茂る水草や小水門周り、小堰堤下など、共通するのは身を隠せると同時に水通しがよい個所です。しかし流速が強い流心は避け、流れが弱まる流心脇や反転流を選ぶように泳いでいます。清流のように水深がごく浅い流れでは、草付きの下などちょっとしたエグレに群れている場合も多いものです。

オオタナゴの釣り場

霞ヶ浦水系や利根川水系などの関東エリアに生息域が限られるオオタナゴは、本湖に面した湖岸の止水域のほか、緩やかな流れがある流入河川の河口付近などを好むようです。主なポイントは真珠棚、水門、船溜まりドック、橋脚などの大きな人工物周り。また、ある一定範囲のテリトリーを回遊する習性があるようです。

タナゴの主な釣り場エリア

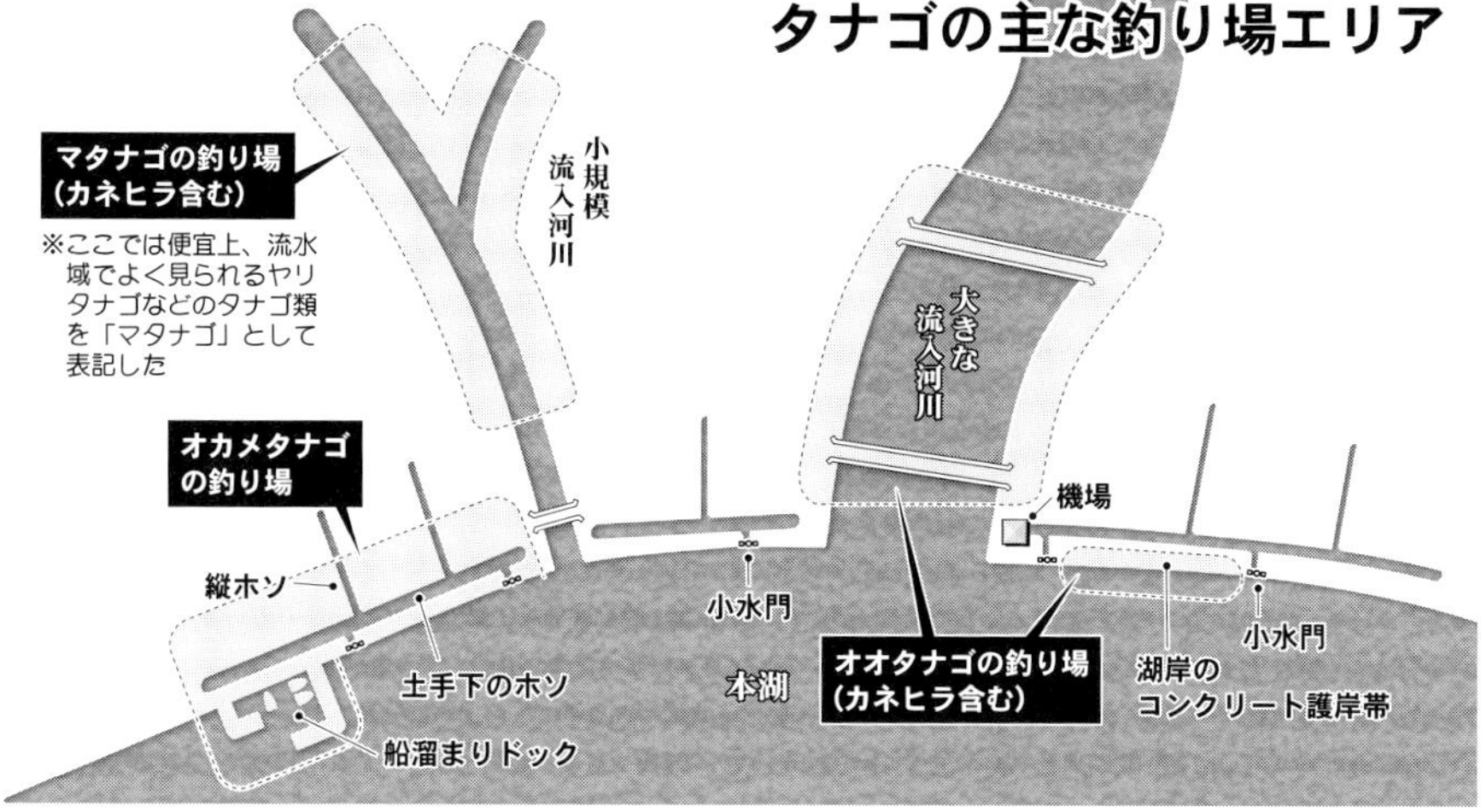

大河川&湖水　オオタナゴ釣り場は大河川や湖水に多い。橋周りなどの変化に富んだポイントを好み、一定のコースを回遊しているようだ

ドック　千葉県と茨城県にまたがる霞ヶ浦水系のオカメタナゴ釣り場は、湖岸に点在している船溜まりのドックが本場

ホソ　一見何の変哲もない三面コンクリートのホソだが、水草の陰などを丹念に調査していくと魚影が見える

水路　中規模の水路群は流水域のタナゴ釣りの本命場所。地方によっていろいろな種類のタナゴが楽しませてくれる

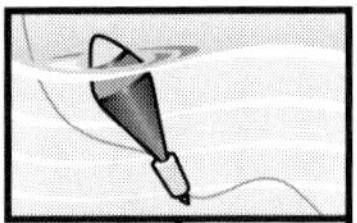

止水域の釣り　仕掛けとエサ

オカメタナゴを対象とした道具立て

サオ　20～30㎝刻みでそろえたい

オカメタナゴ釣りは、シーズンを問わず80～１６０㎝の短ザオを手にすることがほとんど。仕舞い寸法24～30㎝の小継ぎカーボン製が多く、タナゴザオや小もの万能ザオの中から適したものを選びます。また、趣がある和ザオも素敵です。長さは、ポイントなどの諸条件に適した全長のサオが欲しいので、80㎝、１００㎝、１２０㎝と20～30㎝刻みでそろえておきたいものです。

止水域では1ヵ所に陣取ってねらうエンコ釣りが多く、折りたたみ式イスを忘れずに。

仕掛け　極小サイズの連動シモリ

オカメタナゴ釣りは世界一小さな魚をねらう釣りですから、その仕掛けも世界一繊細です。親ウキとイトウキを組み合わせた、極小サイズの連動シモリ仕掛けが定番になっています。

これから入門したい方は手始めに、親ウキからイトウキ、ハリス止メまで仕掛け一式が整っているタナゴ用連動シモリの完成仕掛けを買い求めてみることをすすめます。まずはこれで親ウキの浮力バランスやイトウキの重要性など、仕掛けのノウハウを勉強してみてください。ある程度理解できるようになれば自作も可能です。好みのパーツを購入して連動シモリ仕掛けを組み

オカメタナゴの連動シモリ仕掛け（止水域）

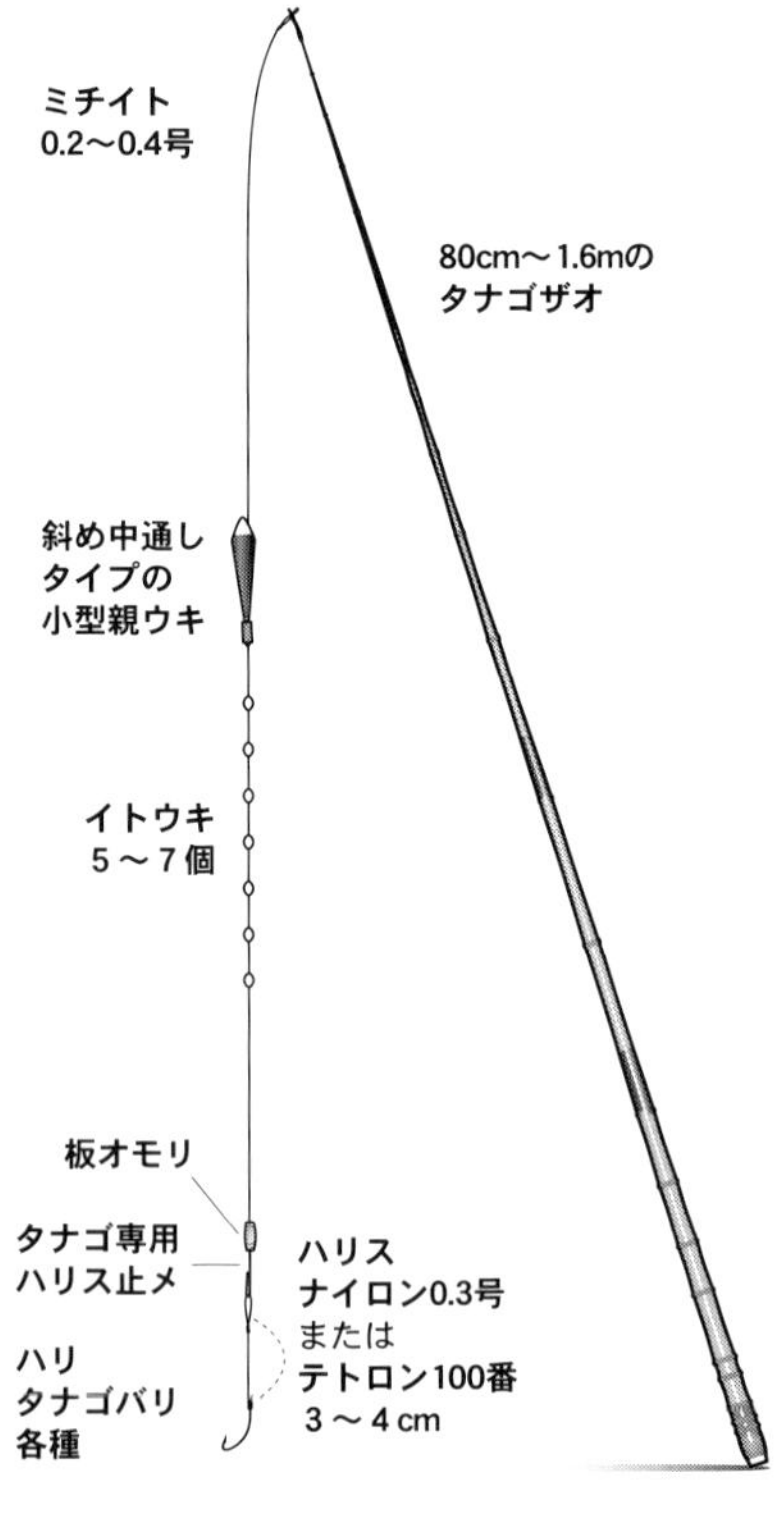

タナゴ用の浮力バランス3パターン

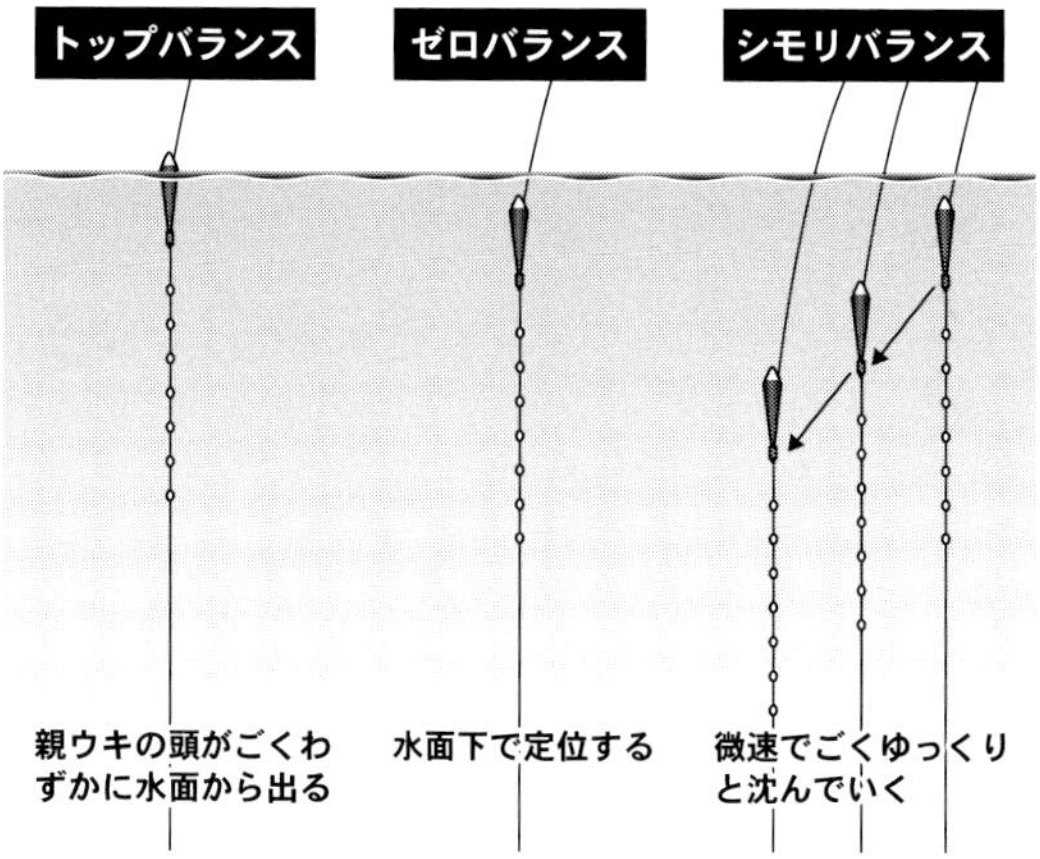

立てるのは胸躍るものです。

タナゴ用仕掛けは正確に浮力バランスを整えておくことが重要です。それには3つのパターンがあります。1つめは親ウキの頭が水面からわずかに出る「トップバランス」、2つめは親ウキが沈み水面下で定位する「ゼロバランス」、3つめが微速でごくゆっくりと沈んでいく「シモリバランス」です。

オカメタナゴの連動シモリ仕掛けでは「シモリバランス」と「ゼロバランス」を多用します。仕掛けに巻いた板オモリを微量ずつカットしながら、納得できるまで調整してみてください。

また、オカメタナゴはおちょぼ口で、特に食いが渋い寒タナゴを釣るにはハリを吟味する必要があります。市販タナゴバリの中から、ハリ先が短くて鋭利なテトロンハリス付きのがまかつ「極タナゴ」などの特選バリを選びましょう。

活性が高い春シーズンや型のいいオカメタナゴねらいには、同じテトロンハリス付きでも新半月や極小、三腰、ハリマといったハリ名が付いたノーマルタイプのタナゴバリで充分です。

エサ　練りエサオンリー

オカメタナゴ釣りでは赤虫などの虫エサの出番はなく、グルテン練りと黄身練りの練りエサを使います。ビギナーファンには作り方が簡単なグルテン練りをすすめます。

指定どおりの水分量で作ったグルテン練りはピンポン玉よりひと回り小さく取って保持し、表面をハリ先でチョンチョンと数回引っ掻いて、グルテン特有の繊維をハリ先に付着させる感じで大ざっぱな玉状にまとめます。釣り開始早々は集魚効果を高めるため大きめのエサを打ち込み、タナゴが寄ってきたら小さくして食い込みをよくします。一方、黄身練りは専用の小型ポンプに詰め込んで使います。付け方は釣れるタナゴの大小によって、ハリ先にケシ粒から仁丹粒大にまとめます。

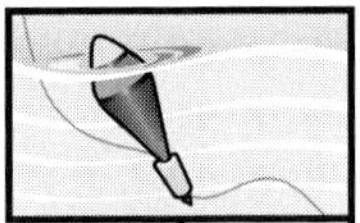

止水域の釣り　基本テクニック

オカメタナゴは1ヵ所で粘る　エンコ釣りが基本スタイル

水温が上昇する時間帯がねらいめ

　前項でも述べたように、オカメタナゴ釣りは練りエサとその集魚効果で群れをおびき寄せると同時に、タナゴの活性を高める釣り方です。このため、1ヵ所のポイントに陣取って集中的にねらうエンコ釣りが基本になります。

　オカメタナゴが活発に活動し始めるのは水温が上昇する時間帯。したがって釣り開始は暖かい日和の春秋シーズンなら午前8時頃から。しかし、冬の寒タナゴ釣りでは午前10時を過ぎないとタナゴは動きません。

　オカメタナゴの遊泳層はどちらかというと宙層ですが、土手下のホソなど水深40㎝以内の浅場では、底から5～10㎝間の底層にウキ下を合わせるのが定石です。

　反対に、寒タナゴ釣りの好ポイントの1つ、船溜まりドックのように水深が1m前後と深いポイントでは、タナ40～50㎝から始めて、状況をみながらウキ下を上下してその時の遊泳層を捜します。

アタリはイトウキの変化を注視

　アタリは、主に親ウキの下に並ぶイトウキの千差万別な変化でとらえます。イトウキが左右に振れたり、トントンと小さく突かれたり沈んでいく途中で止まるなど、少しでもおかしいと思ったら合わせてみましょう。

　オカメタナゴの群れがサオ下のピンポイントに集まってきて活性が高まると、仕掛けを投入すれば即座にアタリが到来するはずです。水中の障害物周りや川底では、オカメタナゴ特有のヒラ打ちが始まることもあります。

　アタリの回数に対してヒット率が低い場合は、練りエサを大きく付けすぎていないか、釣れるタナゴのサイズにハリの大きさが合っていないかなどを疑ってみてください。

寒タナゴといえばドックの釣りが象徴的だが、周辺のホソもまた代表的なポイント

オカメタナゴのアタリのバリエーション

①食い止めアタリ

シモリバランスで少しずつ沈んでいく途中で突然フッと止まる

②ヨレアタリ

親ウキ、イトウキともウキ全体をゆっくりと横に引いていくパターン。タナゴの活性が高いときに多く、ハリ掛かりする確率も高い

イトウキが横に引かれる最もポピュラーなアタリ方のパターン

③食い上げアタリ

食い止めアタリに似ているが、イトウキを持ち上げるパターン

④引き込みアタリ

①～③を見逃すとタナゴが食い逃げしようとして引き込みアタリが出る。モツゴなど外道の場合も多く、ハリ掛かりしない

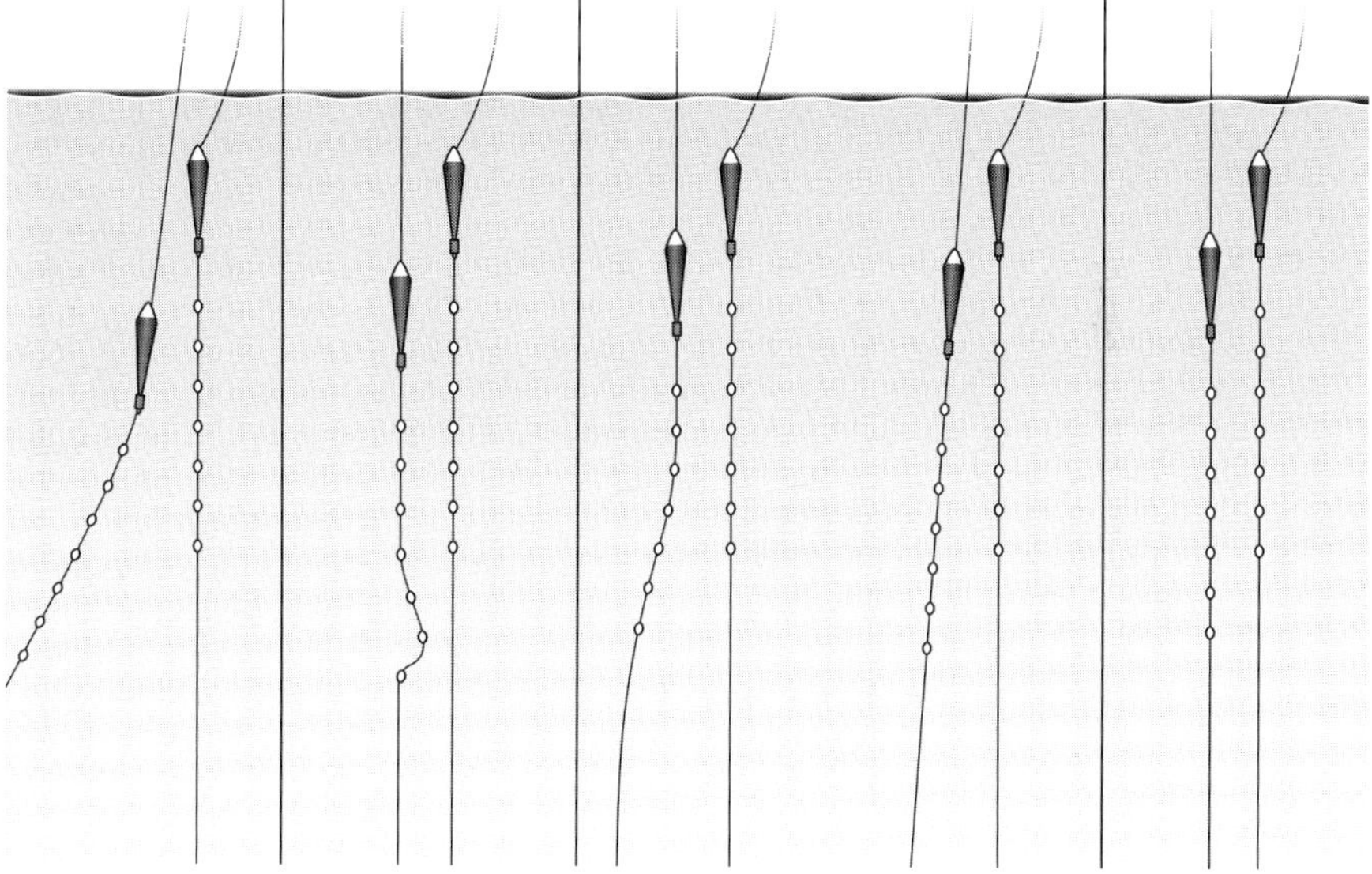

釣果アップ・ヒント

金網製茶漉し器を利用した集魚グッズ。ヘラブナ用の粉末バラケを中に入れて使用する

01 寄せエサ活用術　活性が低い冬の寒タナゴ釣りでは集魚効果を高める目的で寄せエサを多用する。寄せエサはヘラブナ用の粉末バラケを流用し、小型の金網製茶漉し器に入れて宙層に吊るす方法が一般的だ。水中で振る必要はなく、自然に溶け出すエキスや煙幕でおびき寄せるのがタナゴ流の寄せエサ術といえる。

02 練りエサの秘策　止水域の練りエサは常にグルテン練りと黄身練りの2種類を準備しよう。タナゴの食い気をみながら交互に使い分けると釣果が伸びるケースが多い。

グルテン練りは本家のヘラブナ釣りのでは粘りを出すのは禁物。しかしタナゴ釣りでは、指定の水加減で作ったグルテン練りを30～50回折り込むように練り込むことでハリ先に絡みやすくするのだ。

流水域の釣り　仕掛けとエサ

「流れ」の要素が全体に大きく影響する

ヤマメやアマゴが泳いでいそうな透明度抜群の流れっ川。この水路ではヤマベ（オイカワ）の群れに混じってヤリタナゴ、カネヒラの姿が見られた

サオ　1・5〜2・7mを20〜30cm刻みで使い分ける

川幅が広い下流域からホソのような狭い流れに変化する上流域まで、流水域のタナゴ釣りは1・5〜2・7mのサオでほとんどカバーできます。いずれもカーボン製の小継ぎタナゴザオや小もの万能ザオがよく、全長1・5、1・8……2・7mというように、20〜30cm刻みで長短を準備しておけると理想的です。

このほか、まれに3〜3・6mクラスが欲しい場合もあります。特に初めての場所の釣行などでは、念のためズームロッドなどを1本忍ばせておくと安心です。

仕掛け　立ちウキ仕掛けも活躍

親ウキとイトウキを配列した小型サイズの連動シモリ仕掛けが定番ですが、イトウキを外した立ちウキ仕掛けも活躍してくれます。

流れっ川用の連動シモリ仕掛けを組み立てる時の要点は、第1に親ウキの浮力を加味すること。浮力の小さいスリムな親ウキでは仕掛け全体が流れに飲まれ、水中に引き込まれてしまいます。このためボディーが太めでオモリ負荷の大きな親ウキを選ぶことが大切です。また、大きめの羽根ウキをセットすると視認性も高まります。

仕掛けの浮力バランスは、緩やかな流れの釣り場なら水面下で定位する「ゼロバランス」が好適。清流相のように流速が速い釣り場用には、親ウキの頭がわずかに水面に出る「トップバランス」に調節するとよいでしょう。

ハリは主にナイロンハリス付きのタ

ナゴ専用の中から選びます。5~7cmの中型にはスタンダードタイプの半月や新半月が使いやすいと思います。小型サイズの当歳魚ばかりの時は、ハリ先が短くより鋭利な、がまかつ「極タナゴ」などテトロン短ハリス付きの特選バリにスイッチします。反対に、カネヒラなどの大型タナゴにはタナゴバリの流線のほか、秋田キツネ1~2号も好適です。

エサ　主役は虫エサ

流水域では流速で溶けやすいグルテン練りは不向きなケースが大半です。したがって釣行の際は常に赤虫と黄身練りの二本立てで準備しておき、就餌を確かめる感じで交互に使ってみてください。

赤虫の付け方は釣れるタナゴの型によって1~2匹のチョン掛けでよく、赤い体色が薄れる前に頻繁に付け替えます。黄身練りはハリ先に丸めますが、仁丹粒程度の大きさでよいでしょう。

川タナゴの
連動シモリ仕掛け・立ちウキ仕掛け

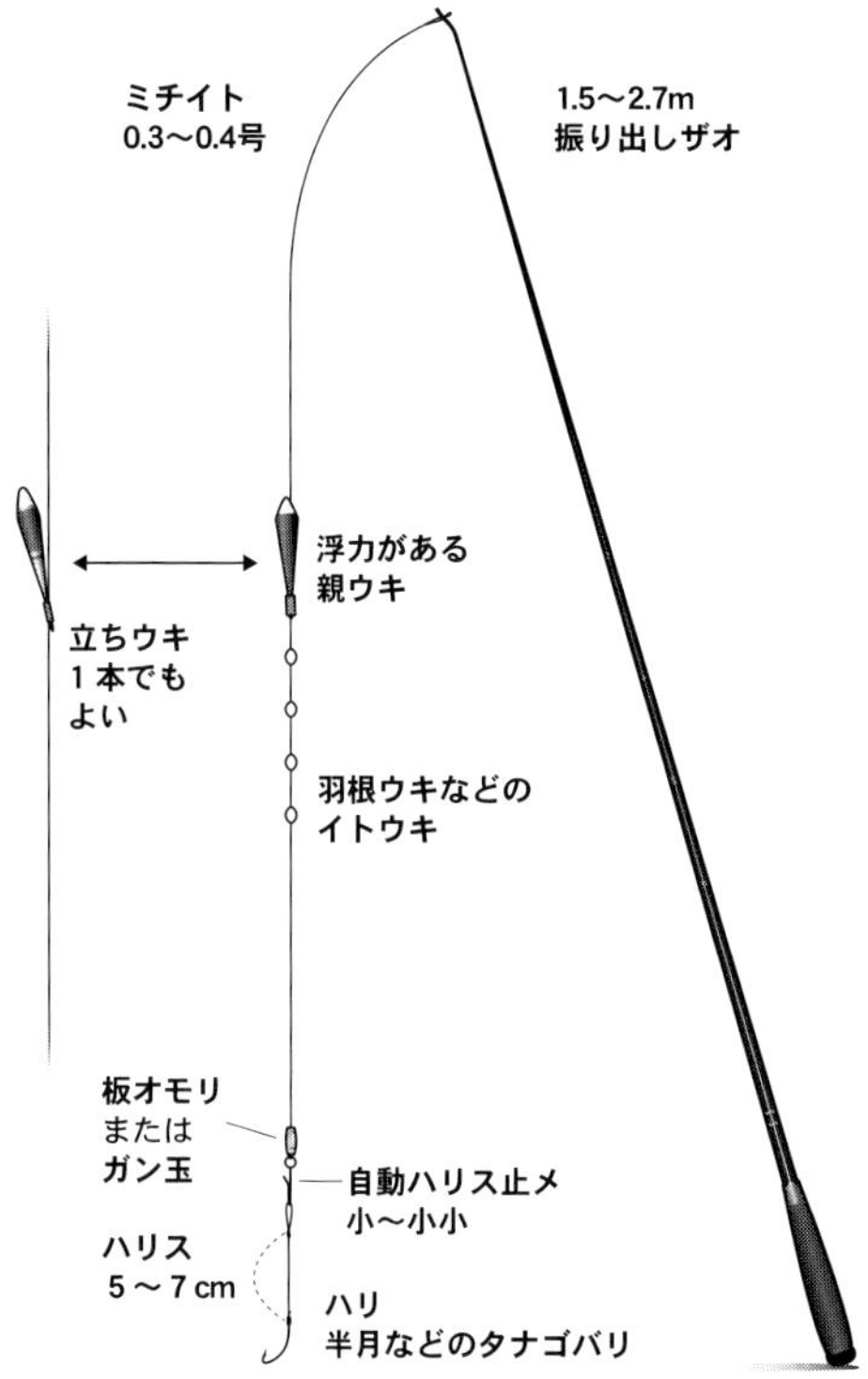

川幅が大きくなると止水域のような流れもある

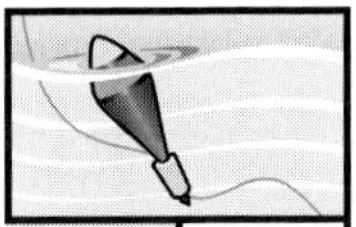

流水域の釣り　基本テクニック

人工構造物に目をつけて周辺の変化をねらおう

基本は流し釣り

範囲が広くて変化に富む流れっ川はポイントが分かりにくく、最初は難易度が高いと思います。まずは小水門や機場、橋などの人工建造物を目標にします。これらの付近は流れに変化があり、タナゴが集まりやすいからです。

ウキ下は底から5〜10㎝タナを切るか、エサが川底を滑るように流れるハリスベタに調節します。一応の目安として、水深がある流れでは少しタナを切ってねらい、浅場では底を引きずる感じで流すと覚えておいてください。

釣り方は、上流側に仕掛けを振り込み、流れに乗せて下流側まで探る「流し釣り」が基本。流れの緩い平坦な場所は、岸寄りから沖めに向かって順に流す筋を変えながら付き場を探ります。

底が見える浅い川相の場合は、5㎝でも10㎝でも凹んだ小深い個所を見つけることが大事です。小堰堤下や、堰下がある場所がよい例で、カケアガリの落ち込みの白泡が消える付近にはタナゴが定位している確率が高いです。

アタリは明確そのものです。タナゴは流れの中でエサを食い止めするか逸走するので、イトウキが斜めに走って親ウキがキュ〜ンと消し込まれるアタリが大半です。派手なアタリにビックリして大アワセは禁物。水中に消えた仕掛けを引き戻す感じで軽く合わせればハリ掛かりします。

釣果アップ・ヒント　偏光グラスの効用

逆光や水面のぎらつきをカットすることで、水中の様子を確認できると同時に目の疲れも半減させてくれる便利なアイテムが偏光グラス。ヤマベなどの清流釣りをはじめ、タナゴ釣りやその他のジャンルの川釣りにも手放せない。

偏光グラス越しに水中を観察すると、多少濁りがある水色でも水中の障害物やその陰で定位しているオカメタナゴを発見できることが多い。また、慣れると流速の中でも流れを横切るタナゴの魚影を発見できるので、偏光グラスは釣り人の強い味方というわけだ。今では偏光グラスは各釣りのジャンルで重要アイテムとして広く認知されている。ちなみにレンズに色を付けただけの「サングラス」は、機能が異なるのでご注意を。

流水域の主なポイント

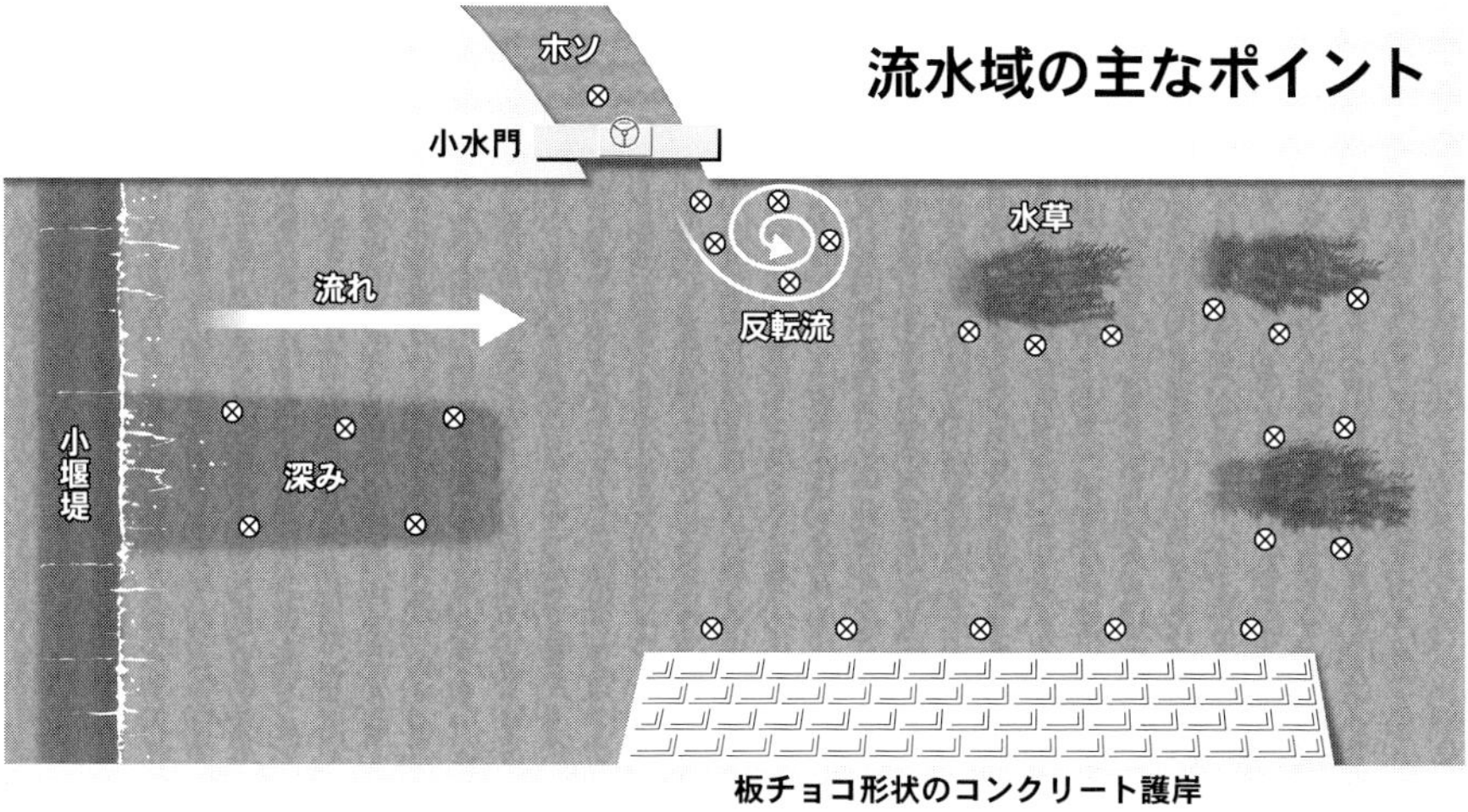
ホソ
小水門
水草
流れ
反転流
小堰堤
深み
板チョコ形状のコンクリート護岸

流水域での仕掛けの流し方

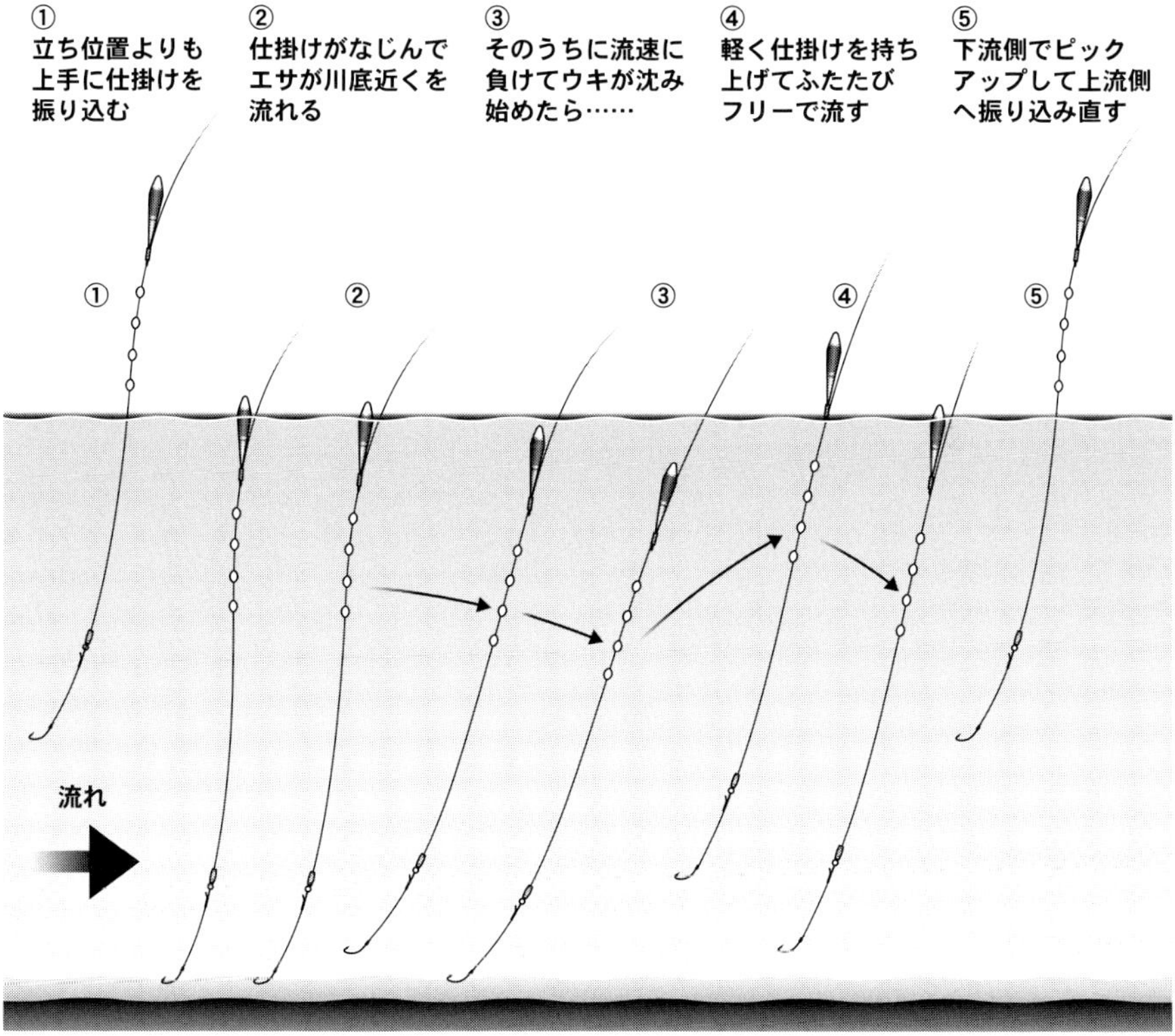
①
立ち位置よりも
上手に仕掛けを
振り込む
②
仕掛けがなじんで
エサが川底近くを
流れる
③
そのうちに流速に
負けてウキが沈み
始めたら……
④
軽く仕掛けを持ち
上げてふたたび
フリーで流す
⑤
下流側でピック
アップして上流側
へ振り込み直す
①
②
③
④
⑤
流れ

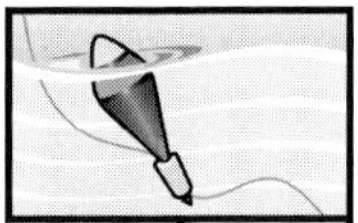

オオタナゴの釣り　仕掛けとエサ

釣り場の広さと魚の大きさにマッチしたものを

オオタナゴ用の立ちウキ仕掛けに好適なハエウキなどの浮力バランスは、写真のようにトップまたはボディの一部を水面上に出すトップバランスに調節すること

ファミリーフィッシングにもおすすめのオオタナゴ釣りでは、釣り具の1つとして折り畳みイスを持参してのんびり楽しむのもいい

サオ　基本は長ザオ

オオタナゴ釣りは本湖に面した湖岸や大中河川といった広大な釣り場が大半なので、2・7〜3・9mの長ザオが必要です。また一方では、オカメタナゴのように短ザオでねらうこともあります。

清流や渓流ザオ、小もの万能ザオのラインナップから全長別の単品でそろえるほか、伸縮可能な2〜3段式のズームロッドを購入する手もあります。

仕掛け　ハエウキも登場

2・7m級のサオにはオカメタナゴ用に比べて大きめの連動シモリ仕掛けを組み合わせます。それ以上の長ザオにはハエウキと呼ばれるトップ付きの立ちウキ仕掛けが使いやすいでしょう。浮力の大きなハエウキは、風の影響で波っ気がある時でも視認性は良好です。

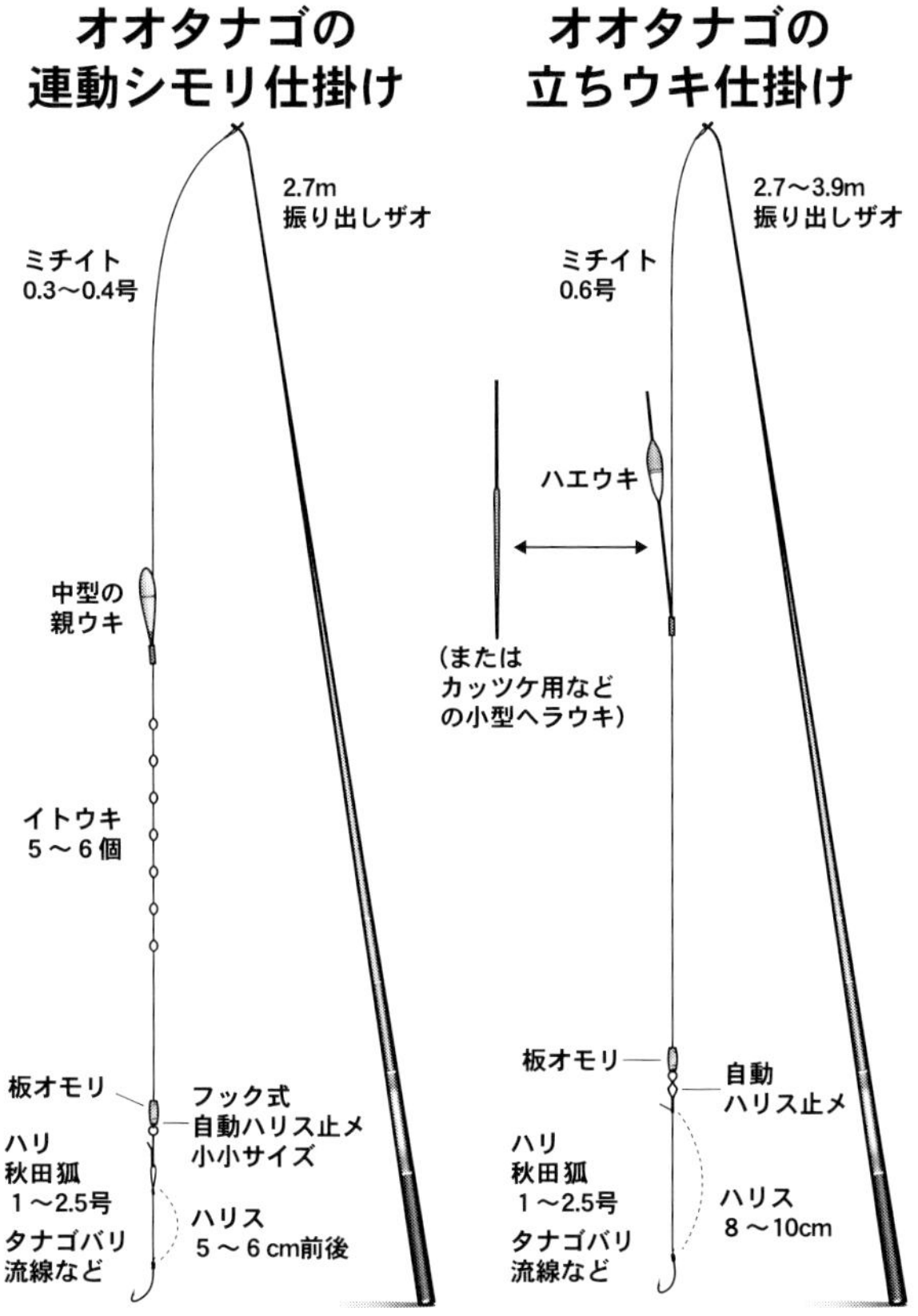

オオタナゴ用立ちウキ仕掛けの浮力バランスは、前述した3パターンの中の「トップバランス」が多用されます。市販ハエウキのオモリ負荷は「ガン玉8号×何個」で表示されており、3・4・5の3タイプが好適です。また、ハエウキの代わりにカッツケ用などの小型ヘラウキを使ってもよいでしょう。

10㎝以上に成長する大型種のオオタナゴですから、ハリは秋田狐や袖1〜2・5号で充分です。小型サイズしか釣れない場合も想定して、念のためタナゴバリの流線や半月を用意しておけば万全です。

エサ　赤虫と抑えに練りエサ

多用するのは赤虫です。1〜2匹のチョン掛けでよく、赤い体液が薄くなり始めたら即座に付け替えることです。このほか、食いが渋い時にはグルテン練りや黄身練りの練りエサが効果的なこともあります。

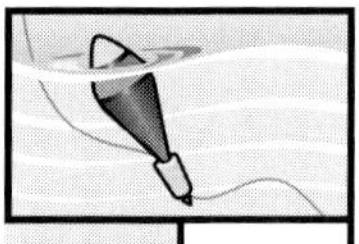

オオタナゴの釣り　基本テクニック

沖めを中心に回遊をとらえて数釣りを

他のタナゴ類と異なるねらい方

まず、釣り場の項で取り上げた人工的な障害物に近い場所に釣り座を構えることが第1です。

ウキ下の調節は水深40～50㎝以内の浅場なら底すれすれ、反対に水門周りなど水深が深い個所では水深の3分の2を目安にタナを決めます。また、釣り仲間など数人で釣行した際には、それぞれウキ下を少しずつ変化させてねらうと、いち早くオオタナゴの遊泳層を発見することが可能です。

オオタナゴは岸から少し離れたところを主に遊泳する習性があります。そのため仕掛けは沖めいっぱいに振り込み、アタリがない時は数10秒間隔で20～30㎝ずつ手前に引き戻すようにして食いを誘います。

アタリ方はチョンチョンとウキを突ついた後、水中へ一気に消し込む派手なシグナルが大半です。軽くサオ先に乗せる感じで合わせてください。ウキのトップを上下に揺らすだけの小さなアタリは、オオタナゴ以外のタナゴが食った可能性もあるので、「おかしいな？」と思ったらとにかく合わせてみることです。

オオタナゴは回遊性があるので、数尾釣れ続いた後にぱたりとアタリが止まることがあります。その場合、少し待っているとまた群れが回ってくることが多くあります。

オオタナゴ五目釣りの面白さ

本湖の湖岸や流入河川のコンクリート護岸周りでは、オオタナゴ以外にもオカメタナゴなど他のタナゴの仲間や、クチボソ（モツゴ）、モロコ（タモロコ）、ヤマベ（オイカワ）といった多種多彩な小魚が顔を見せてくれる。

したがって、オオタナゴの釣りでは、対象魚を1魚種に絞り込むのではなく、「今度は何が食ってくるかな？」といったおおらかな気持ちで五目釣りを楽しむことをおすすめしたい。活かしビクを持参すれば釣果で即席のミニ水族館的観察も味わえる。

ただし、最近はチャネルキャットフィッシュ（アメリカナマズ）が各地で大繁殖しているので、サオを折られないようにくれぐれもご注意を。

タモロコ

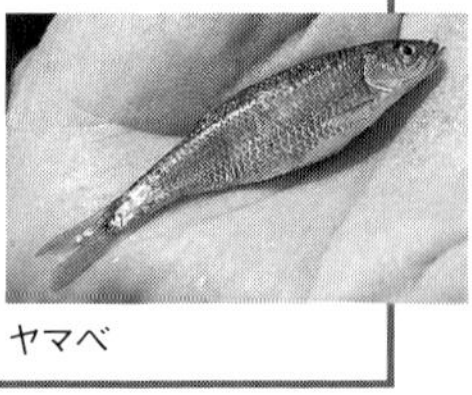

ヤマベ

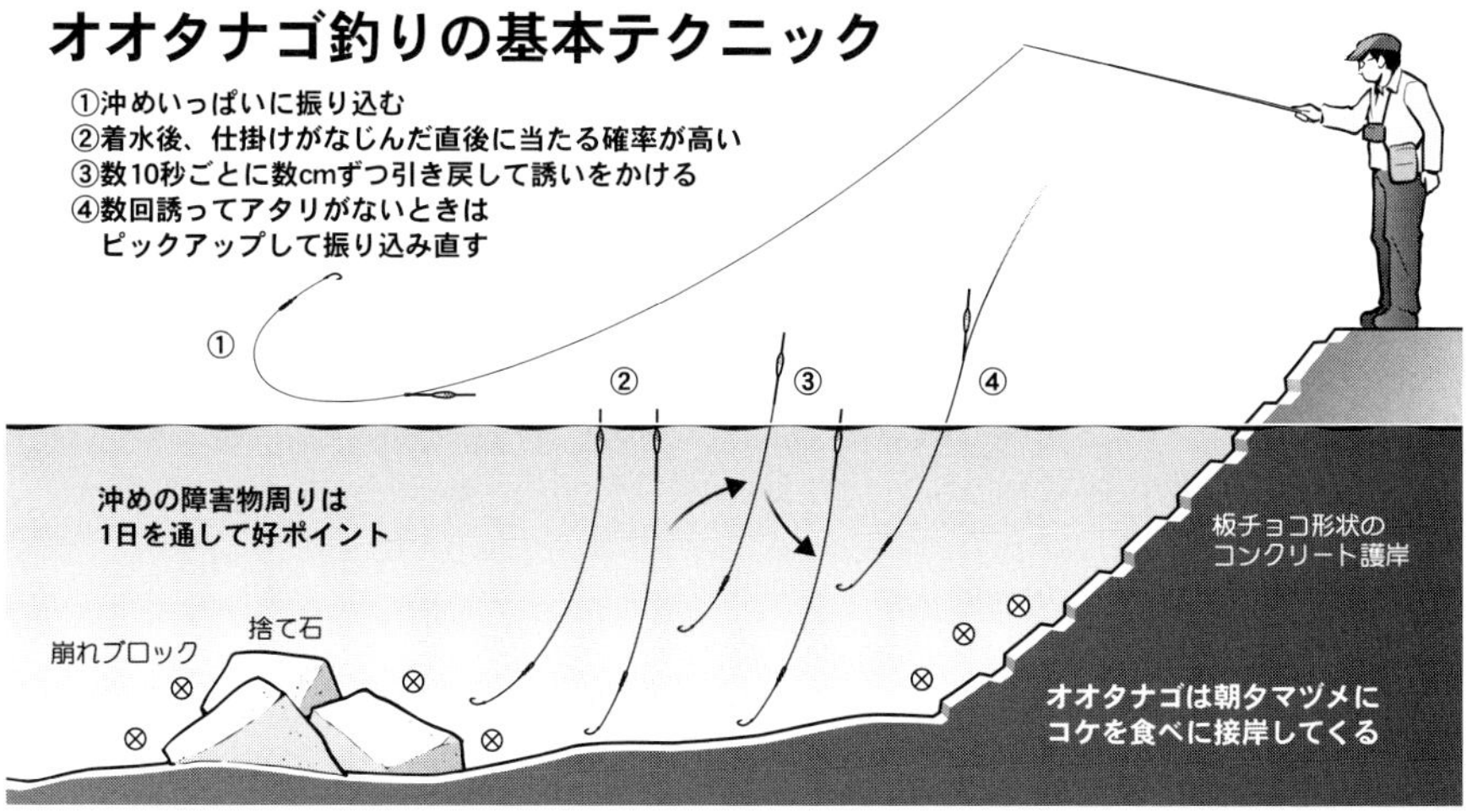
オオタナゴ釣りの基本テクニック
①沖めいっぱいに振り込む
②着水後、仕掛けがなじんだ直後に当たる確率が高い
③数10秒ごとに数cmずつ引き戻して誘いをかける
④数回誘ってアタリがないときは
ピックアップして振り込み直す
①
②
③
④
沖めの障害物周りは
1日を通して好ポイント
板チョコ形状の
コンクリート護岸
捨て石
崩れブロック
オオタナゴは朝夕マヅメに
コケを食べに接岸してくる

水通しがよい小水門もオオタナゴの好ポイントの1つ（写真右、下）

COLUMN 02

使い込むほどに輝きを増す和の釣り具たち

近年はタナゴやフナ釣り人気が立役者となって、和の釣り道具の隠れたブームが続いている。中でも人気が集中しているのは、漆塗りが活かされた竹ザオとビク、エサ入れだ。

タナゴやフナ釣り用に仕立てた和ザオは、穂先から手元ザオまで1本1本の仕舞い寸法が短く、美しく順序よく収納できることから小継ぎザオと呼ばれ、これぞ江戸前和竿師が誇る伝統技法。タナゴザオの仕舞い寸法は8寸（約24㎝）が定寸とされ、竹材は主に矢竹と布袋竹が使用される。ホソや船溜まりのドックを中心とするエンコ釣りには全長100～140㎝の5～7本継ぎザオが多用され、長短を変えられる替え元付きのタナゴザオもある。

フナザオの切り寸法は1尺8寸（約54㎝）を定寸として、小ブナザオには1尺2寸元(約36㎝）などタナゴザオに準ずる小継ぎザオが好まれている。

寸法を大切にする和の釣り道具は、ビクにもそれぞれの魚種にマッチしたものがある。「タナゴ箱」とも呼ばれるタナゴ用の箱ビクは、極小の魚体に合わせてビクの横幅寸法も5～6寸（約15～18㎝）と小さいのが特徴。フナ釣り用はひと回り大きな8～9寸（約24～27㎝）箱を中心にして、尺箱とも呼ぶ横幅1尺（約30㎝）以上もある大型の箱ビクを愛用しているベテランもいる。また、箱ビクとともに桶ビクの逸品も素晴らしい。

ビクには中籠《なかご》と呼ぶエサ入れが付属しているものが多く、赤虫やキヂなどの虫エサを収納しておくことが可能だ。またこれとは別に、箱ビクや桶ビクの前面などにセットできる前掛け式のエサ箱や、竹をくり貫《ぬ》いた首掛け式のエサ筒などもある。

竹ザオに箱や桶ビク、エサ箱……どれもこれも永年使い込んでいくうちに和独特のシックな風合いが出てきて里川の自然に溶け込んでいくだろう。

同じ箱ビクでも尺箱とタナゴ箱ではこんなに大きさが違う

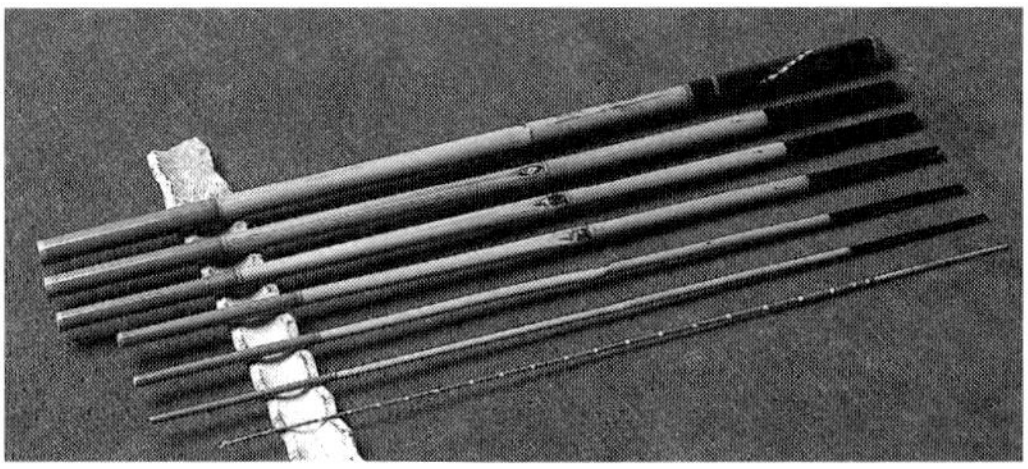

小継ぎの和ザオで竹独特の引き味を楽しむ！

エサ筒は渓流用に作られたものが大半だが、赤虫やキヂ入れにも使い勝手がよい

前掛け式エサ箱のバリエーション

5章

雑魚（モロコ、クチボソ、ヒガイ）釣り

分　類	いずれもコイ科。全長８～14㎝。ヒガイ（ビワヒガイ）は20㎝
釣り場	里川、田んぼの水路、湖沼
タ　ナ	底～宙層
エ　サ	赤虫、練りエサ（モロコ、クチボソ）
仕掛け	１本バリのウキ釣り仕掛け。リールザオのブッコミ仕掛け（ヒガイ）
ひと言	雑魚釣りは特定の対象魚にこだわらない釣り。素直な気持ちで楽しもう

雑魚の釣期

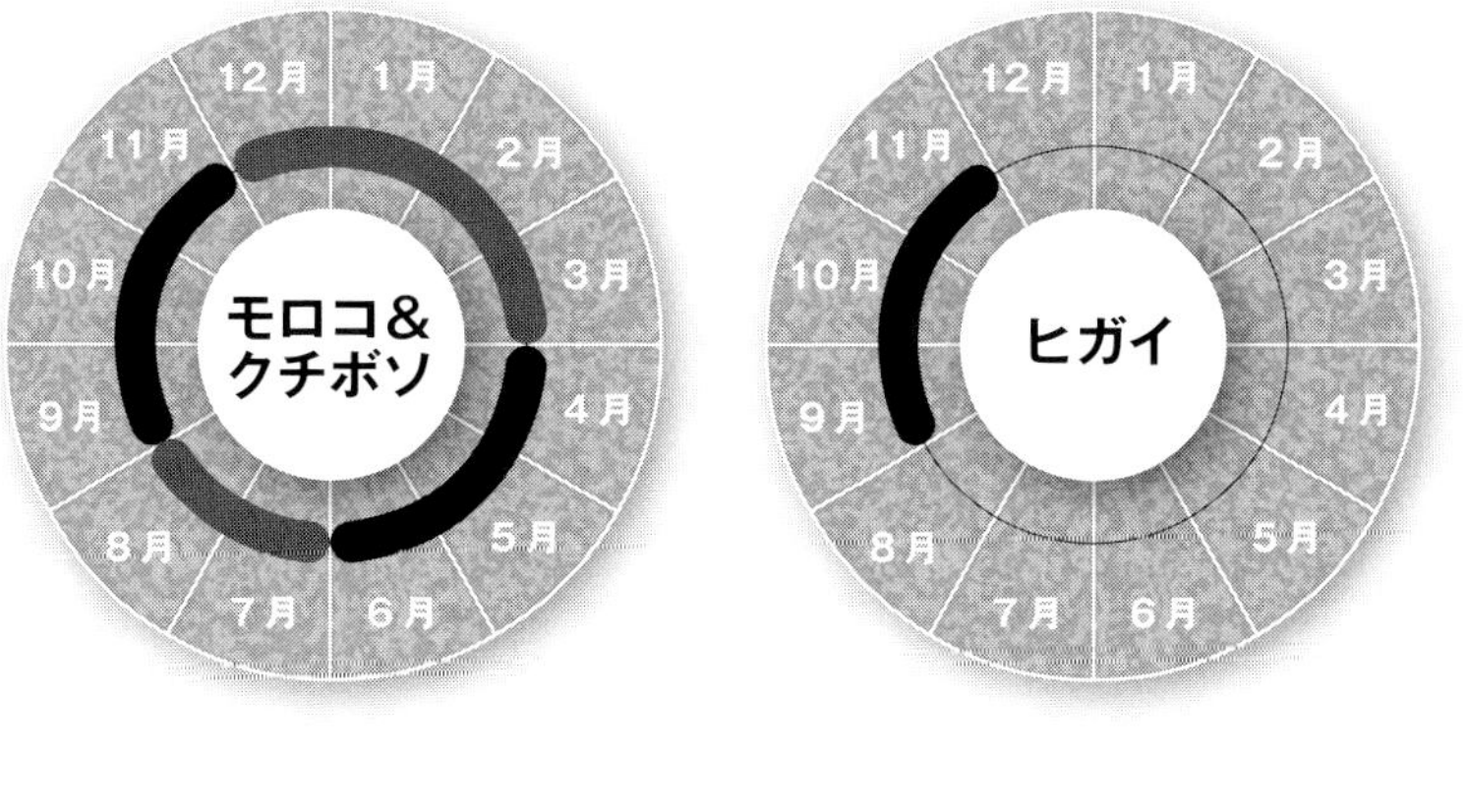

足場のいい釣り場は誰でも気軽に楽しめる

モロコ・クチボソ 釣期と釣り場について

水路やホソを舞台に顔ぶれ多彩な釣りを楽しもう

春秋2シーズンが楽しい

モロコの通称で呼ばれるタモロコ、そしてクチボソの名で親しまれてきたモツゴの2種は雑魚の代表格です。湖沼の止水域から緩やかな流水域まで広く生息し、水質が多少悪いところにもいます。

ねらおうと思えば一年中釣れるターゲットですが、繁殖期の春4～6月と、夏の暑さが終わる秋9～11月が最も活性が高い季節です。どちらの魚種も、体長は大きくなっても10㎝くらいの小魚で群れを作って行動しています。タナゴ釣りと同じように、１００尾以上の束釣りを目標とすることもできる数釣りターゲットでもあります。

また、同じ水域には4～8㎝級の小ブナやオカメタナゴなどのタナゴ類、ヌマチチブにヨシノボリといった通称ダボハゼと呼ぶ小型の底生魚など、いろいろな小魚が顔を出してくれること

広大な景色の中で小さな雑魚たちと戯れるひととき

も楽しみです。

本書では規模が小さな水路ホソ群のモロコ・クチボソ釣りに焦点を当て、釣り場とともに基本的なタックル、釣り方などを説明しましょう。

川底の変化を探れ

主要な釣り場は田園地帯を流れる川幅3～4mほどの水路とともに、それにつながる川幅1・5m前後のホソ群が中心です。現在ではその大半が三面コンクリート水路になっています。また、前記したようにモロコやクチボソは意外なほど悪水に強く、住宅地を流れている水路ホソ群でもよく釣れることがあります。

小魚のモロコやクチボソは、外敵から身を守るために水生植物や小水門などの障害物周り、排水溝下などといった川底に変化がある個所を好みます。このような魚の寄り場を目標にするとよいでしょう。

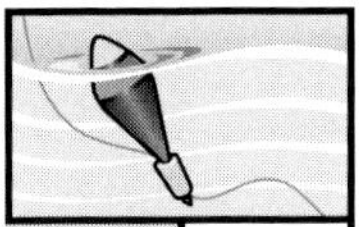

モロコ・クチボソ　仕掛けとエサ

タナゴ釣りを少しおおらかにした感覚でOK

ヤッカラ周りや水路の合流点など、気に入った釣り座でエンコ釣りを楽しむ雑魚釣りファン

午前中だけで束釣り（100尾）に近いモロコを釣りあげ、腹いっぱいの好釣果に大満足！

サオ　1・2〜2・4mを

止水・流水域のタナゴ釣りで使う専用ザオ、小もの万能タイプなどの短ザオがそのまま流用できます。釣り場によって長短を使い分けるので、できれば20〜30㎝刻みで1・2〜2・4m級のカーボン製振り出しザオを用意しておくと万全です。

仕掛け　タナゴの延長で

チビッコたちと一緒にファミリーフィッシングを楽しむのなら、小型トウガラシウキなど1本だけの立ちウキ仕掛けでもよいでしょう。シンプルなので扱いも楽です。

数釣り志向で専門にねらうにはタナゴ釣りと同様に、小型サイズの親ウキとイトウキを組み合わせた連動シモリ仕掛けが適しています。

ハリに関してもタナゴバリの出番が

モロコ・クチボソ仕掛け

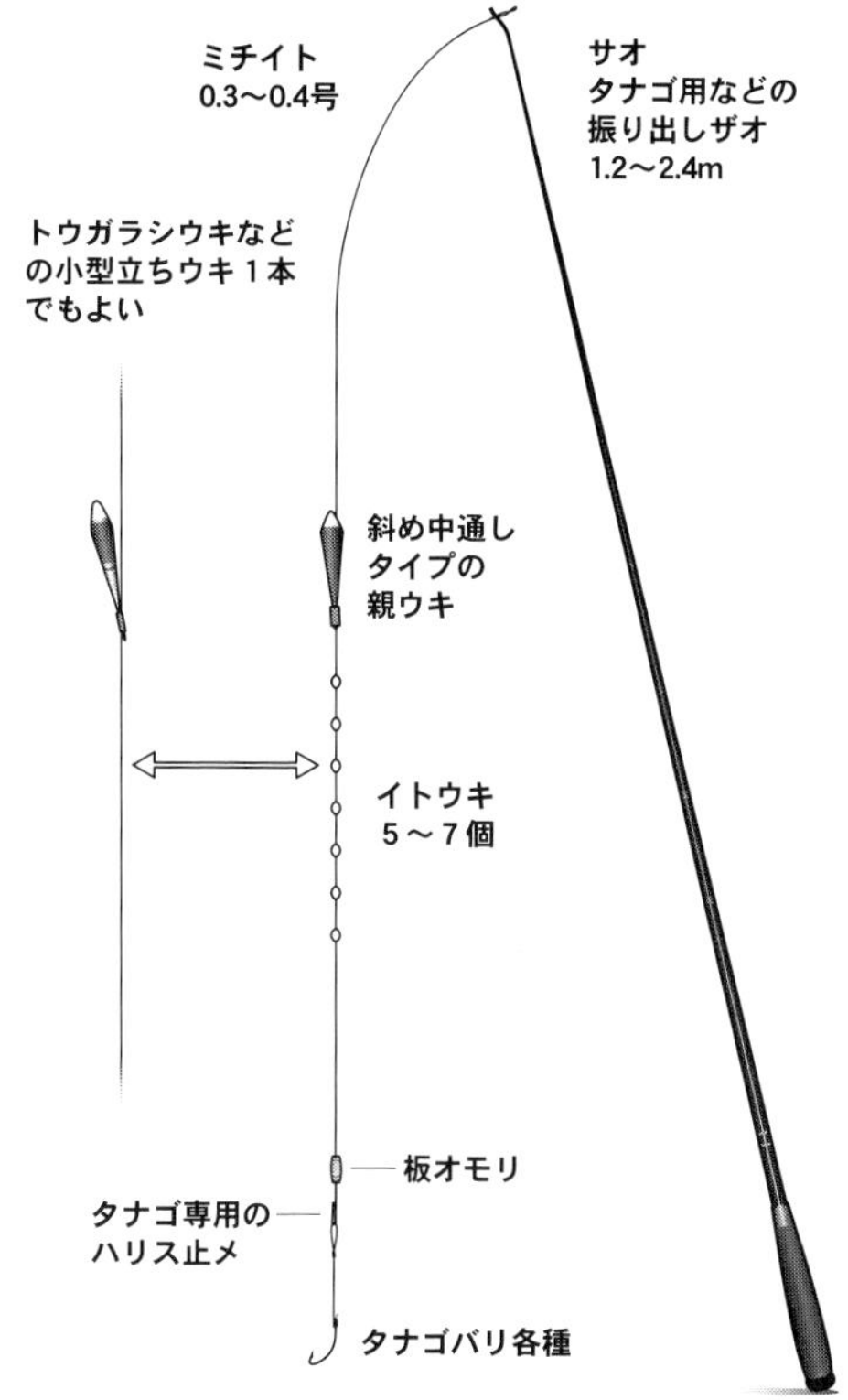

大きな木が作り出す日陰でのんびりファミリーフィッシング

多くなります。ハリスの種類はナイロン、テトロンどちらでもOKです。タナゴバリの選び方は半月を標準バリとして、小型が多い時には新半月や極小、またはテトロンハリス付きの特選バリが好適です。反対に良型がそろう時はタナゴバリの中ではフォルムが大きな流線のほか、秋田狐の1～2号という手もあります。

エサ　赤虫＋練り1種

赤虫、グルテン練り、黄身練りといえば、タナゴや小ブナ、そして本章の雑魚釣りで使うエサの「三種の神器」的存在です。

良型のモロコやクチボソ相手の場合には赤虫1匹のチョン掛けで充分ですが、ミニサイズ中心だったり、食い渋ってくると練りエサにかないません。通常は赤虫に加えて、グルテン練りか黄身練りのどちらか1種を用意しておきましょう。

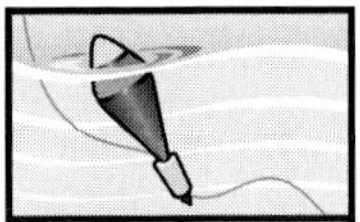

モロコ・クチボソ 基本テクニック

雑魚五目→専門ねらいはタナとアワセが決め手

寒中の雑魚釣りはポカポカと暖かい日溜まりのポイントがねらいめ。時間帯も水温が上がる午前10時以降の日中がよい

底を切って宙層をねらう

川のモロコ・クチボソ釣りは止水域のオカメタナゴ釣りと同じように、1ヵ所にポイントを決めて陣取るエンコ釣りが主体です。

モロコやクチボソが群泳しているのは宙層であることが多く、ウキ下の調節は水深の3分の2〜4分の3を一応の目安にします。

「一応」としたのは水深によって違いが出てくるからで、たとえば水深1mのポイントの場合にはウキ下が60〜80㎝といったところですが、30㎝くらいの浅場では、底すれすれにハリがくるように調節してください。

雑魚と呼ばれる小魚類は、春や秋の活性が高い時期には全般に食い意地が張って動きも活発なので、仕掛けを投入するとウキが立つか立たないうちに当たってくるはずです。ところが、この中からモロコやクチボソを専門に

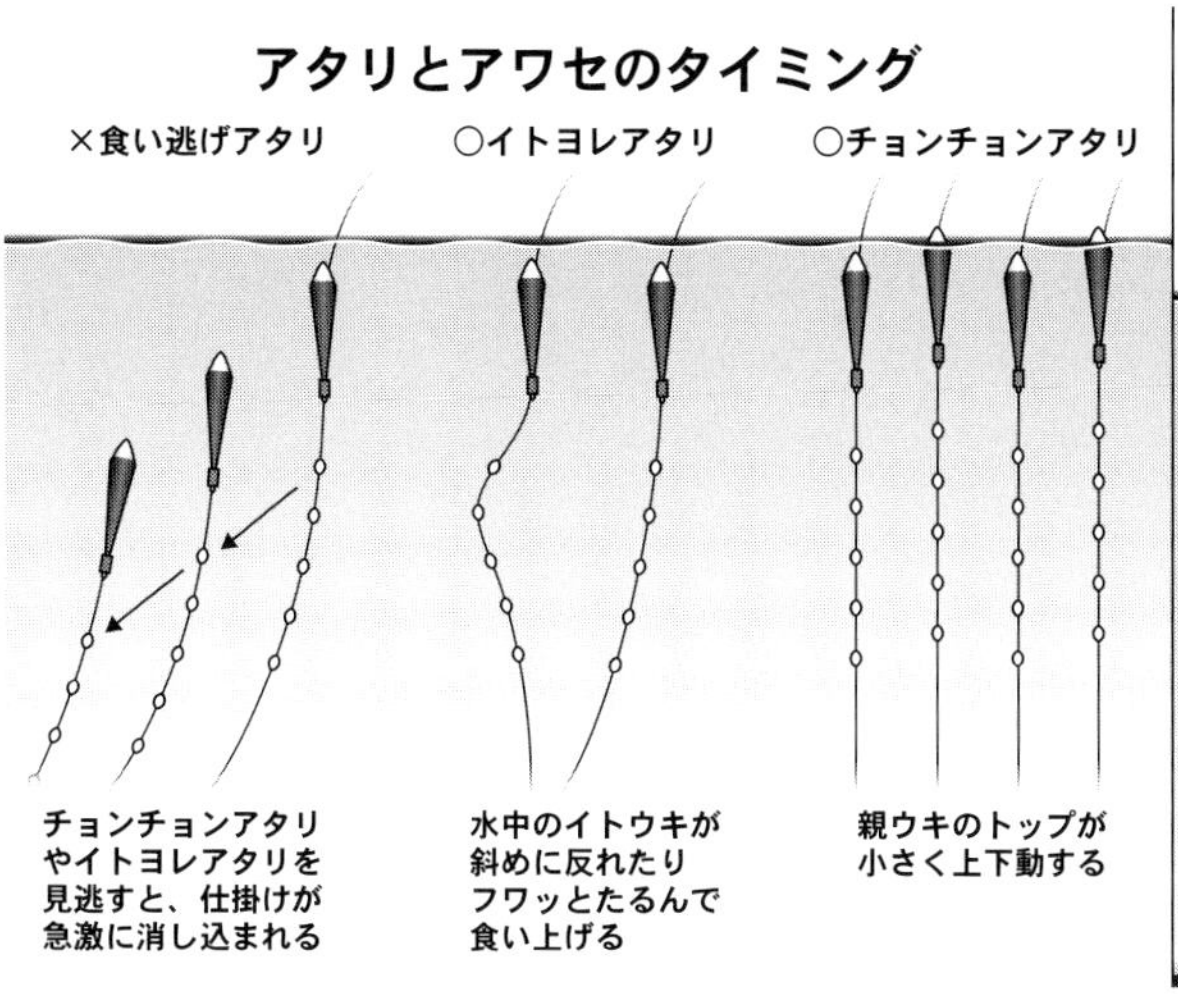
アタリとアワセのタイミング
×食い逃げアタリ
○イトヨレアタリ
○チョンチョンアタリ
チョンチョンアタリやイトヨレアタリを見逃すと、仕掛けが急激に消し込まれる
水中のイトウキが斜めに反れたりフワッとたるんで食い上げる
親ウキのトップが小さく上下動する

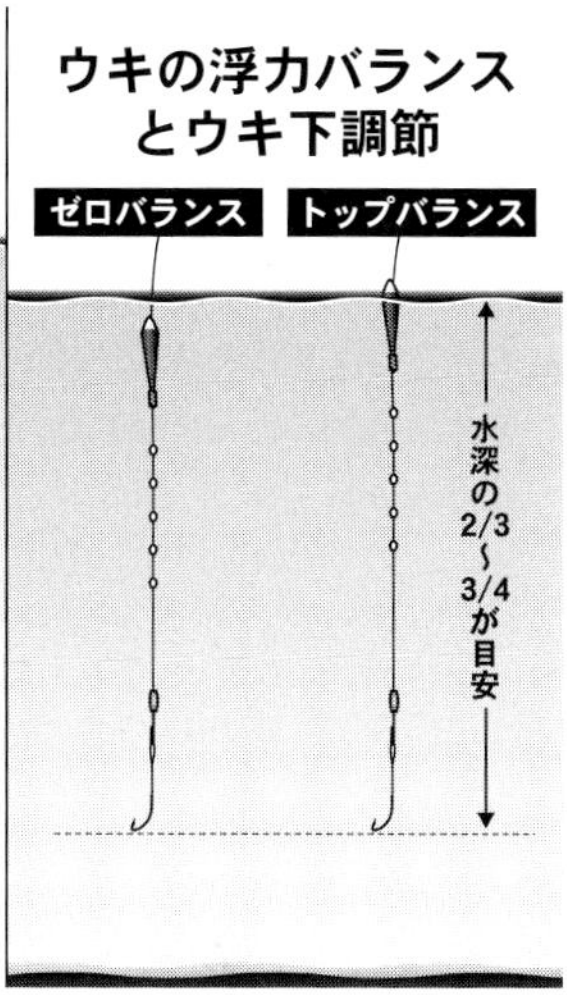
ウキの浮力バランスとウキ下調節
ゼロバランス
トップバランス
水深の2/3〜3/4が目安

釣果アップ・ヒント　ダボハゼばかりが釣れてしまうのはなぜ？

ダボハゼことヌマチチブは底生魚。この魚が釣れるのは、ウキ下が深すぎてエサが底層近くにあることが主な原因。小ブナが釣れたり、テナガエビのようなハリ掛かりしないアタリが続く場合もウキ下を少し浅くしてみるといい。

お約束のニコパチ写真を撮ったら魚の小ささが際立った

ねらうとなると、意外にもハリ掛かりしづらく難易度の高いターゲットに変身するのです。

合わせるタイミングは、親ウキとイトウキをセットした連動シモリ仕掛けの場合には水中のイトウキがフ〜ッと横に動いた時。立ちウキ仕掛けも立ちウキの頭がツンッ、ツンツンッと叩かれた瞬間に合わせられると１００点満点です。これが仕掛けごと消し込まれてしまうと食い逃げの合図で、十中八九ハリ掛かりしません。

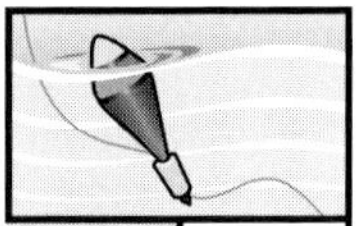

ヒガイ　釣期と釣り場について

霞ヶ浦水系の懐かしい秋～初冬の風物詩的ターゲット

湖岸を取り巻くコンクリート護岸に折りたたみイスを持ち出し、ヒガイのエンコ釣りを楽しむ

明治天皇ゆかりの魚

霞ヶ浦水系などで釣れるヒガイは、もともとは琵琶湖から移入されたビワヒガイです。かつて、明治天皇が好んで賞味されたことから、漢字では魚偏に皇を添えて「鰉」と書きます。

ヒガイはタナゴ類と同じく二枚貝に産卵する魚として知られています。繁殖期も多くのタナゴ類と同様に4～7月の春産卵型です。

関東エリアのヒガイ釣りといえば、古くから霞ヶ浦や北浦といった霞ヶ浦水系の湖水が釣り場として有名です。春から秋にかけて湖岸でのんびりオオタナゴ釣りなどを楽しんでいると、時折ヒガイの顔を見ます。最近では専門にねらってもあまり姿を見なくなってきましたが、トップシーズンは秋9月中旬から初冬の11月いっぱいです。体長は10㎝前後のものが多く、大きくても15～18㎝程度です。

食欲旺盛な手のひらに収まるサイズのヒガイ

ヒガイの食味

明治天皇が好まれたように、霞ヶ浦水系で釣りを楽しむ地元勢にとってもヒガイは「郷土の味」として食されている。中骨が硬い魚だが小型サイズは唐揚げがおいしいようだ。

10年以上も前になるが、著者も良型のヒガイを塩焼きで頂いたことがある。海のシロギスにも似た白身魚で、淡い脂が乗っていて美味な淡水魚だと感心した次第。

釣り場で七輪というのも乙。明治天皇も賞味されたというその味わいは、砂利や砂地底を好む性質も関係しているのかも

水通しのよい砂地～砂礫底を

ヒガイは泥っぽい湖底を嫌い、きれいな砂底や砂礫《されき》底を好む雑食性の底生魚です。そして特徴的な下向きの口を伸ばしながら、水生昆虫や藻類などを吸い上げるように捕食するといわれています。

このため、コンクリート護岸帯が続く霞ヶ浦本湖などで釣り場を選択するには、水通しがよい場所に着目することが第一です。湖岸の形状は大なり小なり波状に変化があるので、出っ張った個所や小さな岬の周辺を目安にすることがキーポイントになります。

泥底を嫌うと前記したとおり、船溜まりドックや捨て石周り、アシ林などの水生植物周りをねらっていて、ダボハゼ（ヌマチチブ）やブルーギルが頻繁に当たってしまう場合、そこにはヒガイがいないと考えて移動したほうが賢明です。

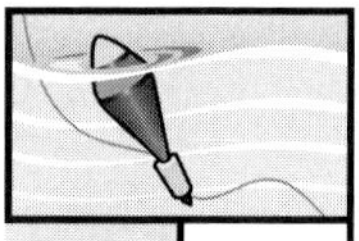

ヒガイ 仕掛けとエサ・基本テクニック

置きザオ&探り釣りで 遠近のポイントを効率よく探るのも手

タックル ノベザオ、チョイ投げの2パターン

ヒガイ釣りには振り出しザオでねらうウキ釣りと、軽量スピニングタックルのチョイ投げの2通りの釣り方があります。ウキ釣りには清流&渓流用や万能タイプの3・6～4・5m振り出しザオを使います。チョイ投げは1・5～2・1m小もの釣り用のほか、ウルトラライト～ライトアクションのルアー用など、軟らかい調子のスピニングタックルが流用できます。

チョイ投げは2～3本ザオの並べ釣りのほうが効率がよく、投げ釣り用として市販されている小型三脚スタンドを用意しておくと便利です。

仕掛け 専用バリもある

ウキ釣りには風波に強くて視認性のよいハエウキか、小型ヘラブナウキを用いた立ちウキ仕掛けが使いやすいと思います。湖面が穏やかなナギの日はトウガラシウキでも問題ありません。ハリは下バリ1本のほか、2本バリを使うとエサのアピール性が高まり、遊泳層を広く探ることもできます。

チョイ投げはオモリ5～8号のドウヅキ2本バリ仕掛けが基本です。ハリはヒガイ専用として袖ヒガイが市販されているほか、袖や秋田袖といった同じく袖系の2・5～4号を選ぶとよいでしょう。

エサは赤虫で決まり

キヂ（シマミミズ）や白サシなども食いますが、最良の虫エサは赤虫です。チョン掛けで2～3匹掛けにします。赤い体液が薄れてしまうと食いが落ちるので、即座にその部分だけ外して追い刺しすることが大切です。

釣り方

●ウキ釣り

立ちウキ仕掛けの浮力調節は、水面からトップの半分～3分の2が出るトップバランスが好適です。ウキ下はフナ釣りと同じくオモリベタか、オモリが底から若干離れてハリで底を引きずるくらいのハリスベタに調整します。

釣り方は沖めいっぱいに振り込み、アタリがこない時は数10秒ごとに仕掛けを手前に引き戻すように誘いをかけながら、振り込みを繰り返しては魚影

湖水のヒガイ釣り仕掛け

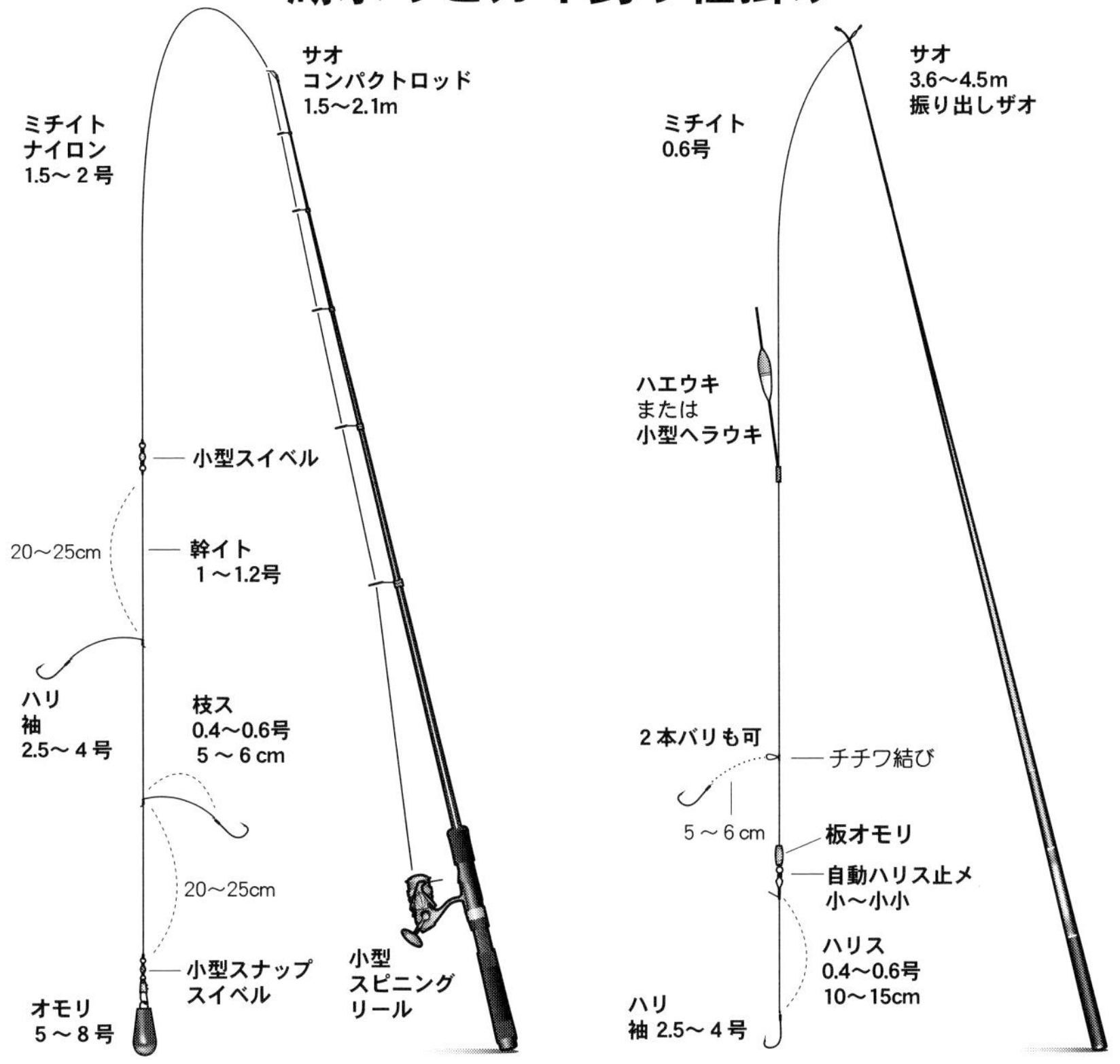

を探るのが基本テクニックです。

ヒガイのアタリはクチボソみたいに派手ではなく、水面下にウキをゆっくりと消し込んでいくのが特徴です。風波のある日はアタリが分かりにくいので、ウキの動きがおかしいなと思ったら躊躇《ちゅうちょ》せず小さく合わせてみましょう。

ヒガイは湖底がきれいでエサが豊富な「地のよい場所」に小さな群れで集まる習性があるようです。同じポイントのラインで立て続けに当たるケースが多いことを覚えておいてください。

●チョイ投げ

霞ヶ浦水系では、遠近のポイントを効率よくねらうために振り出しザオでウキ釣りを楽しみつつ、2〜3本のチョイ投げで置きザオを試みる地元の釣り人が多いように思います。

投げるといっても、10〜20mです。5〜8号オモリを背負わせたドウヅキ2本バリ仕掛けなので、アタリと同時にサオを握って合わせる必要はなく、向こうアワセでハリ掛かりします。

ウキ釣りの基本テクニック

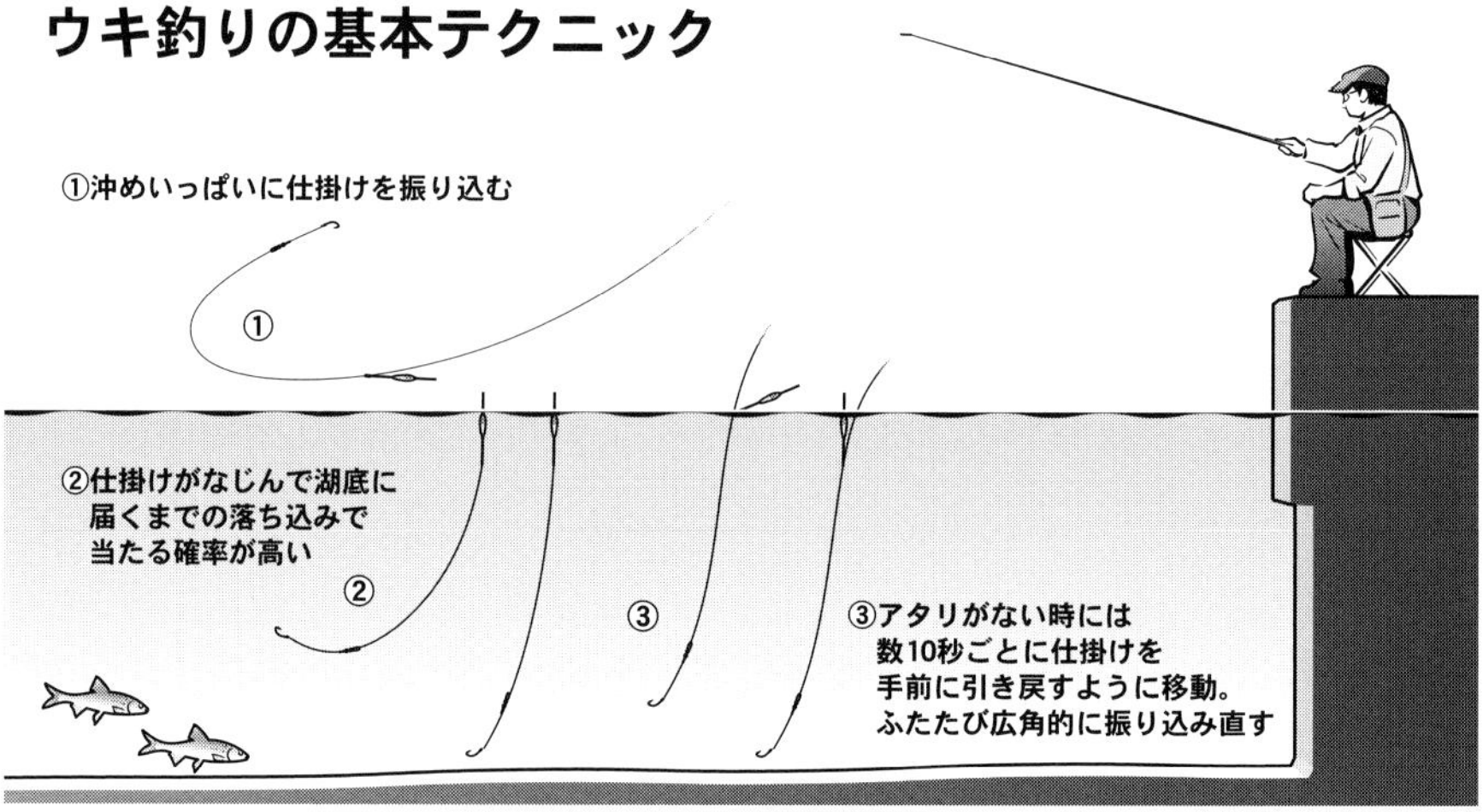
①沖めいっぱいに仕掛けを振り込む
①
②仕掛けがなじんで湖底に
届くまでの落ち込みで
当たる確率が高い
②
③
③アタリがない時には
数10秒ごとに仕掛けを
手前に引き戻すように移動。
ふたたび広角的に振り込み直す

秋田狐(金)
2 0.4
gamakatsu
秋田狐
3 0.4
OWNER
2 0.4
gamakatsu
3 0.4
gamakatsu
赤虫鈎
2 0.4
OWNER

ハリのサイズは2～3号を中心に

風波に強くて視認性のよいハエウキや小型ヘラブナウキが使いやすい。水面が穏やかな日は昔ながらのトウガラシウキでもOK

湖岸のエンコ釣りスタイルではのんびりお隣さんと釣りトークに花を咲かせるのもいい

6章 ヤマベ釣り

分　類　コイ科。全長 15㎝。正式な和名はオイカワ。産卵期のオスは鮮やかな婚姻色になる

釣り場　清流、湖沼

タ　ナ　底～表層

エ　サ　サシ、川虫、蚊バリ

仕掛け　１本バリのシンプルなウキ釣り仕掛け、または蚊バリ仕掛け

ひと言　蚊バリ釣りはやってみると意外にシンプルで簡単、そして釣れると面白い！

ヤマベの釣期

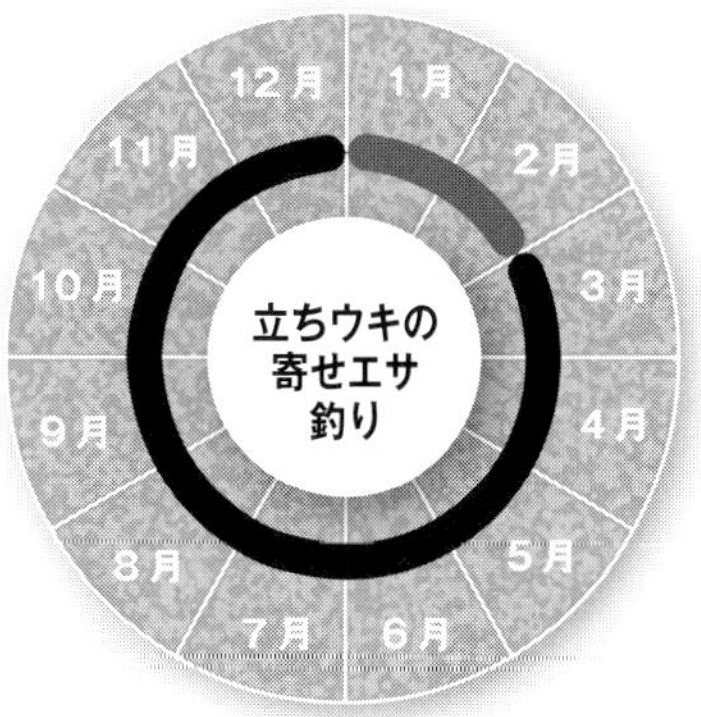

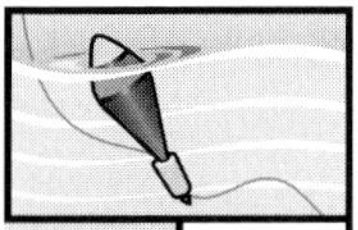

釣期について

フカシ釣り、蚊バリ釣りは春～秋、寄せエサ釣りは季節を問わずOK

3つの釣法を駆使すれば一年中楽しめる

玉ウキ仕掛けのフカシ釣りと蚊バリ仕掛けの流し釣りは、ともにヤマベが浅い流れに出てきて、川虫やユスリカなどの水生昆虫、またアリや甲虫などの小さな陸生昆虫が流下してくるのを待ち受けながら活発にエサを追う季節に適した釣り方です。

両釣法とも、例年水温が上昇し始める4月上旬にシーズンインを迎え、陽気が続く初夏5～6月に入ると、いよいよ最盛期に突入します。蒸し暑い入梅時から渇水に悩む盛夏を越えて、さらに秋9～10月までトップシーズンが続きます。

水温がぐっと下がる初冬の11月中旬になると、さすがにヤマベの動きも鈍くなってきて、玉ウキ仕掛けのフカシ釣りと蚊バリ仕掛けの流し釣りは終期を迎えます。湧水が豊富な河川では冬場も水温が比較的高く釣れ続くことがありますが、一部の例外と思ってください。

一方、立ちウキの寄せエサ釣りは、季節に関係なく楽しめる釣り方です。また、主に流れを釣る前記2つの釣法とは異なり、河川以外に山上湖などの湖沼でも有効です。

ヤマベといえば、ひと昔前まではウインターシーズンに寒ヤマベの寄せエサ釣りが大流行して競釣会も盛んに行なわれ、隆盛を極めました。近年はその傾向がすっかり薄れ、冬を除いたシーズン前半戦の3～4月と、後半戦の10～12月にそれぞれ楽しむ釣り人が増えています。

オス・メスそれぞれの魅力

釣れるヤマベの大きさは、釣法にかかわらず10㎝前後がレギュラーサイズと思ってください。もちろん5～6㎝級の小ヤマベもいるし、14～15㎝もある大型がヒットするとうれしくなるものです。

特に大型ヤマベのメスは、海のイワシを思わせる銀鱗の美しさから「イワシヤマベ」の愛称で釣り人に親しまれています。

一方、尻ビレが長いオスの大型ヤマベは繁殖期の5～8月になると、口の周りに追い星が出るほか、体色も立派な婚姻色に染まって華麗かつ威風堂々とした風情となり、これまたファンの間で大人気です。

堰堤下の流域は変化に富んでおり、玉ウキのフカシ釣りばかりでなく蚊バリの流し釣り、そして穏やかな流れに変わると立ちウキの寄せエサ釣りのポイントとしてもねらえる

初夏の季節は清涼感たっぷり！

ご覧のとおり、ビギナーでも釣れます！

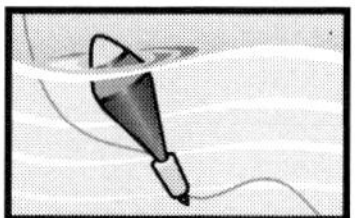

玉ウキ仕掛けのフカシ釣り 仕掛けとエサ

シンプルさが身上の軽い仕掛け、特エサは現地採取！

サオ　清流、渓流、ハエザオも

「フカセ釣り」とも呼ばれるヤマベのフカシ釣りは、主に先調子の清流、渓流用振り出しザオが使われます。最近は練りエサ釣り用の軟調子のハエザオも、小さなヤマベの小気味よい引き味が楽しめることから好まれています。これらの中から好みで選んでください。全長は4・2mを中心に3・9〜4・5m。川の規模によって使い分ければよいでしょう。

この釣りは流れに立ち込むことが多く、専用の生かしビクが必要です。ズックビクなどの網ビクが好まれてきましたが、難点は川の流れから引き上げると、すぐにヤマベが弱ったり死んでしまうことです。完全なキャッチ&リリースを行なうにはアユ友釣り用の引き船をおすすめします。

また、低水温期はヒップウエーダーかウエストハイ・ウエーダーを着用しましょう。夏場は水切れがよい薄地のロングパンツとフライフィッシング用のウエーディングシューズのコンビで、ジャブジャブと釣り歩くのが爽快です。

仕掛け　お守りにガン玉も

基本的なフカシ釣り仕掛けは、ミチイトに2〜3号の中通し玉ウキ1個とハリス付きのハリをセットしただけの、ごくシンプルなスタイルです。仕掛け全長はサオ尻よりも10〜15㎝長めに取っておきます。

好みで大小の玉ウキ2個仕掛けにしたり、玉ウキと羽根ウキを組み合わせてもよいです。ミチイトとハリスはチチワ同士で接続するか、丸カン（小小〜小サイズ）を介してもOKです。

ハリは袖やヤマベ、秋田袖がよく、釣れる型で2〜3号を使い分けます。

また、水深が深い瀬や流速が速すぎるケースを考慮してガン玉8〜4号を忍ばせておきましょう。

エサ　市販品か現地採取か

シーズン中の万能エサは白サシですが、ヒラタやカメチョロといった川虫が捕れる時期は、こちらのほうが食いのよさは数段上です。

白サシは頭か尻の先端部をチョン掛けに、一方の川虫は胴体の通し刺しが基本です。それぞれ専用のエサ入れが必要なほか、川虫取り網も必需品です。

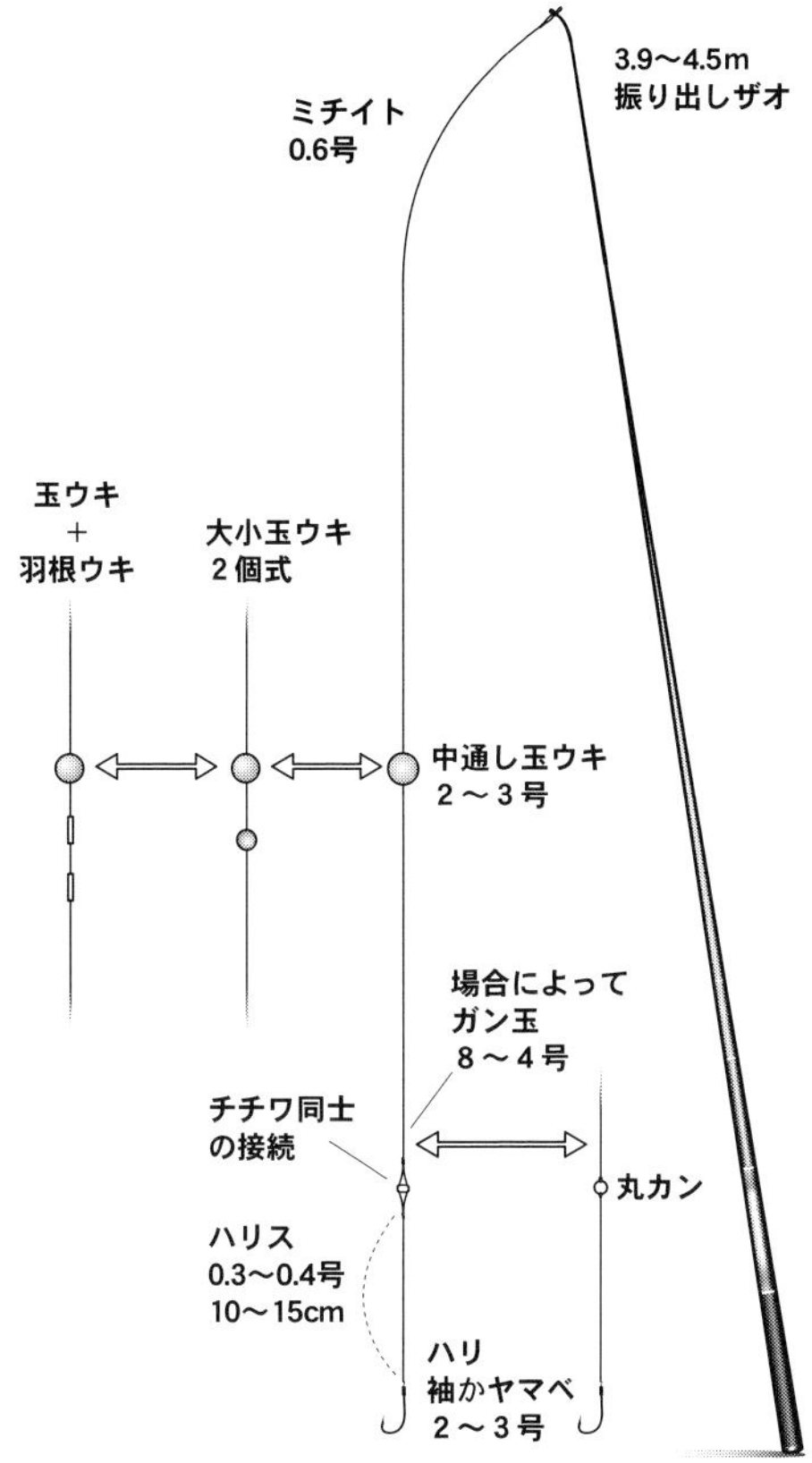

現場の石裏を捜して川虫が手に入れば最高のエサになる。ハリは尻側から刺して胴の横に抜くとよい

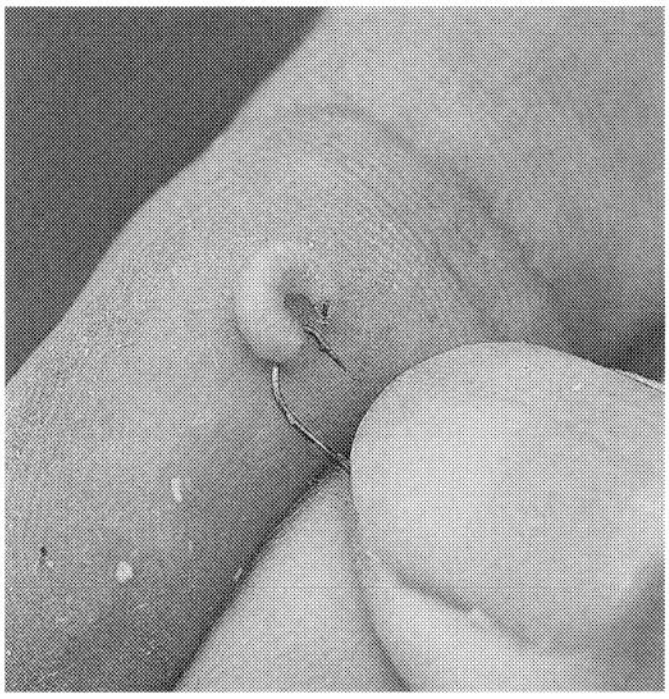

サシはこんなふうにチョン掛けで虫の動きを生かそう

夏場の足もとは浅い流れに立ち込めて快適なものを選びたい

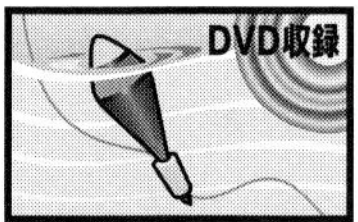

玉ウキ仕掛けのフカシ釣り

釣り場と基本テクニック

水深40cm以下の瀬を玉ウキ先行で自然に流す

ねらいは浅い瀬

ヤマベなどが生息する清流の川相を少々乱暴に区分すると、流れに勢いがある瀬と、流れが穏やかで水深がある淵&トロ場で構成されています。もちろん瀬という呼び名は1つではなく、チャラ瀬やザラ瀬、平瀬にトロ瀬、早瀬、荒瀬、深瀬、急瀬などなど、水深や流速によって細かく分けることができます。

春4月から秋10月にかけてのフカシ釣りのトップシーズン、ヤマベは水深の浅い瀬に出てきています。前記の瀬の名称でいうと、チャラ瀬、ザラ瀬、平瀬、トロ瀬あたりでしょうか。水深は40cm以浅しかなく、足のくるぶしが浸るくらいの水深10cmの浅場でエサをあさっています。

また、ヤマベがいる清流の同じ住人としてはハヤ（ウグイ）やカワムツ、そしてアユがいます。

ウキ先行で自然に流す

フカシ釣り用の玉ウキ仕掛けの特徴は、前頁でも記したとおり基本的にオモリを使わない軽い仕掛けに仕上げてあることです。これは、流れに付けエサを溶け込ませるように、ごく自然に仕掛けを流すことがフカシ釣りの身上だからです。

フカシ釣りの基本テクニックは、まず上流側に向かって仕掛けを振り込みます。着水後は水面の流れに押されて先行する玉ウキにリードされる形で仕掛けを下手側まで流し、アタリがなければピックアップして再度上流側へ振り込みます。この繰り返しで流れの筋などのポイントを手前から順に探っていきます。

この時、玉ウキを引っ張ってしまうと仕掛け全体に余分な抵抗が加わり、付けエサが浮き上がって流れに同化しないので注意してください。

アタリはヤマベが流れの中で付けエサを一瞬食い止めするため、ストレートにスパッと玉ウキが消し込まれることが大半です。あせらず力まずに軽く合わせます。活性の高いヤマベが群れている場合には、同じ流れのポイントから立て続けに当たることが期待できます。

食いが止まってきたら少しずつ移動しながら探り歩くことが、フカシ釣りの楽しさです。

玉ウキのフカシ釣りのイメージ

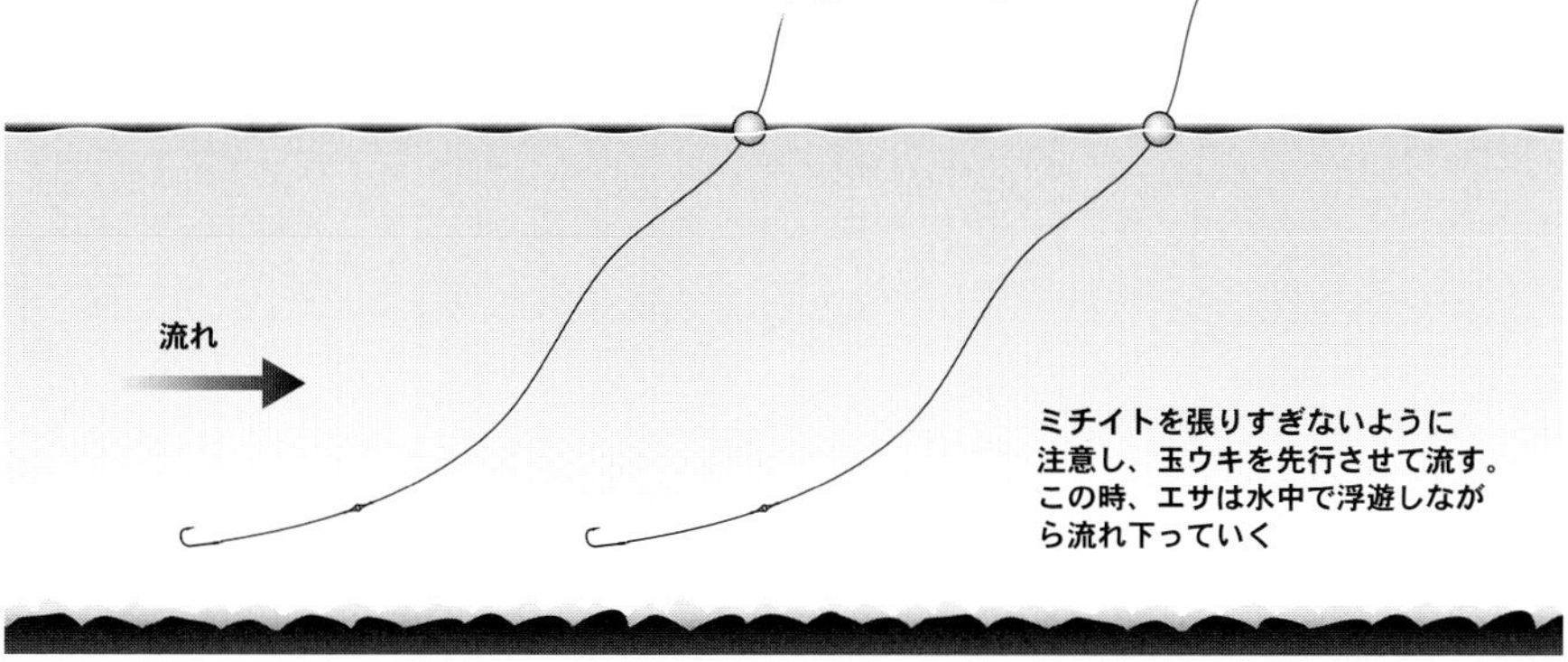
流れ
ミチイトを張りすぎないように注意し、玉ウキを先行させて流す。この時、エサは水中で浮遊しながら流れ下っていく

投入点

●フカシ釣りの流し方
立ち位置よりも少し上流側に仕掛けを振り込み、下流側いっぱい近くまで、玉ウキを先行させながらナチュラルに流してピックアップ。流れの筋は手前から沖に向かって探っていく

釣果アップ・ヒント　瀬の付き場は流心脇〜ヘチ寄りを捜せ

瀬の中にいるヤマベは、流れ全体に広く散っているわけではなく、好みの定位置がある。それは、最も流速が速い流心ではなく、両サイドの流心脇からヘチ寄りにかけて流れが弱まったエリアだと考えるとよい。

ヤマベは大石が点々とあるダイナミックな川相よりも、砂利や砂地底の緩やかな瀬を好む傾向にある。そしてこうした瀬のなかでも、水面が複雑によれた浅い流れや石裏の反転流に群れを作っていることが多い。

ヤマベが好む定位置
流心

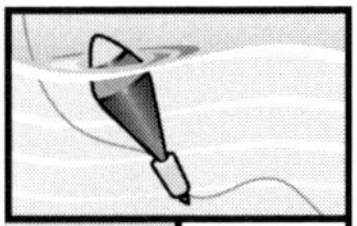

立ちウキの寄せエサ釣り

仕掛けとエサ

初めは立ちウキ1本のシンプル仕掛けでスタート。エサは虫、練りの二刀流で

タックル　長めの軟調子ザオとウエーダーも必需品

立ちウキの寄せエサ釣りには、胴寄りにきれいに曲がる軟調子のハエザオが最適です。このほか、先調子でも軟らかめの清流ザオや万能小ものザオを流用してもかまいません。サオの全長は、釣り場の規模によって3・6〜4・2mを使い分けます。

サオ以外の道具立てとしては、流れの中に入ってサオを振る立ち込みが中心になるので、股下までのヒップウエーダーや腰上のウエストハイ・ウエーダー（胸までの場合はチェストハイ）が必需品です。高価ですが通気性のよいゴアテックス製が快適です。水温が低い時期にはインナーで工夫する手もありますが、保温性の高いネオプレーン製なら安心です。

また、寄せエサを持ち歩くには肩からたすきに背負える小型バッカンを用意します。

仕掛け　ハエウキは万能選手

立ちウキ1本のシンプルな仕掛けと、ハエウキから下側のイトに極小ガン玉を並べて打つ数釣り競技バージョンの多段シズ仕掛けに分けることができます。本書ではビギナー向けとして、前者の仕掛けを中心に話をすすめていきます。

立ちウキとひと口にいっても、その種類は山ほどあります。寄せエサ釣りに適したウキを選ぶ際には、ねらうポイントの流速スピードを一応の目安にするとよいでしょう。

たとえば、トロ場などの流勢が弱いポイントは水に馴染みやすくアタリも出やすい細長いトウガラシ型がよく、反対にトロ瀬などの流速が少し速まるポイントでは、浮力を重視してボディーが太めな立ちウキが好適です。

また、このような釣り場の流速スピードの違いを気にすることなく、どんな流れのポイントでもオールマイティーに使い回せる立ちウキがあります。それは多段シズ仕掛け用に考案され、発泡スチロールなどの素材で作られたハエウキです。

ハエウキのオモリ負荷は、ガン玉8号の個数で表示されている製品が大半です。ガン玉の個数は4、5、6個の出番が多く、この3タイプを用意しておけばまず大丈夫です。

ハリはサシの虫エサ用に袖2〜3号

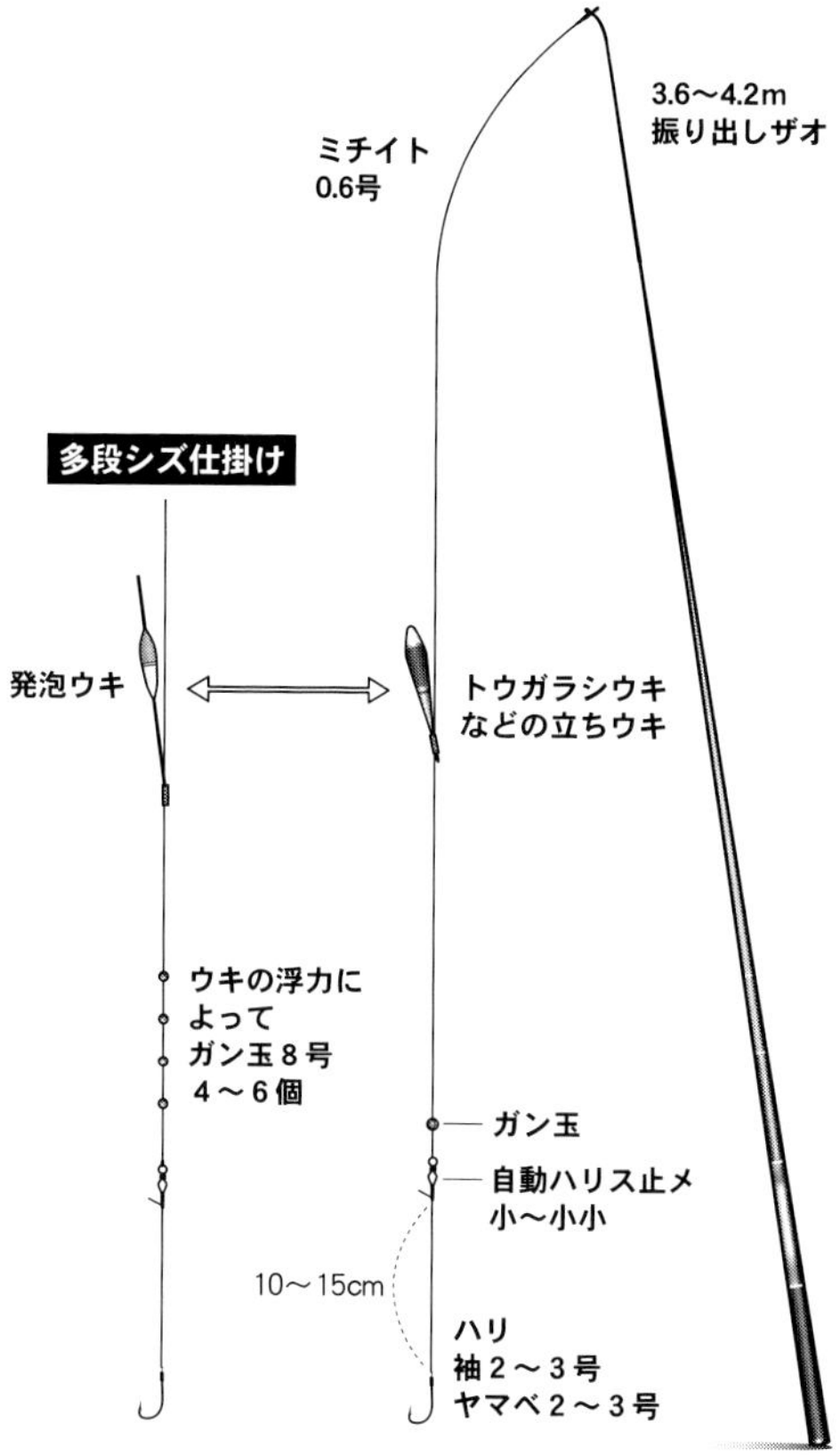

赤練りと呼ばれるヤマベ用練りエサもチューブ入りで市販されている

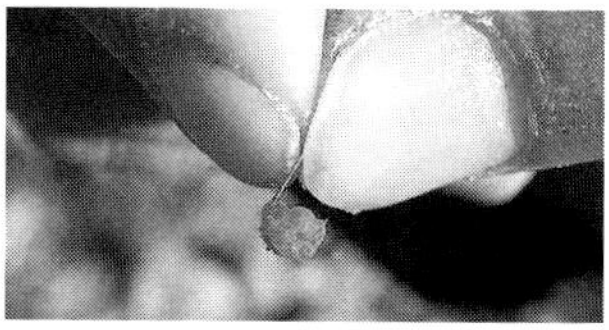

市販の赤練りはチューブから1回分を絞り出し、ハリのフトコロですくい取るようにこぢんまりと付ける

市販のヤマベ用寄せエサは現地で指定量の水を含ませ、ざっくりと混ぜ合わせれば出来上がり。小さめのおにぎり大にまとめて投入する

が使いやすく、練りエサ用にはカエシなしの専用スレバリを選びます。

エサ　チューブタイプが便利

ヤマベの寄せエサ釣りの付けエサには、通称・赤練りと呼ばれる食紅で染めた練りエサを多用します。粉末タイプは指定の水分量を守って練り込んで作り、オカユ練り用など小型ポンプに収納して使用します。ビギナー用にはそのまま使えるチューブ入りの完成タイプの市販品もあります。

活性が高い場合には白サシの虫エサでもよく食います。乳白色の体液が出て少しでもしぼんだら、即座に付け替えてください。こちらも専用の首下げ式のサシ入れで持ち歩きます。

また、寄せエサにもヤマベ専用に配合された市販品があるので、これを買い求めればOKです。

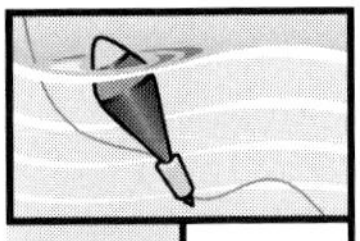

立ちウキの寄せエサ釣り 釣り場と基本テクニック

魚を集めたらエサを飽きさせず、時には誘いも入れて釣果を伸ばす

透明度の多少低い流域に好釣り場多し

寄せエサ釣りの場所は、透明度が比較的高いアユが混生する清流ばかりではありません。どちらかというと水に濁りのある中～下流域に好ポイントが点在することが多いと思います。

川相は、水深40㎝から1mで穏やかな流れのトロ瀬やトロ場が適しています。そして平坦な川底よりも、少し傾斜がついて水深の変化があるカケアガリを好んでヤマベは群れています。

また、丘陵地帯にある湖や山の中腹に水をたたえる山上湖などの湖沼でも、ヤマベの寄せエサ釣りが楽しめます。

寄せエサはピンポイントに

この釣りは名前のとおり、寄せエサの集魚効果で群れを1ヵ所におびき寄せ、活性を高めて釣るテクニックです。

ねらうポイントは大ざっぱに決めず、ヤマベを集魚するピンポイントを絞り込むことが第1です。基本的には流れに向かって立ち、自分の正面下流側にポイントを作ります。寄せエサは小さめのおむすび大に握ります。流速を計算しつつ、上流側から寄せエサを2～3個打ち込んでうまく1ヵ所にまとめることが肝心です。

寄せエサを打ってから5～10分も経てば、おいしそうな匂いを嗅ぎつけたヤマベが集まってくるはずです。ウキの浮力バランスはボディー上部が水面からわずかに出るトップバランス。ウキ下の基準は川底からハリが数㎝上の底層です。

初夏や秋の水温が高い時期は、虫エサだけでも食ってくる確率が高いです。ビギナーは振り込み直すたびに付ける練りエサよりも、1つのエサで何尾も釣れるサシのほうが楽でしょう。

しかし釣っている途中でサシが飽きられたり、食いが悪い場合には練りエサの出番です。練りエサは1回分ずつ絞り出し、ハリ先ですくい取る感じで直径2～3㎜の仁丹粒大に付けます。

流し方は上流から仕掛けを振り込んで馴染ませ、寄せエサが沈んでいる個所をトレースするの繰り返しです。食い気が高い時にはトップがチョン、チョンと小刻みに数回動いた後、ス～ッと水中に消し込むアタリが多く、軽く合わせた後は群れが散らないように引き抜いてしまいます。

寄せエサ釣りのイメージ

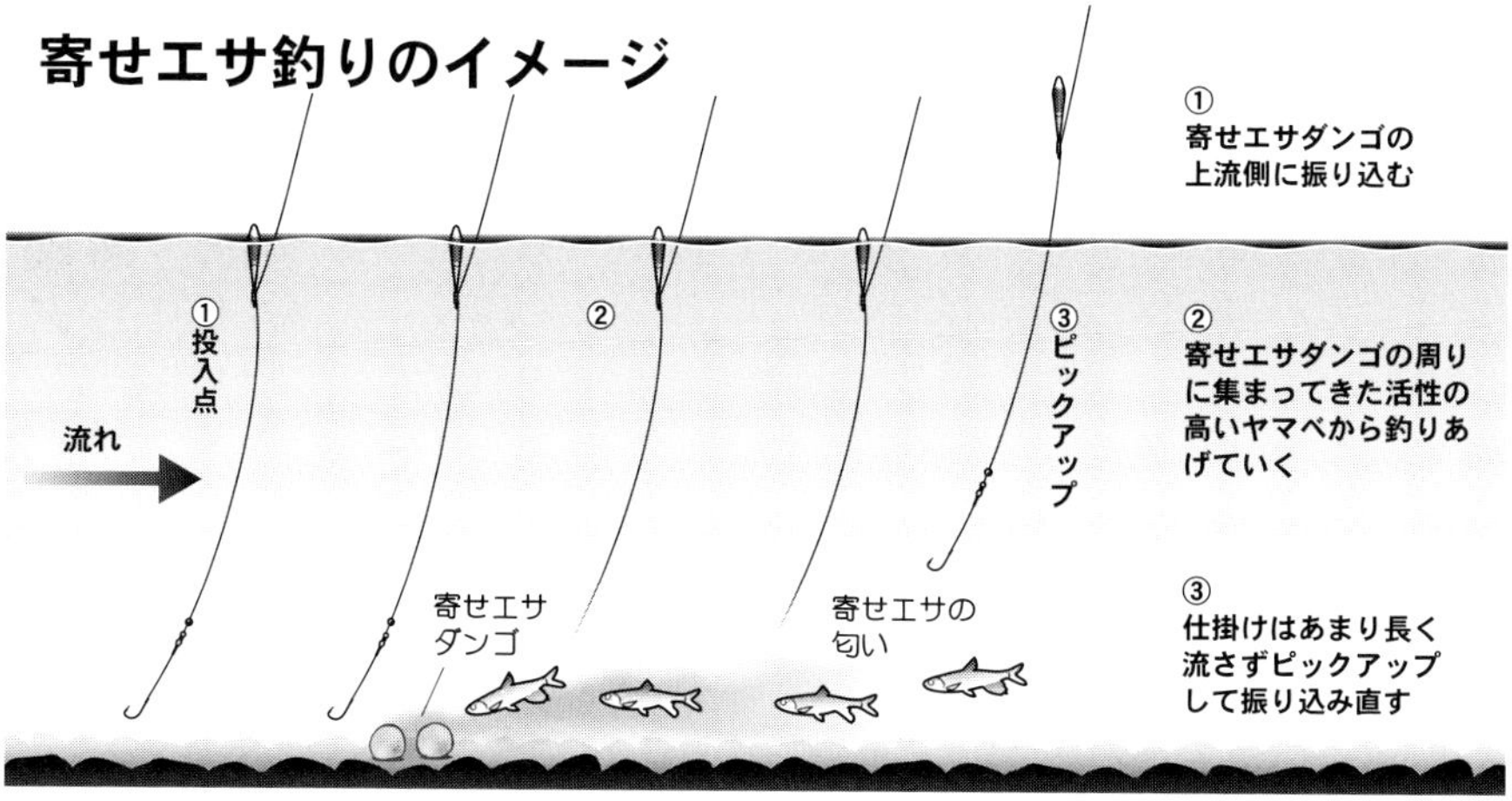
①
投入点
流れ
②
③
ピックアップ
寄せエサ
ダンゴ
寄せエサの
匂い
①
寄せエサダンゴの
上流側に振り込む
②
寄せエサダンゴの周り
に集まってきた活性の
高いヤマベから釣りあ
げていく
③
仕掛けはあまり長く
流さずピックアップ
して振り込み直す

立ちウキのアタリ

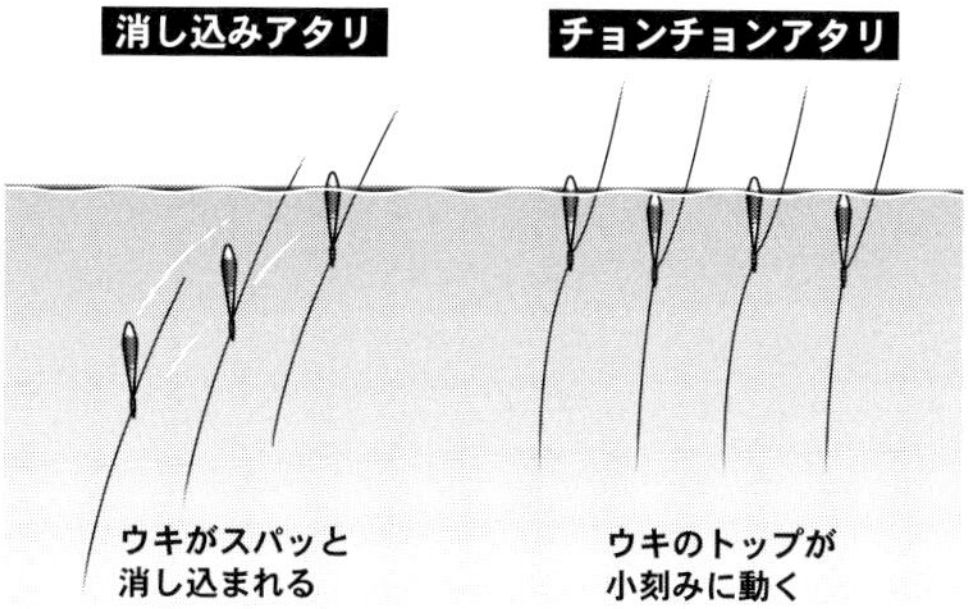
消し込みアタリ
チョンチョンアタリ
ウキがスパッと
消し込まれる
ウキのトップが
小刻みに動く

階段状の堰堤下には、立ちウキの寄せエサ釣りに理想的な穏やかな流れのプールができている

千葉県高滝湖や、山梨県本栖湖などの山上湖でも立ちウキの寄せエサ釣りが楽しめる

釣果アップ・ヒント

誘いアクションの有効性

最初はコンスタントに釣れていても、エサ慣れするのか次第にアタリがおかしくなってハリ掛かりしなくなる、そんなケースが多々ある。

こんな時は積極的に反射食いを誘うアクションを仕掛けるのも妙手。代表的な誘いパターンは、流している途中で仕掛けを一瞬止めて付けエサをフッと浮き上がらせ、ふたたび緩めて付けエサを落とし込むと、ヤマベが思わずパクリと食ってしまうという寸法。お試しあれ！

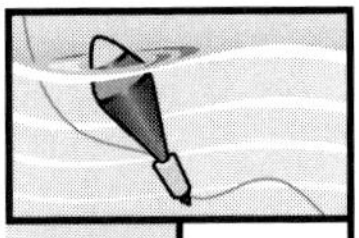

蚊バリの流し釣り 仕掛け

市販の5本バリタイプからスタート。慣れたら7～8本、自作も楽しい

サオ　振り疲れしないものを

蚊バリ仕掛けの流し釣りには、玉ウキのフカシ釣りと同様に清流・渓流用の全長3・9～4・5m先調子振り出しザオが使われます。振り込み回数が非常に多くなる釣りなので、その中でも河川や釣り場の規模を問わず短めの3・9～4mザオのほうが、疲労も少なく一日中シャープに振り抜けると思います。

このほかに、軟らかい調子のハエザオで引き味を楽しむ人もいますが、慣れないとサオの振り方が難しいものです。特にビギナーには先調子で短めの軽いサオをおすすめします。

仕掛け　最初は市販品でOK

ヤマベ釣り用の蚊バリ仕掛けは、簡単にいうと空中イト、瀬ウキ、蚊バリという3パーツで構成されています。これらを組み上げた蚊バリ完成仕掛けが釣具店で市販されているので、まずはこちらを購入して試してみることをおすすめします。

仕掛け全長は、瀬ウキの位置を基準にしてサオ尻よりも20～30㎝短いか、サオ尻いっぱいのどちらか。とにかく手尻を長く取ることが特徴です。これは手尻が短すぎるとハリ掛かりしたヤマベが水面で跳ねてバレやすいことの防御策です。ビギナーの方は最初は仕掛けが長くて投げにくいと思いますが、こればかりは「習うより慣れよ」以外に方法はありません。

蚊バリ仕掛けのハリ数は扱いやすい5本バリからスタートして、慣れてきたら蚊バリのバリエーションを増やして7～8本バリ仕掛けにチャレンジしてみるとよいでしょう。

なお、蚊バリ仕掛けには先玉付きと先玉なしの吹き流し式がありますが、ビギナーは仕掛け先端部に自重がある先玉付きを選んだほうが、きれいにキャストできると思います。

ヤマベ用の蚊バリはカエシ付きのハリが使われているが、意外とバレやすいので取り込みの際は注意すること

【蚊バリあれこれ】

渓流のテンカラバリやアユ毛バリと同じく、蚊バリは和製毛バリの一種。ヤマベやハヤなど清流の小魚を釣る目的で作られた小型サイズの擬餌バリで、主に袖バリ系の3号に巻かれている。それらはカゲロウ・カワゲラ・トビケラといった川虫類やユスリカなどの水生昆虫類、甲虫やハエなどの小さな陸生昆虫を模倣している。さらには実在しない個性的なカラーリングの創作毛バリも多数含まれる。

蚊バリの種類は新旧合わせて100種を下らないようだが、現在主に使われているのは20～30種と思われる。名称は古風で個性的なものが多く、コレクションするのも楽しい。

好みの蚊バリを買い求めてオリジナル仕掛けを自作する場合、同系色に偏らないことが基本。派手な暖色系と地味な寒色系を交互に組み合わせよう。

代表的なアタリバリとして、「音羽」「二葉」「カゲロウ」「菊水」「清姫」という名の五色バリがある。これらの5本で組んだものは、どこでもコンスタントに釣れる蚊バリ仕掛けとして定評がある。

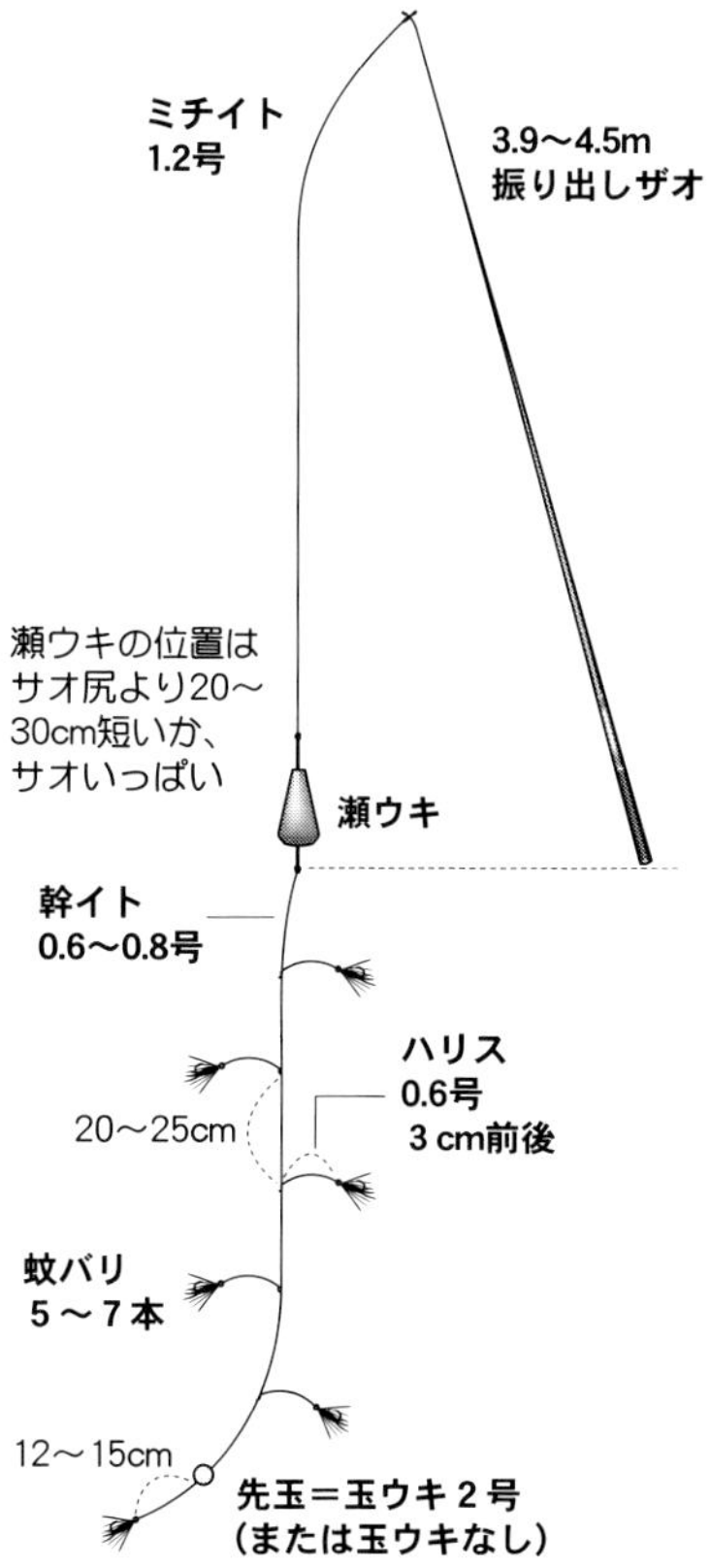

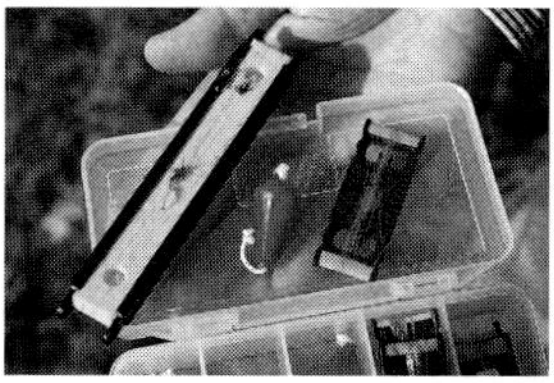

蚊バリ仕掛け一式。右から天井イト、瀬ウキ、蚊バリ部分の3パーツ構成

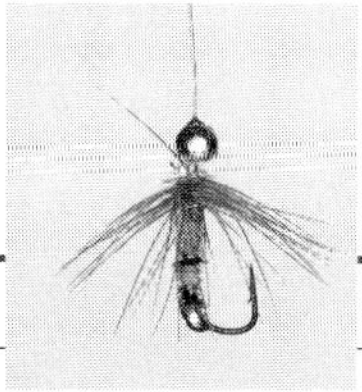

蚊バリはバリエーションが豊富。写真は「カゲロウ」と呼ばれるタイプ

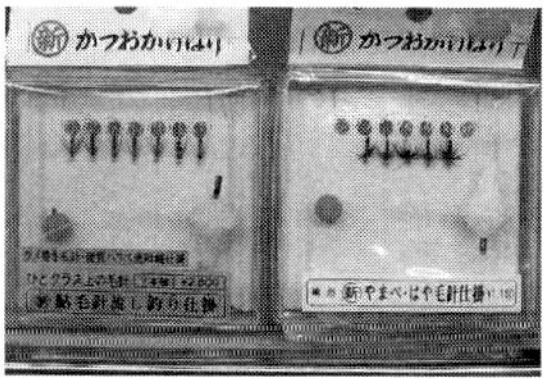

蚊バリの流し釣り初挑戦には市販の完成仕掛けを使ってみるとよい。慣れてきたら単品の蚊バリを買い求め、瀬ウキや先玉とともに自作仕掛けを組んでみよう

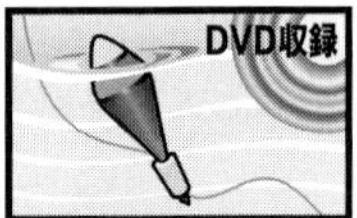

蚊バリの流し釣り 釣り場と基本テクニック

擬餌バリを水面付近で踊らせ、生命感を吹き込みヤマベを誘い出す

フカシ釣りと同じ浅瀬ねらい

蚊バリの流し釣りに適した川相は、玉ウキ仕掛けのフカシ釣りと同じくチャラ瀬やザラ瀬、平瀬、トロ瀬といった水深10～40㎝の浅い瀬です。

また、清流の流れにも棲み分けがあります。ナワバリ意識が強いアユなどは流速が強い流心を好みますが、ヤマベの定位置は流心脇から岸寄りにかけての流れが弱まったエリアに群れを作っていると考えてよいでしょう。

とはいえ夏の渇水期に水位がガクンと落ちて岸寄りの水質が悪くなると流心に出てくることもあります。逆に、雨などの増水時は「水なし川」だった分流へ避難してくるなど、条件によってヤマベの付き場が変わることも考慮してください。

蚊バリは自然に流さない

蚊バリの流し釣りは、自然に流すのではなく、仕掛けが流れを横切るように操作するのが基本です。水流を当てて蚊バリを踊らせ、本物の虫らしい生命感を与えるというわけです。

ベーシックな流し釣りテクニックは、流れに向かって斜め30～60度下流側へ振り込み、瀬ウキの後方に波紋ができるくらいテンションを与えながら仕掛けを張って、少しずつ流れを横切らせながら手前のヘチに向かって扇形に引いてきます。

釣り場の状況によっては誘いを含む変則的な流し方もアリです。仕掛けを流しながら小刻みなアクションを加えたほうがヤマベの反応がいいケースもあります。

アタリは蚊バリ周辺でポチャッと小さな水しぶきが上がるか、手元にコンコンッと伝わるシグナルがほとんど。積極的なアワセは必要なく、すべて向こうアワセでハリ掛かりします。ただしテンションを掛けながら流しているため食い損ないも多く、フッキング率が低いのは蚊バリ釣りの宿命です。

さらに、取り込み時にヒットしたヤマベを一気にはね上げてしまうとバレてしまうので要注意。できるだけ水面付近を滑らせるように手元まで静かに引き寄せましょう。

食い気が立った時にはダブル&トリプルヒットもあります。この際は上バリから下バリに向かって魚を外していくことを守ってください。

●**蚊バリの基本的な流し釣り方**
①流れに向かって斜め 30 〜 60 度の角度で対岸の下流側に振り込む
②瀬ウキの後ろに小波ができるくらいのテンションを掛け、仕掛けを張って少しずつ流れを横切らせながら、手前（ヘチ）に向かって扇形に引く
③〜④ヘチすれすれまで探ってピックアップ。アタリがない時には1歩2歩と少しずつ下りながら振り込んでいく

チモトやフトコロには球状の金彩を施してアピール効果を高めてある

回し振りの方法

一旦仕掛けを下流側に流して張る

流れのテンションを利用してサオを持ち上げていき……

手首は使わず、ひじを中心にサオの張りと弾力を生かして仕掛けを後方に跳ね上げる

空に弧を描く要領でサオ先を回して前方に振り下ろす

後方と同様、ひじを中心にサオを振り下ろしてフィニッシュ

釣果アップ・ヒント

01 **振り込みは回し振りが基本**　全長が長い蚊バリ仕掛けをトラブルなく振り込むには、頭上で大きく仕掛けを1回転させる「回し振り」をマスターすること。要領は瀬ウキを流れに垂らして仕掛けをピ～ンと張ってから、瀬ウキの自重を利用する形で後方に仕掛けを振り抜き、大きく回す感じで振り戻すといい。

02 **蚊バリ釣りのチャンスタイム**　視覚的に一番楽しいのは、水面にピチャッ、ピチャッと小さな波紋を描きながら川虫などのエサを捕食するヤマベのライズをねらうことだ。ライズが発生する主な場所は、瀬やトロ場などの下手にある「カガミ」と呼ぶフラットな水面。

　ライズがない場合でも、季節に応じてある程度決まった食事タイムはある。初夏から秋にかけては早朝と夕方のマヅメ時に集中し、水温がやや低い春や晩秋シーズンは日中の時間帯に蚊バリをよく追ってくれるパターンが多い。

7章

アユ釣り（チンチン・エサ）

分　類　キュウリウオ科。全長20～25㎝。最大では30㎝を越える

釣り場　清流域

タ　ナ　底層

エ　サ　毛バリ。エサ釣りは釜揚げシラス、海釣り用アミエビなど

仕掛け　毛バリを複数付けたドウヅキ仕掛け。エサ釣りは中通し玉ウキの１本バリ仕掛け

ひと言　「清流の女王」を美しい毛バリでねらう華麗な和の釣り。食味も横綱クラス

アユの釣期

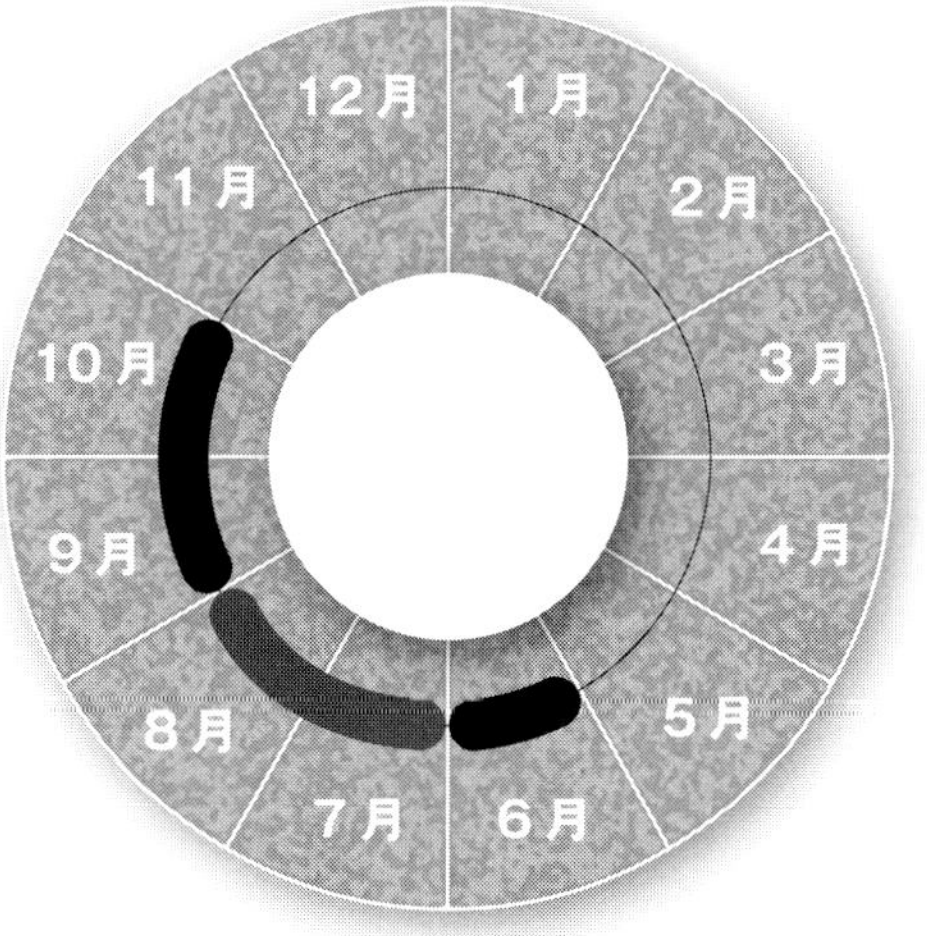

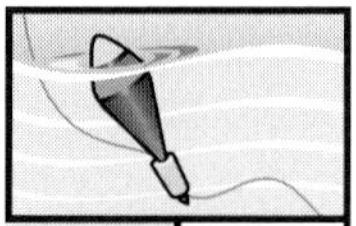

釣期と釣り場について

アユの代表的な釣法「友釣り」との違いは？

釣期は解禁初期と落ちアユ頃の2シーズン

清流の女王とも呼ばれるアユは、春になると海で育った稚魚が川を遡ってきます。そして、ひと夏を謳歌《おうか》して秋を迎えると産卵を行ない一生を終える「年魚」として知られています。

アユ釣りは、早いところでは5月中もありますが、初夏6月の声を聞くと順次解禁されます。有名どころのアユ釣り河川では古くから稚魚放流事業が盛んに行なわれてきました。近年は人工産の稚アユもかなり放流されているようですが、本書で紹介するチンチン釣りとエサ釣りはいずれも、天然ソ上のアユ、略して天然アユが主力ターゲットといってよいでしょう。

これは言い換えると、放流アユに頼らなくてもよい天然アユが豊富な河川、もしくは全く放流が行なわれていない天然アユ河川をねらうということになります。規模としては川幅が狭い小河川が大半です。

チンチン釣りやエサ釣りで期待が持てる河川の釣期は、基本的に小型アユの数釣りを楽しめる解禁初期の若アユシーズンと、産卵期に入った秋の落ちアユシーズンの2回です。

ところでアユの最盛期といえる夏7～8月の2ヵ月間は、チンチン釣りやエサ釣りではどうして釣れないのでしょうか。それはアユ本来の習性であるナワバリ意識が強くなると同時に、食性が石の表面に付着するコケ類（珪藻類）に偏り、他のエサには関心を示さなくなることが主な要因です。

河川によってはチンチン釣りやエサ釣りの釣期、釣り場エリアに制限を設けていたり、釣り自体が禁止されていることもあるので注意してください。

釣り場
チンチン釣りは浅めの瀬、エサ釣りでは水深のある場所も

アユが泳ぐ清流域の川相は、瀬あり、淵あり、落ち込みありと変化に富んだ

チンチン釣りとエサ釣りの主なフィールドは、天然遡上が豊富であることが条件だ

流れです。

それぞれの流れの石周りには一国一城の主のようなナワバリアユが、さらにその周辺にはナワバリを持てずに集団化した群れアユが元気いっぱいに泳ぎ回っています。

チンチン釣りに適した川相は、ザラ瀬や平瀬といった適度な流速がある浅い瀬のポイントを選びます。エサ釣りでは、それら以外に水深が少し深くて緩い流れのトロ瀬も好ポイントの1つになります。シーズン好期の、特に前半は10～13㎝の小アユが中心になりますが、魚影がすこぶる多い当たり年には100尾オーバーの束釣りも期待できます。

1日のうち、チャンスタイムは、時間帯でいうと、朝夕2回のマヅメ時。また増水後、アユが常食している底石のコケ類が飛んでしまった「白っ川」状態の時も好機であることを覚えておいてください。

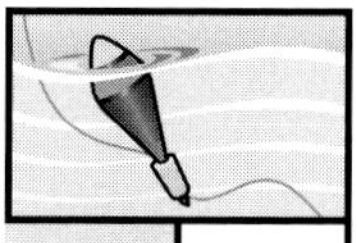

仕掛けとエサ

中通し玉ウキから下部分は、毛バリ？　それともエサ？

タックル　流れに立ち込むことを前提とした出で立ち

アユのチンチン釣りとエサ釣りは、ヤマベの清流釣りと同様なタックルで楽しむことができます。先調子の清流用や万能ザオ、軟調子のハエザオが使いやすく、全長はポイントによって3・9～4・5mを使い分けます。

川を渡ったり、流れに立ち込むことも多いので足まわりはヒップ&ウエストハイのウエーダー類を履くか、アユタイツとアユタビ、薄手のロングパンツとウエーディングシューズのコンビも快適です。

また、チンチン用の擬餌バリとエサ釣り用のアユバリにはともにカエシがなく、せっかく掛けたアユが外れやすいという共通点があります。したがって受け網としてウエストベルトに差して使う直径27㎝前後の玉網があると取り込みの際に便利です。

仕掛け　毛バリは複数バリ、エサは1本バリ

チンチン釣りとは地域独特のバケや、ドブ釣りとも呼ばれる伝統のアユ毛バリを使った流し釣りのことです。チンチン釣りに用いる擬餌バリは、水中に生息している川虫やユスリカなどの幼虫を模写しているほか、ファンシーなタイプもあります。

基本的なチンチン仕掛けは中通しタイプか足付きの玉ウキの下に、バケやアユ毛バリのドウヅキ3～4本バリをセットして最下部にガン玉を固定するだけです。

関東のチンチン釣り場としては、神奈川県・箱根の早川が有名です。ここには各色の絹糸やラメ糸などを巻いた「早川バケ」と呼ばれる地バリがあります。このほか、古くからアユのドブ釣りに使われてきた伝統的なアユ毛バリを流用してもよく釣れます。ハリ数3～4本のドウヅキ仕掛けを使うため、バケ&毛バリの配色は暖色系や寒色系などの各色を組み合わせることが大切です。

一方のエサ釣り仕掛けは、チンチン釣り用の擬餌バリを外して普通のハリに付け替えただけ、というような玉ウキ1個のシンプルな仕掛けです。ハリは専用のスレバリが市販されているほか、カエシ付きの袖バリでもかまいません。号数は釣れるアユが大きくても魚の型には合わせず1～2号の小バリを選んでください。

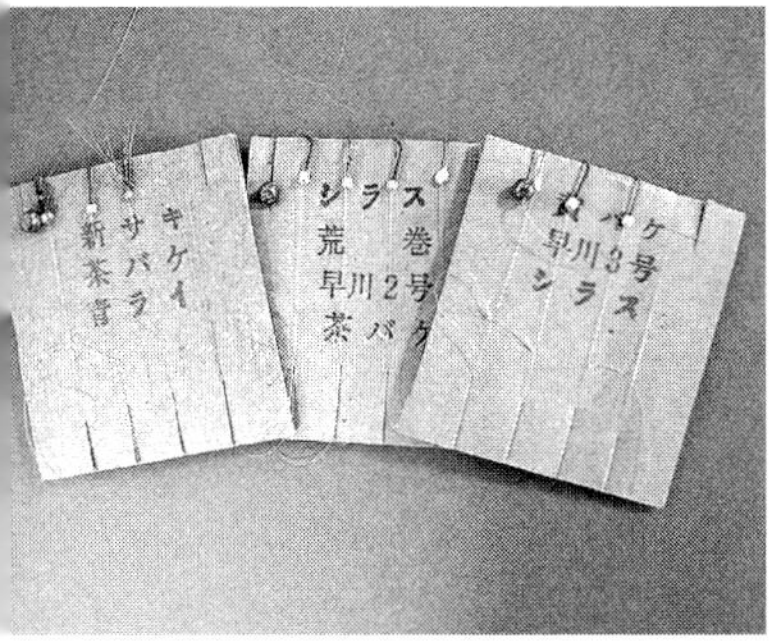

チンチン釣りやエサ釣りが盛んなアユ河川の近くの釣具店では、オリジナル仕掛けや疑餌バリのアユバケを販売していることが多い

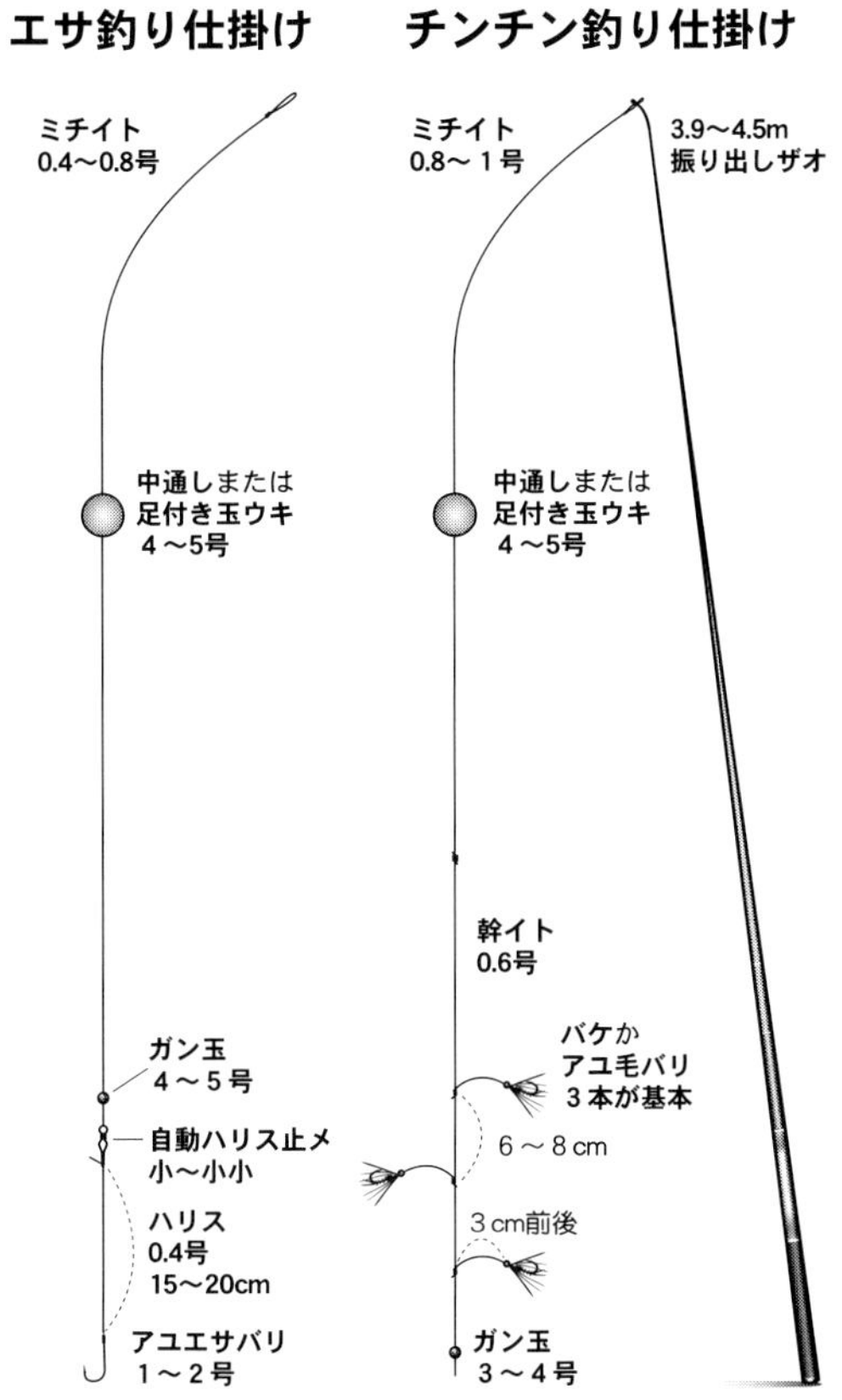

エサ　海産物系のものが主流

アユのエサ釣りでは寄せエサを併用します。付けエサと寄せエサは地方や河川によっていろいろ工夫されていますが、主に海産物が使われています。代表的なものは、食用の釜揚げシラスと海釣り用アミエビの2種類です。

付けエサ用にはシラスが頭の部分だけ、一方のアミエビは1匹の通し刺しにします。また、寄せエサとして使うぶんは細かくつぶしておきます。

なお、エサの種類や寄せエサの使用可否は河川によって異なるため、各漁協の遊漁規則や都道府県の漁業調整規則を守ってください。

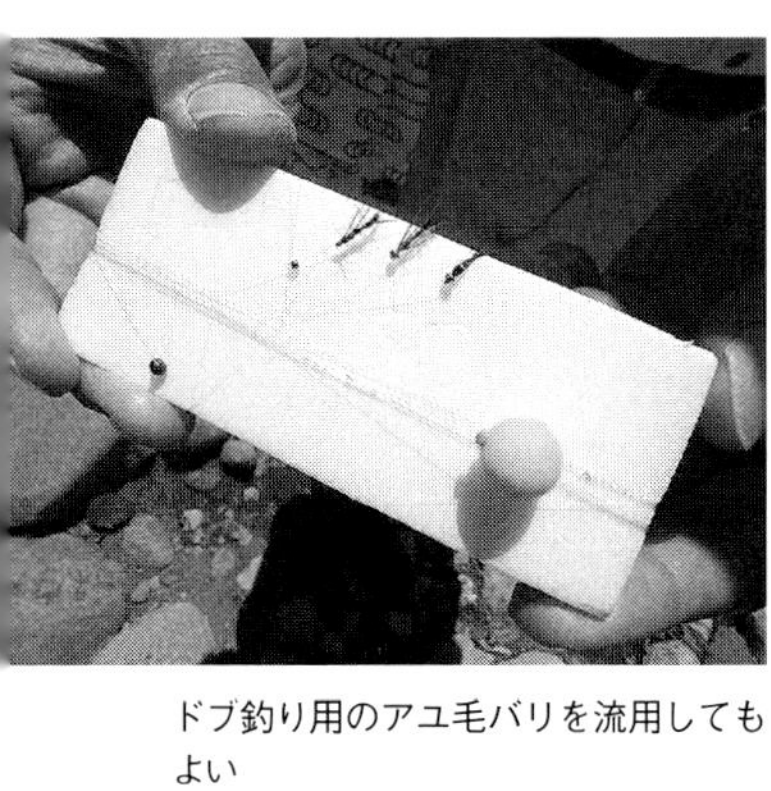

ドブ釣り用のアユ毛バリを流用してもよい

基本テクニック

チンチン、エサ釣りとも同じサオ操作で流速が弱まる流れの底層をねらう

流速があって石が荒い瀬では特にヘチ寄りの弱い流れを意識して流すこと

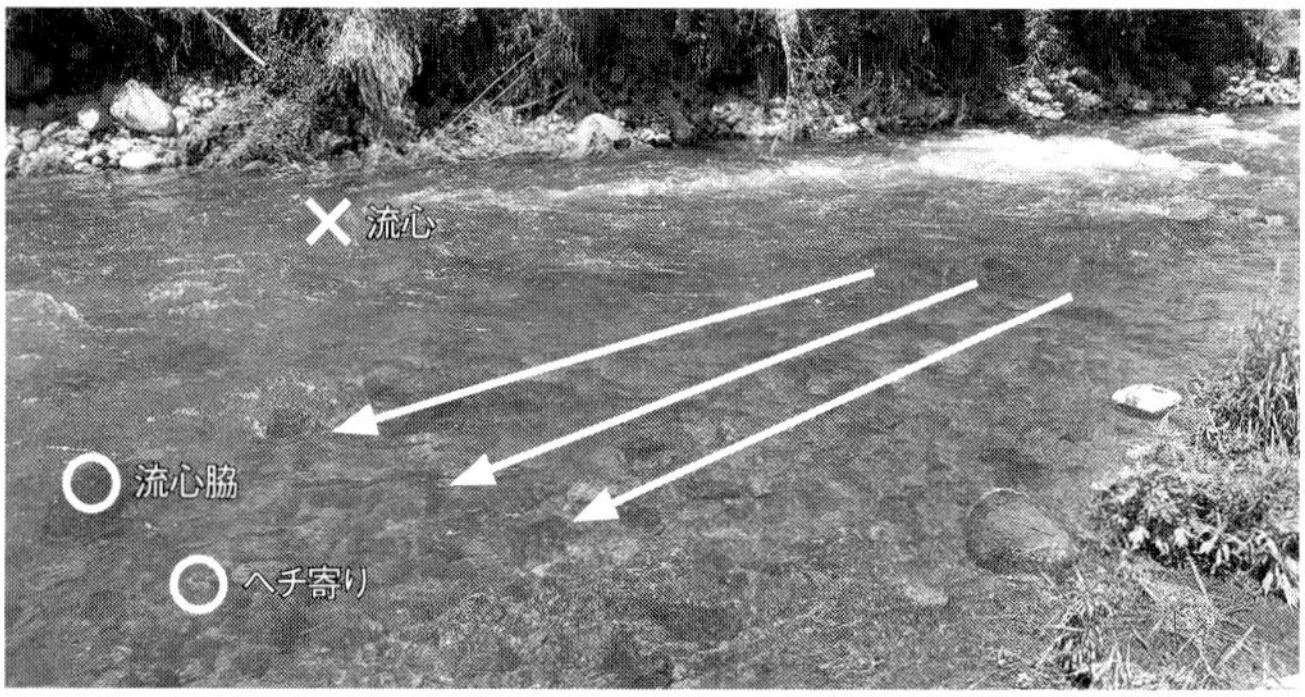

落ち込みから続く浅瀬は、チンチン＆エサ釣りに絶好の流れを形成している。ヘチ寄りから流心脇に向かって、流す筋を変えてアユの付き場を捜すとよい

玉ウキ先行で底層をトレース

チンチン、エサ釣りとも前述したようにヤマベの瀬釣りのイメージで楽しめます。ただし、ヤマベは釣り方によって水面から宙層、底層までタナが広いのに対して、アユのチンチン釣りとエサ釣りは底層ねらいという大きな相違点があります。

チンチン釣りとエサ釣りのサオ操作は同じです。基本的には流れの上手に仕掛けを振り込み、自分の立ち位置よりも下手まで流し切ったら仕掛けをピックアップの繰り返しです。

仕掛けを流すコースは流れの強い流心ではなく、流心脇からヘチ寄りにかけての流れが弱まる範囲内が好ポイントになります。とにかく流す筋を変えながらアユが群れる個所を捜すことが肝心で、特に底石と底石に挟まれた複雑な流れの筋は絶好ポイントといえるでしょう。

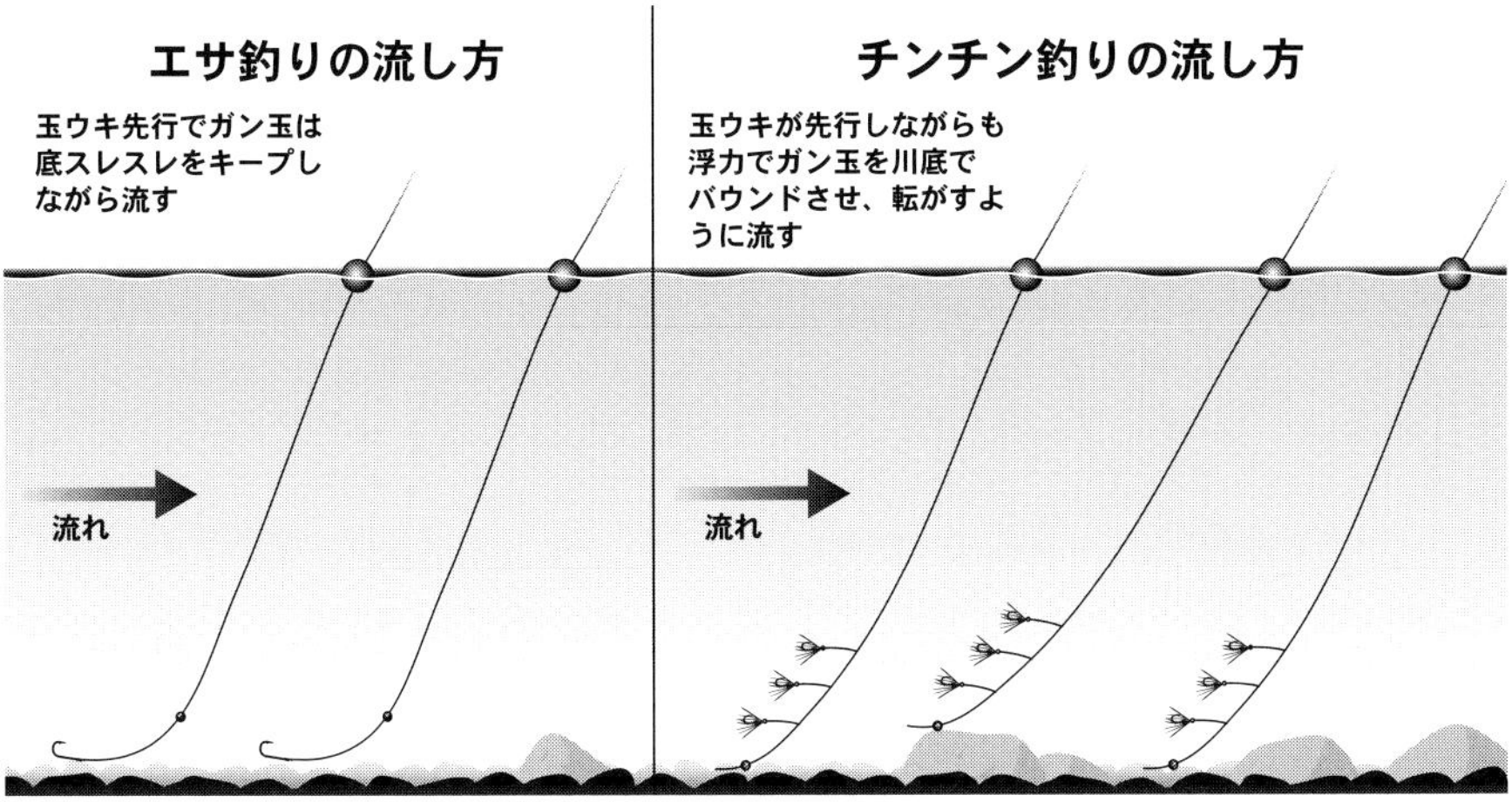
エサ釣りの流し方
玉ウキ先行でガン玉は底スレスレをキープしながら流す
流れ
チンチン釣りの流し方
玉ウキが先行しながらも浮力でガン玉を川底でバウンドさせ、転がすように流す
流れ

釣り歩き用の携帯ビク

　アユは鮮度が落ちやすい魚。釣ったら即座に氷締めにしたほうが後で美味しくいただける。

　チンチン釣りやエサ釣りで釣り歩く際には、渓流釣り用に市販されているショルダータイプのソフトクーラー型クリールがおすすめ。また、水を詰めて凍らせた500ml ペットボトルを入れて氷代わりにすると便利だ。

　川から上がってひと休みする時、保冷力が高いメインのクーラーボックスに移し替えれば万全！

流れに立ち込むこの釣りでは、ソフトクーラー型クリールを活用して釣果を一時的に保存しておくのが便利

　どちらの仕掛けも水面の流れに押される玉ウキが先行しつつ、その浮力で仕掛けを引っ張る形で流れていきます。このためウキ下の調節は流速を考慮して水深よりも長めに取ってください。

　チンチン釣りの場合はガン玉オモリを川底でバウンドさせて転がすように操作し、底層でバケや毛バリをアピールします。

　一方のエサ釣りは、付けエサが流れにもまれながらも底スレスレをトレースする感じに操作してください。この際、寄せエサの撒き方は流れの上手に打ち込んで、自分の立ち位置よりも少し下手に集魚することがキーポイントです。数分ごとに小型スプーンに軽く1杯の少量ずつにとどめてください。

　チンチン、エサ釣りとも、ガン玉オモリの重みと複雑な流れによって玉ウキが沈みやすく、アタリと勘違いすることもままありますが、玉ウキが消し込まれたり少しでも変な動きをしたら、躊躇せずに合わせてみましょう。

COLUMN 03

川釣りの「足元」について

　四季折々に移り変わる旬のターゲットを楽しむには、アウトドアウエアとともに釣り場の状況に応じたシューズ類も充実させておきたい。

　最も親しみやすいのは普段履きの延長、スニーカーだ。釣り場への行き帰りにはオールシーズン着用できるし、春秋の穏やかな季節のタナゴやフナ、ハゼのオカッパリ釣りには足元も軽快に釣り歩ける。最近はゴアテックス製のスニーカーも出回っているので、小雨程度なら安心。

　雨天や雨後には、ニーブーツがあればぬかるんだ里川の釣り場も何のその、好機を逃すことがない。川釣りにはグリップ力があるラジアル底が適しており、釣り具メーカーのフィッシングブーツのほか、アウトドアメーカー製のオーソドックスなニーブーツもお洒落。

　清流のヤマベ釣りやアユのチンチン釣り、エサ釣りを本格的に楽しむにはウエーダーが欲しい。ブーツと一体型で、高価だが汗をかいても蒸れにくいゴアテックス製をオススメする。とはいえ、真夏の炎天下にはさすがに厳しく、その場合は速乾性のアウトドアパンツとウエーディングシューズのコンビが超快適。

　同じ立ち込み釣りでも、貝殻やガラスなどで足を痛めやすいハゼ釣りには水遊び用に市販されているスニーカータイプのウオーターシューズがベストだ。

ハゼの立ち込み釣りに適した水遊び用のウオーターシューズ

夏季の清流の立ち込み釣りではウエーディングシューズと速乾性パンツの組み合わせが快適

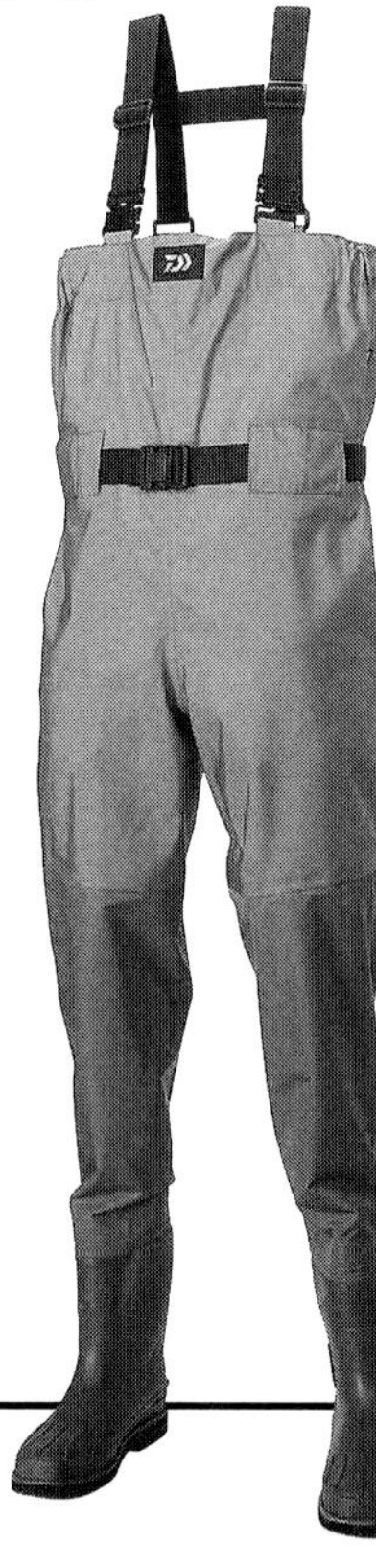

真夏以外の清流の立ち込み釣りには防水透湿性素材のウエーダーがGOOD。高価だが蒸れない快適さは格別だ

地面のやわらかな場所ではニーブーツを履くと非常に心強い

8章 ワカサギ釣り

分　類　キュウリウオ科
釣り場　湖沼、河川の下流部
タ　ナ　底～宙層
エ　サ　サシ類、赤虫
仕掛け　小型モーターを組み合わせた専用電動タックル（氷上、ドーム）、ノベザオまたはリールザオ（ボート、オカッパリ）。いずれも6～14本バリのドウヅキ仕掛け
ひと言　ファミリーから研究熱心な人までファン多数。釣りたての天ぷらはほっぺたが落ちる ?!

ワカサギの釣期

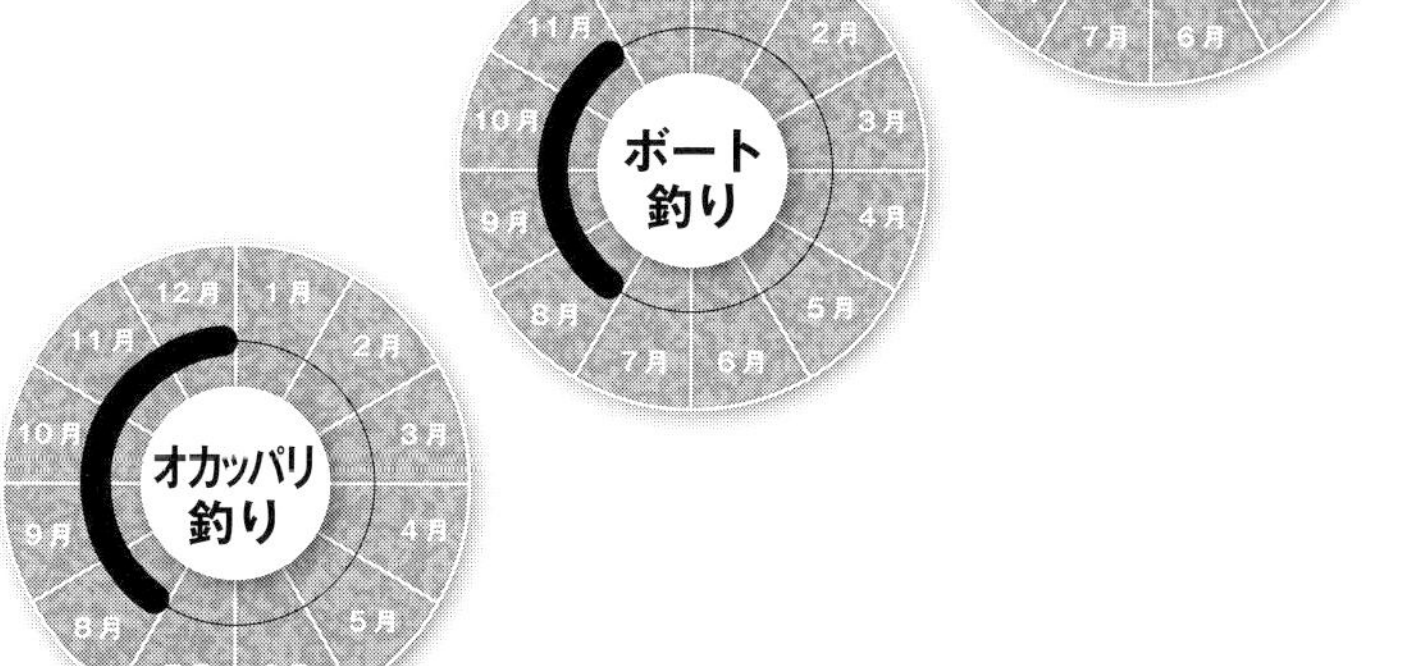

釣期について

当歳魚が釣れだす秋～冬がメインシーズン

湖に浮かぶドーム船。午前中で帰りたい時や途中から乗船したい場合にはエンジンボートで送迎サービスをしてくれる釣り宿も多い

湖水の好ポイントに集まってボート釣りを楽しむ

3つのスタイルと釣期

ワカサギは、地方や地域で多少変動はありますが、冬から春にかけて産卵します。そして秋にはその年生まれた当歳魚が釣れ始めます。寿命は通常1年ですが、産卵を終えても2年魚、3年魚として残るケースもあるようです。

釣りのスタイルは氷上穴釣りも有名ですが、本書ではビギナー向けに以下の3つについて解説していきます。

●屋形船（ドーム船）

今やワカサギ釣りを代表するほど人気が高い屋形船（ドーム船）。特に大型のドーム船は真冬でも外の寒さを気にせず釣りを楽しめることがその大きな理由です。

シーズンは秋9月に始まり、結氷しない湖では冬期も楽しめます。そして、翌年の春3月頃までがトップシーズンですが、湖沼によっては初夏の6月頃まで出船している場合もあります。

ワカサギのオカッパリは、釣れている場所を捜し当てるのが難しい。最も簡単な手は、地元の釣り人でにぎわっている場所にお邪魔させてもらうこと

たくさん釣ってお土産もばっちり！

●ボート釣り

自分で漕いで好きな場所を釣ることができるのがボート釣り。シーズンは夏8月から開幕する湖沼が多く、気温・水温とも下がり始める9月中旬から初冬にかけて最盛期を迎えます。

標高の高い山上湖は薄氷が張る師走になると閉幕しますが、結氷することがない平野部近くの湖では春までボート釣りが楽しめます。

●オカッパリ

山上湖よりも、丘陵地に水をたたえる湖沼や、関東の霞ヶ浦のような水郷地帯の湖水と流入河川で楽しまれてきたのがオカッパリの釣りです。

好機はボート釣りとほとんど変わりません。当歳魚の小型がハリに掛かり始める夏8月頃に始まり、秋本番を迎える9月中旬から師走の12月頃までが最盛期といえるでしょう。

その後、春に向かってワカサギの産卵期に入るため、禁漁期間を設ける湖沼もありますから注意してください。

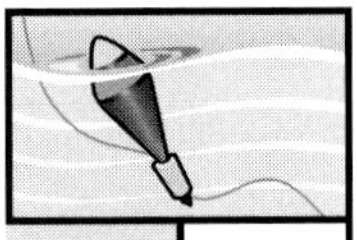

屋形船（ドーム船）仕掛けとエサ

ビギナーでも簡単に扱える最新タックル。仕掛けはご当地オリジナルが強い

サオ　ミニ電動リールザオが大人気

屋形&ドーム船は、釣り座前面に空けた穴や溝からイトを垂らして釣るスタイル。したがってサオは全長30〜50cmの短ザオに限られます。なかでもワカサギ専用に開発されたミニ電動リールザオはチビッコでもすぐに扱えるほど操作が簡単で、ビギナーファンにこそ使ってもらいたいものです。

釣り宿にはレンタルタックルもありますが、手巻きリールザオが多いようです。利用する場合は事前に確認するとよいでしょう。

ミチイトにはアタリ感度抜群のPEライン0・3〜0・4号を30mほど巻いておきます。また、各メーカーの電動リールザオには、それぞれ専用の穂先がオモリ負荷別に市販されています。

屋形&ドーム船で使う穂先はオモリ負荷1号の出番が多く、このほか深場ねらいや風で船が揺れる場合を考慮して、オモリ負荷2〜3号の硬めの穂先をもう1本用意しておくと万全です。

また、サオ以外の必需品としてワカサギの鮮度を保って持ち帰れるように小型クーラーボックスも忘れずに用意しましょう。

このほか、最新型の大型ドーム船には水入れビク用のバケツやエサ入れ、イス&クッションなど快適に釣りが楽しめる各種の道具がそろっており、サシなどエサ類が無料な船もあります。

仕掛け&エサ　市販のドウヅキ仕掛けが便利

1人あたりの釣り座スペースが狭い屋形&ドーム船では、仕掛け全長が短くハリ数の少ないワカサギ釣り用のドウヅキ仕掛けを使います。「屋形&ドーム専用」などと明記された仕掛けが市販されています。ハリの型は秋田狐か袖がよく、号数は釣れるワカサギの大小によって1・5号、2号、2・5号の3サイズを使い分けます。幹イトとハリスの号数は0・4号×0・3号と0・3号×0・2号が中心です。迷った時は、現地の釣り宿でオリジナル仕掛けを買い求めたほうが間違いありません。

エサは、定番エサの白サシと紅サシのほか、食い渋り時には赤虫1匹のチョン掛けが効果的です。サシエサは頭か尻尾の先端部をチョン掛けにしますが、大きすぎる場合には半分にカットすると食い込みがよく、ハリ掛かり率が高まります。

屋形船用の仕掛け

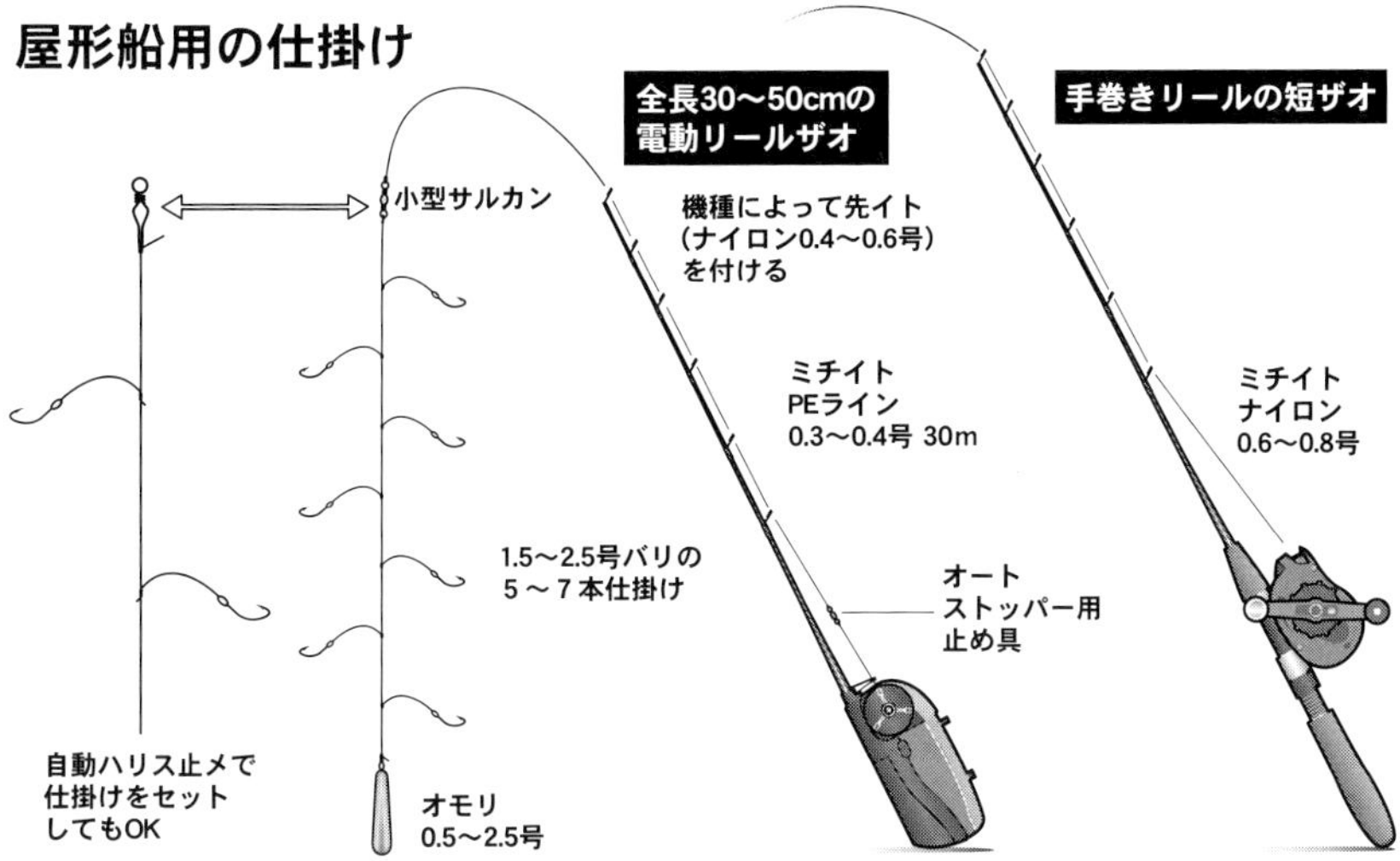

真冬でも暖房が利いてポカポカと暖かい船内でにぎやかに釣りを楽しめるのは、屋形船（ドーム船）の大きな利点だ

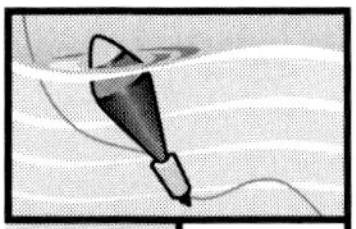

屋形船（ドーム船）釣り場と基本テクニック

冬でもポカポカ、充実設備の室内で「叩いて」誘え！

船内は寒さ知らず

屋形船（ドーム船）には湖畔の桟橋から乗り込んで釣り場へ向かう自走式と、湖面の船に送迎してくれる2タイプがあります。

最新の大型船にはトイレと暖房が完備されているほか、弁当を温められる電子レンジまであったりして大変便利。リピーターが多いのもうなずけます。

ワカサギが群れている好釣り場までの案内はもちろん経験豊かな船長が連れていってくれます。雪や雨風で多少天候が悪くても、快適な空間で釣りを楽しめることが屋形船の大きなメリットです。

反射食いを誘う

最新の屋形船はワカサギの魚影を確認するための魚探を備えています。時期や天候、時間帯などの諸条件で変わるワカサギの群泳層や移動状況を瞬時に把握でき、船長やスタッフがその都度「湖底近くをねらってください」などと指示してくれます。

釣りを始める際には電動リールザオ、レンタルの手巻きリールザオのいずれも仕掛けのハリ全部に虫エサをセットし、必ず仕掛けが絡まっていないかをチェックしてください。次に釣り座の穴や溝から静かに仕掛けを落としたら、ミチイトがフワッとたるんでスプールの回転が止まることでオモリの着底を判断します。そして船長の指示ダナに合わせたら用意は万全です。

ワカサギの基本的なテクニックは、叩き釣りと呼ぶ一種の誘い釣りを駆使します。簡単にいうと「ここにエサがあるぞ」とアピールして、ワカサギの興味をあおって反射食いを誘う釣り方です。

オーソドックスな叩き釣りアクションは、手の平で支えた電動リール本体を1～3cm持ち上げる感じで、5～10回軽く上下に叩いて水中のエサを踊らせた後、すかさず本体を静止させた状態でサオ先を注視してアタリを待つ。この繰り返しです。

アタリはサオ先をピクッ、ピクピクッと小さくノックする感じが多いほかに、サオ先をフワリッと持ち上げる食い上げアタリもあります。少しでも「サオ先の動きがおかしいな?」と思ったら躊躇せず、素早く合わせてみることが肝心です。

叩き釣りの基本動作

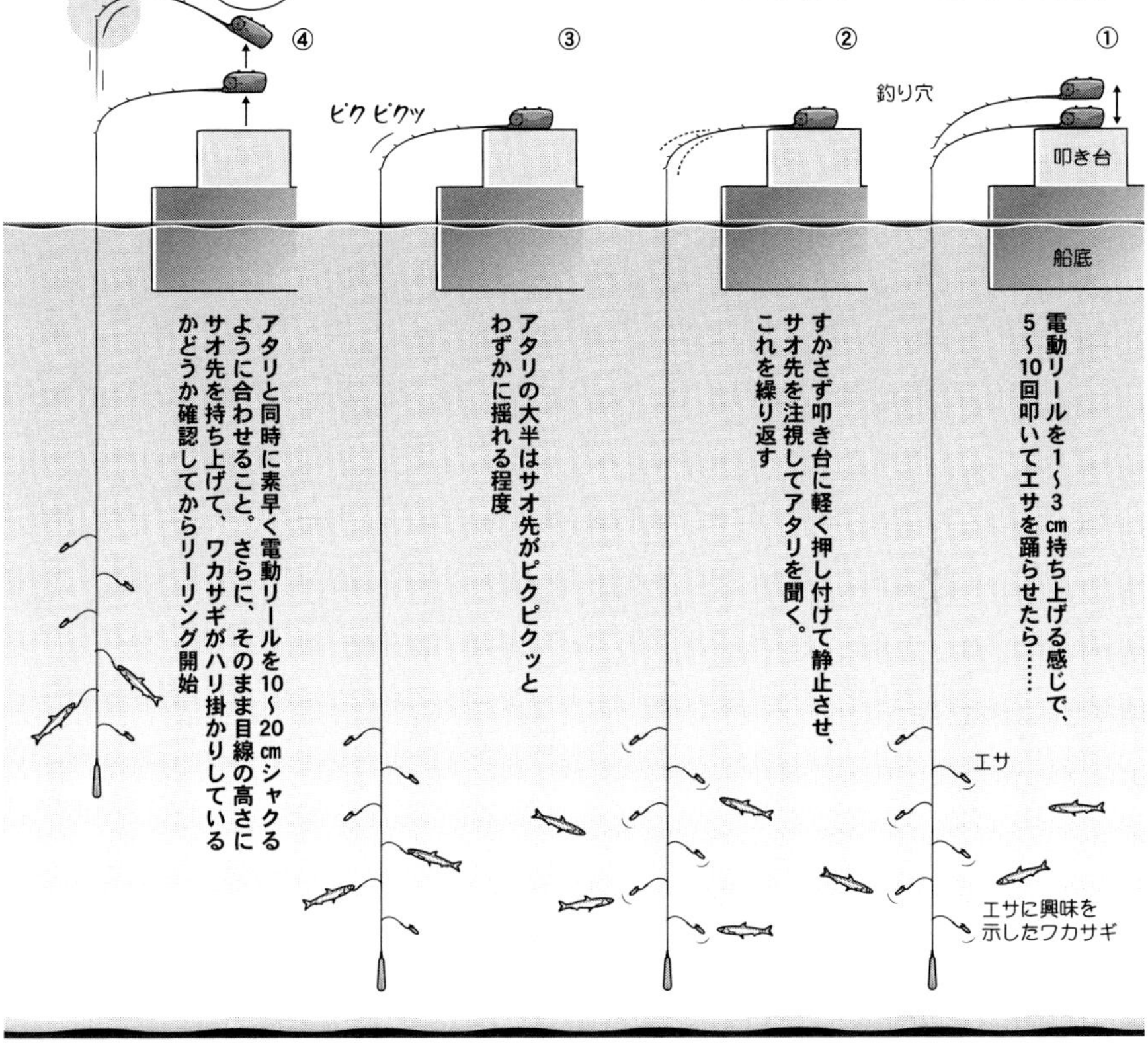
①
釣り穴
叩き台
船底
電動リールを1～3㎝持ち上げる感じで、5～10回叩いてエサを踊らせたら……
エサ
エサに興味を示したワカサギ
②
すかさず叩き台に軽く押し付けて静止させ、サオ先を注視してアタリを聞く。これを繰り返す
③
ピクピクッ
アタリの大半はサオ先がピクピクッとわずかに揺れる程度
④
アタリと同時に素早く電動リールを10～20㎝シャクるように合わせること。さらに、そのまま目線の高さにサオ先を持ち上げて、ワカサギがハリ掛かりしているかどうか確認してからリーリング開始

アワセのキーポイントは、穂先の弾力に乗せるように小さくシャクリ上げ、目線の高さで止めてみましょう。この時サオ先の上下動を見てワカサギがヒットしているかどうか確認できます。

群れが回遊してきて入れ食い状態のチャンス時は、できるだけ早くワカサギをハリから外すことが釣果アップのコツ。でも焦らず慎重に、虫エサの状態を確かめると同時に、仕掛けが絡んでいないかを再チェックしましょう。

釣果アップ・ヒント

屋形船には「叩き台」が必需品

電動リールを小刻みに動かす叩き釣りをリズミカルに行なうには、専用の叩き台を利用したほうが目線が高くなってサオ先に出るアタリが確認しやすい。無料の貸し道具で叩き台を用意してある釣り宿もある。ハードタイプのタックルボックスなどを叩き台として利用するのもいい。

ボート釣り

仕掛けとエサ

慣れてきたら10本以上のハリ仕掛けで群れを直撃

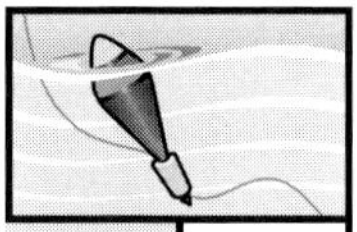

サオ　手巻きのリールタックルが活躍

ボート釣りでポピュラーなのは手巻きリールタックルです。全長1～1・8mのボート用ワカサギザオに、同じく専用の小型両軸リールを組み合わせます。ミチイトはナイロン0・6～1号を30m以上巻き込んでおきます。

チビッコやビギナー向けには、トラウト用に市販されている全長5～6フィート（約1・5～1・8m）のウルトラライト～ライトアクションのルアーロッドと、小型スピニングリールのコンビが使いやすいと思います。

また、近年はボート釣りにもPEライン＋ワカサギ専用のミニ電動リールザオを使うファンが増えました。電動リール本体は屋形&ドーム船と同じですが、船が安定しないボート釣りでは重めのオモリを使うので、オモリ負荷2～3号の硬めの穂先を常用します。

仕掛けは1投多魚ねらい

ボート釣りの好シーズン（秋～初冬）はワカサギの活性が最も高く、ハリ数が多い10～14本バリ仕掛けで1投多魚をねらうケースが多くなります。ビギナーは6～8本バリ仕掛けから始めたほうがトラブルを防げるでしょう。

仕掛けはボート釣りバージョンが数多く市販されており、秋田狐か袖の2・5号を中心に2号と3号の3サイズを選びます。幹イトとハリスの号数は0・6号×0・3号や0・5号×0・3号くらいの太めが目安です。

また、秋～初冬の好シーズンは、湖沼によっては虫エサなしでも釣れます。この場合カラフルなハリを配したカラバリ仕掛けとともに、フラッシャーや蛍光玉が付いた疑餌バリ仕掛けが効果を発揮することもあります。

エサは虫エサで、白サシと紅サシの2種類を用意すれば問題ないでしょう。10㎝以上の良型がそろう時には、頭か尻尾の先端部を1匹のチョン掛けにします。反対にワカサギの型が小さい場合や食いが渋い時は、半分にカットしてください。クリーム状の体液が薄れてきたり、生きが悪くなったサシは即座に付け替えることも大切です。

このほか、ボート釣りのアイテムとして船べりに固定する小型のサオ掛けをサオの本数分用意しましょう。また、事故防止のためにライフジャケットは必ず着用することです。

ボート釣りでは手巻きリールタックルが活躍する

ボート釣り仕掛け

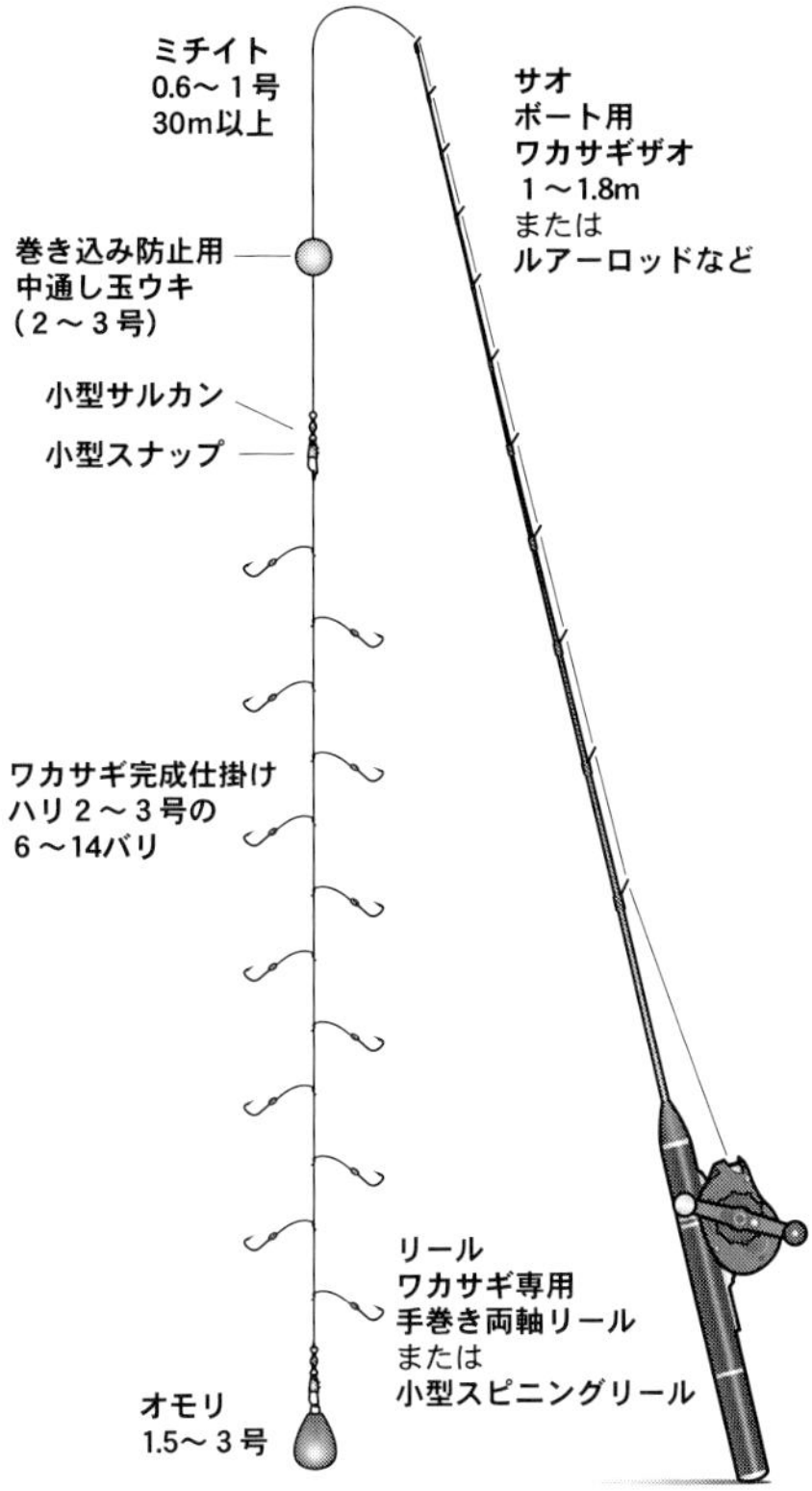

早朝、出船を待ちながらタックルの用意に余念がない釣り人たち。釣り場まで遠い場合には引き船サービスをしてくれる釣り宿もある

ボート釣り

釣り場と基本テクニック

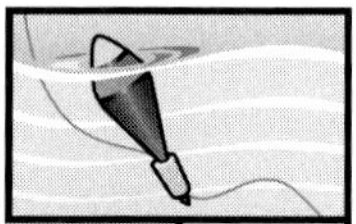

群れに当たればビギナーでも100尾超えも夢じゃない

釣行前に必ずボートの予約を

　ワカサギのボート釣りを楽しむには、まず湖岸のボート店や管理棟でローボートを借りる手続きが必要です。シーズン中は多くの釣り人が訪れるので、週末や祝日はもちろん、平日でも釣行前に必ず予約を入れておいたほうが安心です。

　ボートを借りる際には、最新のワカサギ情報を詳しくたずねておくことが重要です。現在釣れているエリアと水深のほか、ワカサギの大小と好適な仕掛け、ねらうタナまで、しっかりと把握しておきましょう。

　釣り場でポイントが決まったらアンカーを下ろしてボートを固定します。この時、アンカー用のロープは水深よりも少し長く伸ばしてボートが左右に振れるようにしておきます。

　また、ボート店によっては店主がエンジン船で1級ポイントまで連れていってくれる引き船サービスを行なっていることもあります。

底層メインで積極的に誘う

　秋から初冬にかけてのボート釣りシーズンは、ワカサギの群泳層が上下に広がることが特徴です。基本的には湖底近くの底層のタナをねらうのが賢明で、目安は着底からオモリを10～20㎝切った位置と考えてください。

　湖面にプカリプカリと浮かんでいるボート釣りでは、その波加減でサオ先が上下動してエサが踊り、ワカサギが勝手に食ってくることがよくあります。とはいっても、こんな不精な釣り方（?）に頼っていては釣果が伸びません。屋形&ドーム船と同じように、積極的に誘いをかけることが釣果アップのコツです。

　手巻きリールザオでの基本的な誘い方は、20～30㎝の振幅でゆっくりと5～6回上下動させた後、ピタリと動きを止めてサオ先を注視&アタリをキャッチの繰り返しです。

　典型的なアタリはサオ先がピクッ、ピクピクッと震えるシグナルです。素早くス～ッとサオを持ち上げる感じで合わせ、一旦止めてハリ掛かりを確認してみましょう。大きな群れに当たると待つ間もなく2尾3尾、さらに5～6尾と食い付いて鈴なりで上がってくるので、ビギナーでも簡単に100尾以上の束釣りが楽しめます。

ボート釣りの基本動作

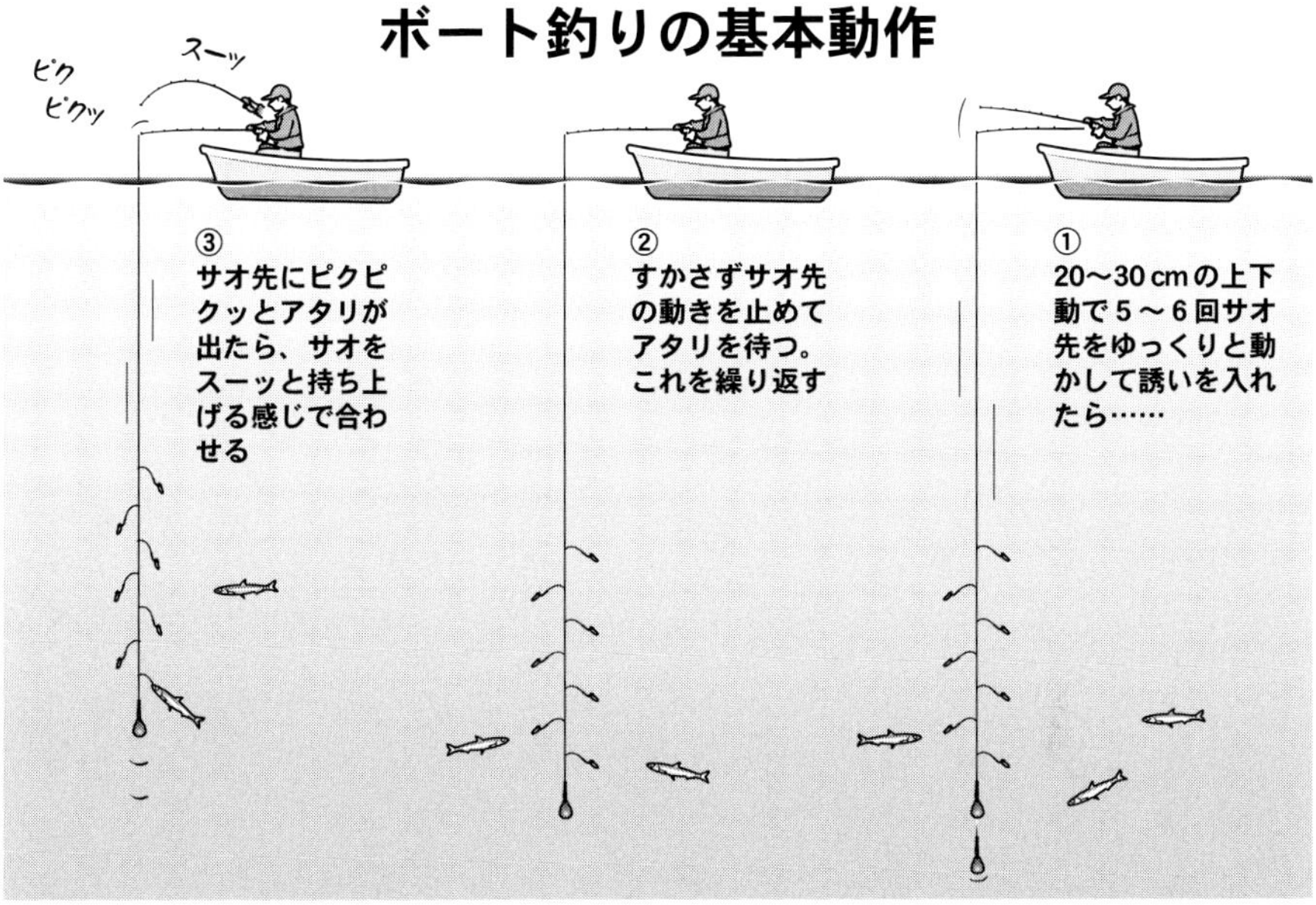
ピク
ピクッ
スーッ
③
サオ先にピクピクッとアタリが出たら、サオをスーッと持ち上げる感じで合わせる
②
すかさずサオ先の動きを止めてアタリを待つ。これを繰り返す
①
20〜30 cmの上下動で5〜6回サオ先をゆっくりと動かして誘いを入れたら……

ビギナー向けの取り込み方

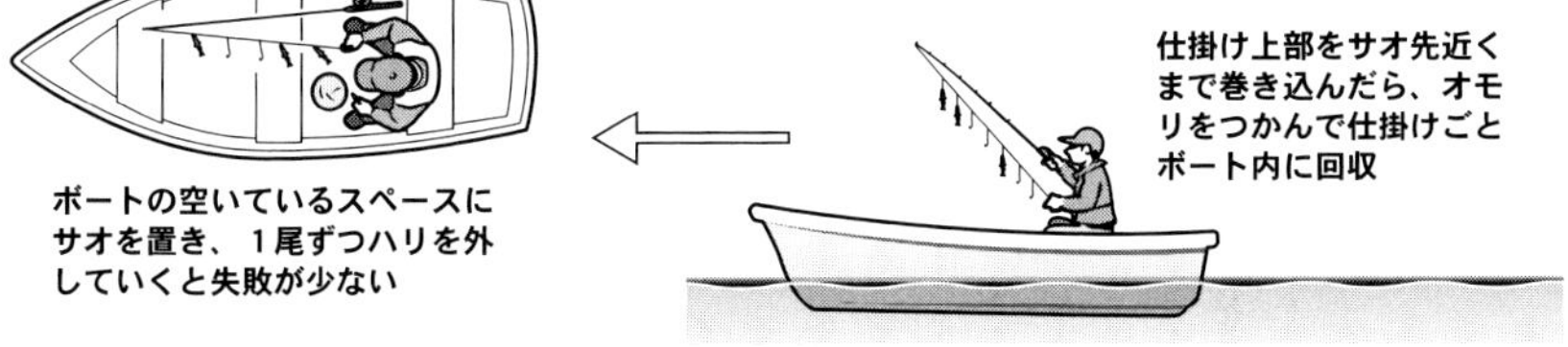
仕掛け上部をサオ先近くまで巻き込んだら、オモリをつかんで仕掛けごとボート内に回収
ボートの空いているスペースにサオを置き、1尾ずつハリを外していくと失敗が少ない

釣果アップ・ヒント　仕掛けが絡まない取り込み方

リールを巻き上げてきて水面でもたもたしていると、口の周りが弱いワカサギはすぐにハリが外れてしまう。そこでサオ先のトップガイド近くまで仕掛けを巻き込んだら、オモリをつかんで一気に仕掛けを丸ごとボート内へ回収してしまおう。このため荷物類は1ヵ所にまとめて、ボート内をできるだけ広く空けておくこと。

口の軟らかいワカサギはバラシに注意。ビギナーは半日3〜4時間で50尾が目標！

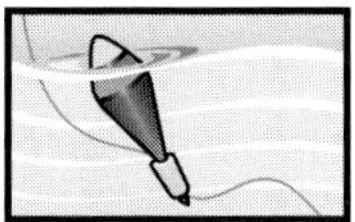

オカッパリ 仕掛けとエサ

釣り場に応じてノベザオ、チョイ投げ2つのアプローチ

サオ チョイ投げタックルもアリ

ワカサギのオカッパリ釣りにはノベザオとチョイ投げ、2通りの方法があります。ノベザオの釣りには振り出し式の渓流&清流ザオを使います。全長は4・5~5・3mを中心に、場所によって3・9~6・1mを使い分けるとよいでしょう。

チョイ投げ釣りにおすすめしたいのは、小磯や堤防用として市販されている万能小ものリールザオです。全長2・7~3・9mの中から選び、オモリ負荷は2~5号が好適です。このほか、磯フカセ釣り用1~2号指定の長ザオ(5・3m)を流用することもできます。

セットするスピニングリールは1500~2500番台の小型タイプがよく、アタリ感度抜群のPEラインの0・8~1号を巻き込んでください。

仕掛け ミヤクとウキ釣り仕掛けの2タイプ

ノベザオはミヤクとウキ釣り2通りの仕掛けがありますが、違いは仕掛けの上に大きめのポリカンウキをセットするかしないかだけです。両仕掛けとも、1・2~1・5号のミチイトを張り、スナップを介して市販のワカサギ仕掛けをセットすればOK。仕掛け下部のオモリはねらう水深によって0・5~1・5号を使い分けます。

ノベザオの釣りに適したワカサギ仕掛けは幹イト0・4~0・6号、ハリス0・3~0・4号のバランスがよく、ハリ数は5~7本。ハリは袖または秋田狐の2・5号を基準にして、中小型ワカサギには2号、良型がそろう時は3号を選ぶとよいでしょう。

一方、チョイ投げスタイルにもミャク釣り仕掛けと飛ばしウキ仕掛けがありますが、こちらはミャク釣りが主力

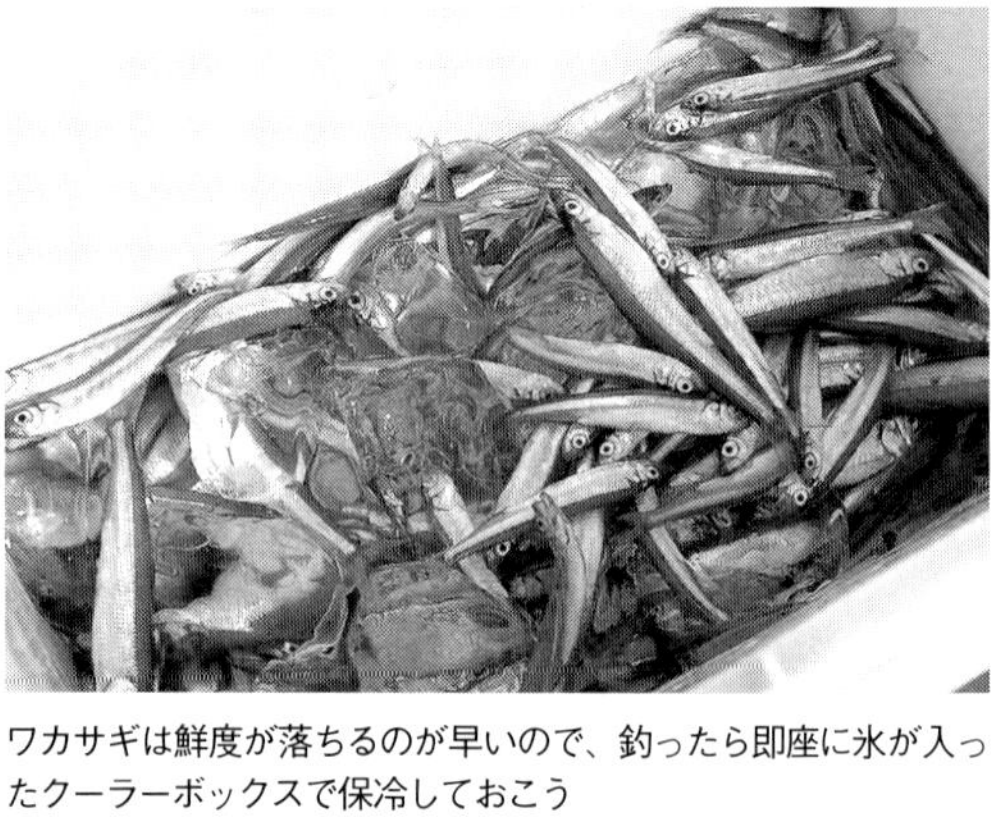

ワカサギは鮮度が落ちるのが早いので、釣ったら即座に氷が入ったクーラーボックスで保冷しておこう

です。最近ではチョイ投げワカサギ専用仕掛けが各種市販されているので迷うことがありません。特徴は幹イトが1・5〜2号と太いのに対して、ハリスは0・3〜0・4号と細いこと。アンバランスのように思えますが、太い幹イトはキャスティングの反発で高切れしない工夫と理解してください。ハリは袖・秋田狐とも2・5号が中心です。

エサは、白サシと紅サシの2種類を用意すればよいでしょう。冬季に限っては赤虫の食いがよい時もあります。

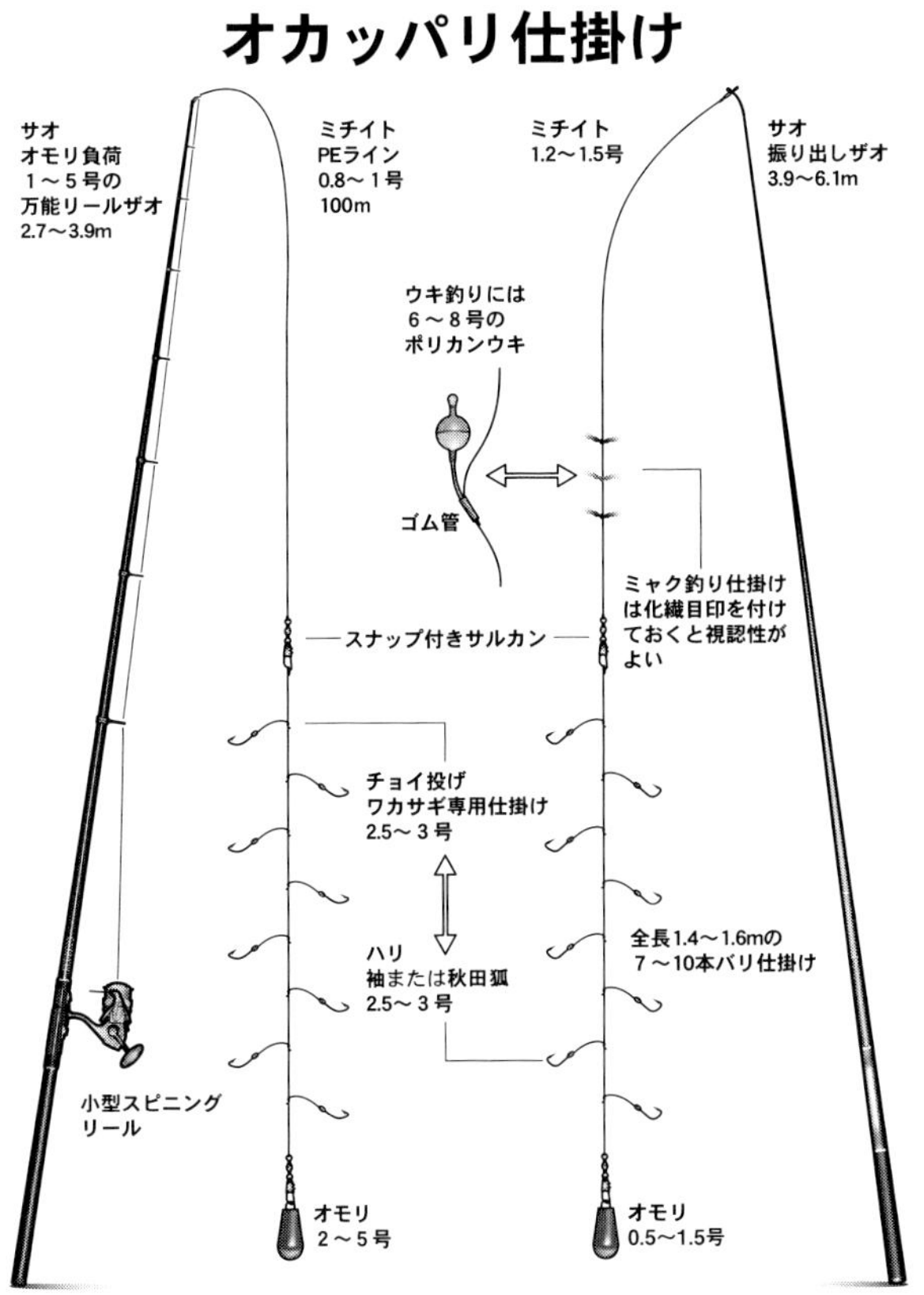

コンクリート護岸周りや自然のカケアガリなど、釣り場とワカサギの回遊状況に応じたタックルを選ぼう

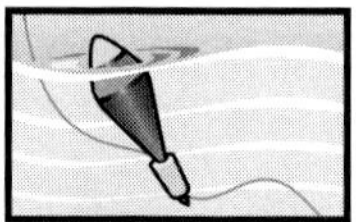

オカッパリ

釣り場と基本テクニック

回遊が頼みの岸釣りは天候も味方につけて臨みたい

釣り場=回遊ポイント

オカッパリの釣り場は、足元の岸寄りからある程度の水深があり、ワカサギの回遊を望めることが第1条件です。湖沼の代表的なポイントを挙げると、船溜まりのドック周辺をはじめ、浚渫《しゅんせつ》されたコンクリート護岸一帯や水門周りなど（いずれも水深がある）も見逃せません。

湖沼につながる流入河川では、ワカサギの回遊路になっている水通しがよい場所を選ぶことです。特に夏から秋にかけて、当歳魚のワカサギは河川の河口付近に集まってくる傾向が高いようです。

それぞれの釣法に適した誘いでねらおう

ノベザオの釣りはワカサギが岸沿いを回遊してくるポイントに適しており、サオ下ねらいで誘いをかけます。釣り方の基本は、着底を確認したら仕掛けを張り、穂先で10㎝程度の振幅でリズミカルに小突いてエサをアピールします。そして10～20回誘った後、小突きを止めてアタリを待ちます。

ワカサギが宙層を泳いでいる時は底から30㎝、60㎝と上層に向かってタナを探ってみてください。アタリはピクッ、ピクピクッとサオ先を小さく叩くので、サオ全体で聞き上げるように合わせてハリ掛かりさせます。

一方、ウキ釣りはカケアガリなどの比較的水深が浅いポイントを得意とします。ポリカンウキの大きな浮力で多点バリ仕掛けが水中で立ち、宙層から底層までカバーできるのが大きな利点です。ウキ下はねらう範囲の最深部を目安にして調節します。多少ウキが沈んでしまっても問題ありません。

釣り方は、沖に向かってサオいっぱいに振り込み、着底したら数10秒待ってから少しずつ手前に引いてきます。アタリは、ウキがピクピクッと反応することもありますが、どちらかというとタイム釣りのように誘いを掛ける途中でプルッ、プルプルッと手元に伝わる向こうアワセでハリ掛かりしてくることが大半です。

チョイ投げの投げミャク釣りは、比較的水深が深くて湖底に根掛かりが少ない釣り場によく、特に冬場の底層にワカサギの群れが集まった時に効果を発揮します。

釣り方は、キャスト後着底を確認し

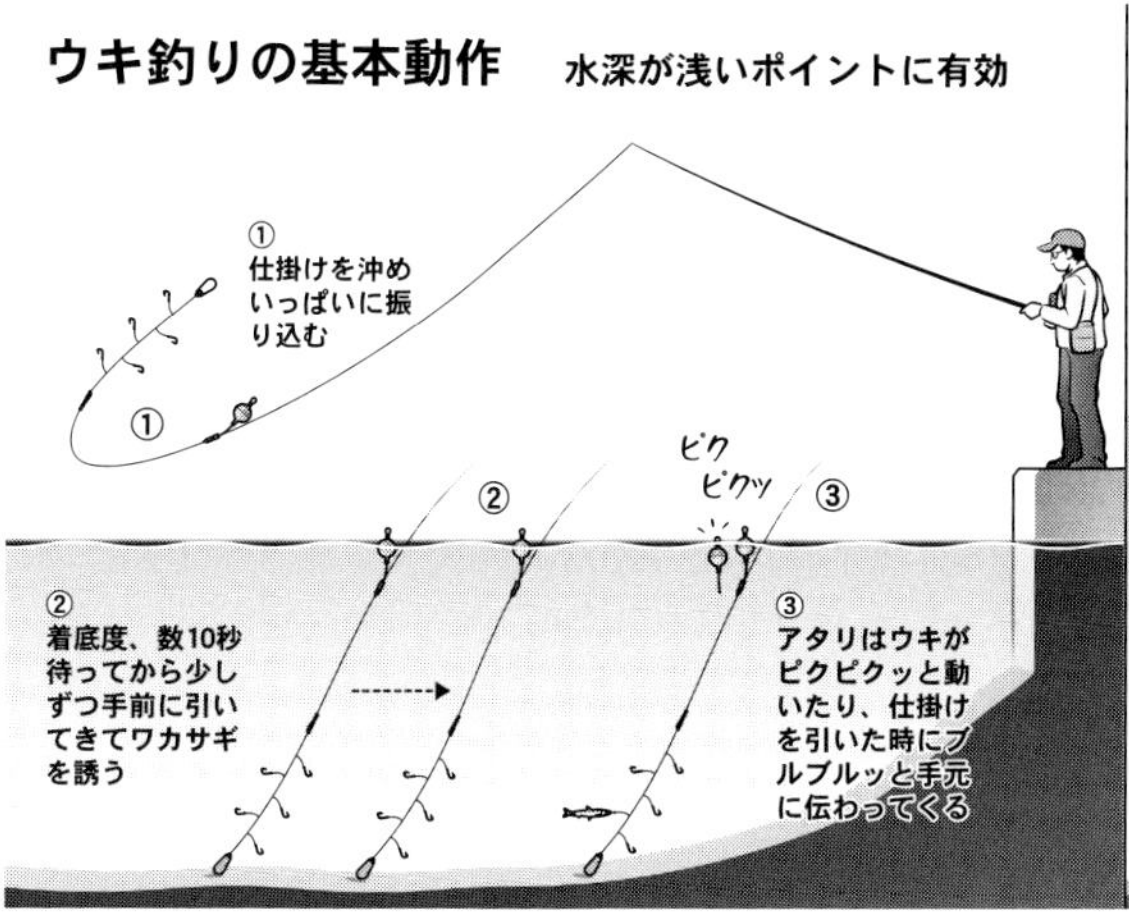
ウキ釣りの基本動作
水深が浅いポイントに有効
①
仕掛けを沖め
いっぱいに振
り込む
①
ピク
ピクッ
②
③
②
着底度、数10秒
待ってから少し
ずつ手前に引い
てきてワカサギ
を誘う
③
アタリはウキが
ピクピクッと動
いたり、仕掛け
を引いた時にブ
ルブルッと手元
に伝わってくる

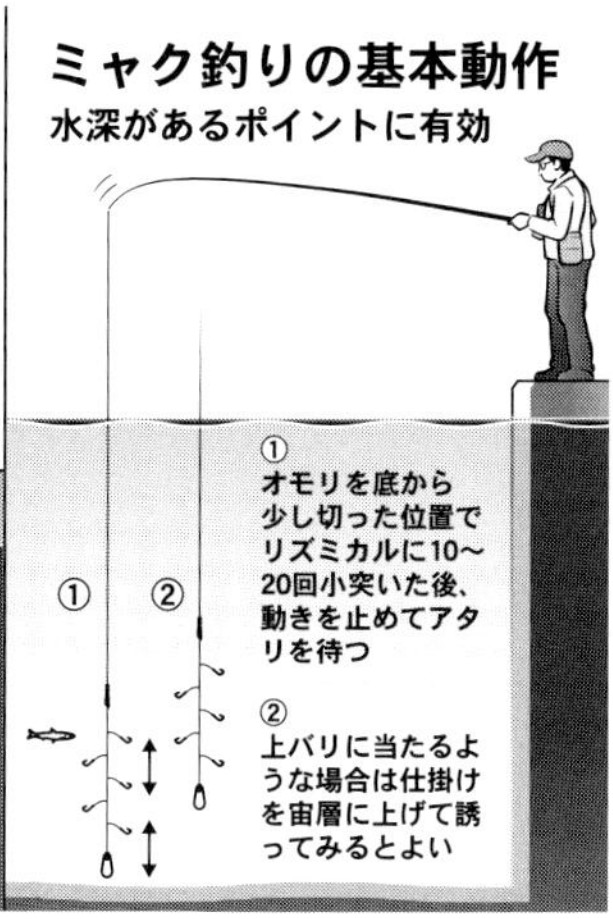
ミャク釣りの基本動作
水深があるポイントに有効
①
②
①
オモリを底から
少し切った位置で
リズミカルに10～
20回小突いた後、
動きを止めてアタ
リを待つ
②
上バリに当たるよ
うな場合は仕掛け
を宙層に上げて誘
ってみるとよい

釣り人のいるところにワカサギの回遊あり。入らせてもらう場合は左右の方にひと声かけて。迷惑な割り込みはしないこと

岸からだってこんなに釣れるんです！

たら余分なイトフケを巻き取り、数秒から数10秒のストップモーションをもって手前にゆっくり引き戻してくる通称サビキ釣りが基本。アタリ感度抜群のPEラインなら、20～30mの沖合からでも、あの小さなワカサギのアタリが明確にサオ先までピクピクッと伝わってきます。軽く合わせてから巻き上げてください。

釣果アップ・ヒント

好釣の確率が高い天候とは

オカッパリのワカサギ釣りは岸寄りに回遊してくる群れを待つ釣り。そのため天候などの諸条件が釣果を左右する。ちなみに最悪なのは晴天無風のベタナギ。油を流したような湖面ではワカサギの警戒心が強まってしまう。

これが曇天になると警戒心が一段階薄れ、朝夕マヅメの食事タイムには岸伝いを回遊してくれるはず。さらに微風から弱風程度の風が伴うと直射日光も遮られ、日中の時間帯でも岸寄りを回遊する確率が高まって好釣が期待できるというわけだ。

COLUMN 04

アフターフィッシング（料理）の楽しみ

本書で紹介したターゲットのうち、ワカサギにアユ、ハゼ、テナガエビの４魚種は食べて美味しい小魚の代表格。より美味しくいただくには、魚種ごとに正しい保冷法と持ち帰り方、帰宅後の下処理を覚えておきたい。

ワカサギとアユは、釣り場ではビクやバケツで長時間生かしておかず、小休憩ごとにクーラーボックスへ移し替えて氷詰めにする。帰宅後は薄い塩水でざっくりと洗うだけでよいが、特に鮮度の落ちが早いので翌日までには食べ切ってしまうこと。

汽水域に棲むハゼとテナガエビは持ち帰り方が異なる。ハゼは氷水に浸すと味が落ちるので、元気がよいうちに密封型のジップバッグに収納するか、自宅で凍らせたペットボトルで保冷する。帰宅後は泥汚れを落とすため、多めに粗塩を振って塩もみと水洗いを2～3回繰り返すことが下処理のキーポイントだ。

テナガエビは尾頭付きのまま調理することが多いので、釣りあげたらきれいな水を張った生かしビクに移し替え、1時間ほど泥やエサを吐かせてから保冷する。帰宅後の下処理はハゼと同じ要領で塩もみと水洗いを2～3回繰り返して汚れを落とすことを忘れずに。

これらの小魚の代表的な料理といえば、簡単で美味しい唐揚げ。揚げる前には油の中ではねないように水気をよくふき取った後、小麦粉または片栗粉をまぶして170～175℃に熱した揚げ油で揚げるだけ。揚げ立てに塩を振って食べれば手が止まらなくなること請け合い。

［ハゼとテナガエビの場合］

①多めに粗塩を振り……

②塩もみと水洗いを２～３回繰り返すこと

ハゼの唐揚げは江戸前の味覚！

こちらワカサギの唐揚げは山上湖の味覚！

［ワカサギとアユの場合］

①氷詰めの保冷法が最良

②帰宅後は薄い塩水で洗い流すのみ

9章 ハゼ釣り

分　類　ハゼ科。全長 15 ～ 20㎝

釣り場　河口付近の汽水域（海でも釣れる）

タ　ナ　底層

エ　サ　アオイソメ、ジャリメ、キヂ（汽水）など

仕掛け　近場はノベザオに１本バリのミャク釣り仕掛けなど。遠めはリールザオのテンビン仕掛け

ひと言　ファミリーフィッシングの代表格。釣行後の「食べる楽しみ」も大！

ハゼの釣期

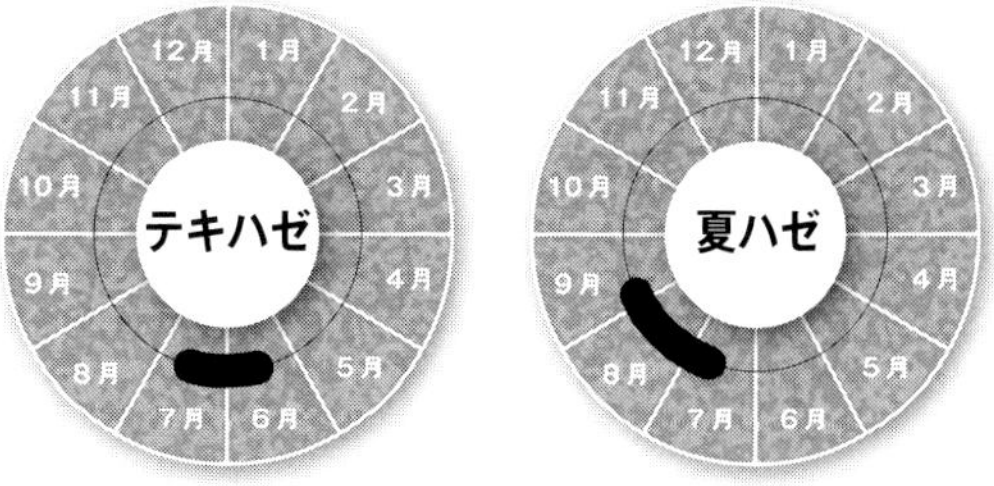

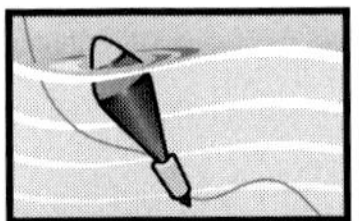

オカッパリ釣りの釣期について

季節とともに変化していく釣趣を味わう

シーズン初期はミニサイズから

ハゼの岸釣りは、ファンの間では親しみを込めて「ハゼのオカッパリ釣り」とか、「オカッパリハゼ釣り」と呼んでいます。

冬の終わりから春にかけてふ化したハゼの稚魚は、潮の干満がある汽水域の浅場ですくすくと育ちます。そして入梅時の6月後半から7月にかけて、ハゼのオカッパリ釣りシーズンが開幕します。その釣期には、季節感を込めて折々にハゼの呼び名も変化する「ハゼ釣り暦」が盛り込まれています。

入梅時に釣れるハゼは「デキハゼ」と呼びます。この時期のハゼは全長5～7㎝止まりのミニサイズです。

梅雨明けとともにカラッとした夏を迎えるとハゼの呼び名が変わります。その名もズバリ「夏ハゼ」。晩夏には10㎝を超える個体も増えてきます。

ところが秋9月は秋ハゼといわず、彼岸にちなんで「彼岸ハゼ」となるのです。昔から「彼岸の中日にハゼを食べると中気にならぬ」といわれ、釣れる型は10～13㎝が中心です。

秋が進んでクライマックスへ

さらに秋も進んで10月に入ると、水温の低下とともに深みへ移動し始め、その習性から「落ちハゼ」と呼び表わします。成長を続けるハゼはこの時期になると14～15㎝のいわゆる天ぷらサイズが多くなり、釣り味・食味とも最高潮に達します。

そして師走の12月。1年魚のハゼは産卵期が近づいて卵を持ち始めます。深場に下ったシーズン最後の段階で「ケタハゼ」と称します。18～20㎝のジャンボクラスが登場するようになるのもこの時期です。

こうして、通常は年内いっぱいでハゼ釣りシーズンが終了しますが、2月あたりまで釣れる地域もあります。

本書で取り上げるハゼのオカッパリ釣りはオールシーズン楽しむことができますが、釣り方によって時期が異なります。

振り出しザオで楽しむノベザオの釣りは、ハゼが浅場で過ごしている6月後半から彼岸ハゼの間が最盛期です。

一方、チョイ投げや並べ釣り（投げ釣り）は、ハゼが深場を意識し始める9月から抱卵期を迎える12月までをねらいます。

ノベザオのオカッパリハゼ釣りといえばファミリーフィッシングの代表格

東京の下町界隈には大河川や水路がたくさん流れていて、昔からハゼのオカッパリ釣り場として親しまれている

潮の満ち引きで砂泥底が露出する干潟エリアも、オカッパリハゼの超一級釣り場

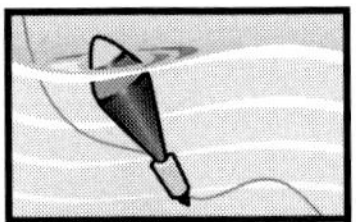

ノベザオの釣り 仕掛けとエサ

釣果を美味しく頂くには「保冷システム」にも気を配りたい

タックル サオはフナ、ヤマベ釣りの先調子タイプを流用

オカッパリ釣りでは、ポイントや釣り方によって全長2・7～4・5mの振り出しザオを使い分けます。仕掛けを振り込みやすく、アワセが利く先調子タイプが適しており、清流＆渓流ザオや小もの万能ザオの中から選びます。

このような先調子のサオは、フナ釣りやヤマベ釣りで紹介した振り出しザオと同じタイプなので流用が利きます。新規に買い求める場合は、必要な長さを数本でカバーできる2段＆3段式のズームロッドが便利です。

親水公園のコンクリート護岸帯などのポピュラーなハゼ釣り場は、3～3・6mザオの出番が大半です。

水深が浅い干潟の立ち込み釣りは、目の前に仕掛けを振り込むので2・7～3mの短ザオで充分ですが、足場が高い釣り座や下げ潮で潮位が低い時には3・9～4・5mの長ザオが必要なケースもあります。

サオ以外のタックルではクーラーが必須です。釣ったハゼを美味しく食べるためには保冷を怠らないこと。生かしビクとしては昔からズック式などの網ビクが愛用されてきましたが、高い気温と水温で傷みやすいことが大きな欠点です。探り釣りなどの一時的な保冷グッズには、渓流用のソフトクーラー型クリールをおすすめします。中には氷代わりに凍らせた500mlのペットボトルを入れておきます。

また、立ち込み釣りにはサンダル履きは危険です。履き古したスニーカーや水遊び用に市販されているウオーターシューズの着用がベストです。

仕掛け アタリは「目」と「手」どちらで楽しむ?

オカッパリハゼの釣りにはミャク釣りとウキ釣りの2種類があり、使う仕掛けも当然2通りに分かれます。

ミャク釣り仕掛けはミチイトにオモリとハリを接続しただけのごくシンプルなタイプです。好みで中通しオモリか固定オモリ式のどちらかを選び、オモリ号数は0・8～2号が目安です。

ミチイトにはアユや渓流釣りで使う化繊目印を3～4個付けておくと、仕掛けの位置確認とともに、手元に伝わる前の食いアタリを明確にキャッチすることができます。

　一方、ウキ釣り仕掛けはフナ釣りと同じタイプのシモリウキ式が使いやすいと思います。中通し玉ウキは球形かナツメ型を4～5個通した4ツ玉、5ツ玉がよく、オモリバランスはウキの浮力よりもオモリを重めにして、仕掛け全体が速やかに沈んでいく早ジモリに調節してください。

　ノベザオの釣りに好適なハリは、小もの釣り万能型として定評が高い袖バリです。号数は体長10㎝未満のデキハゼ&夏ハゼ用には3・5～4号の小バリが適し、秋の彼岸ハゼから落ちハゼにかけては釣れる型によって4～6号を使い分けます。

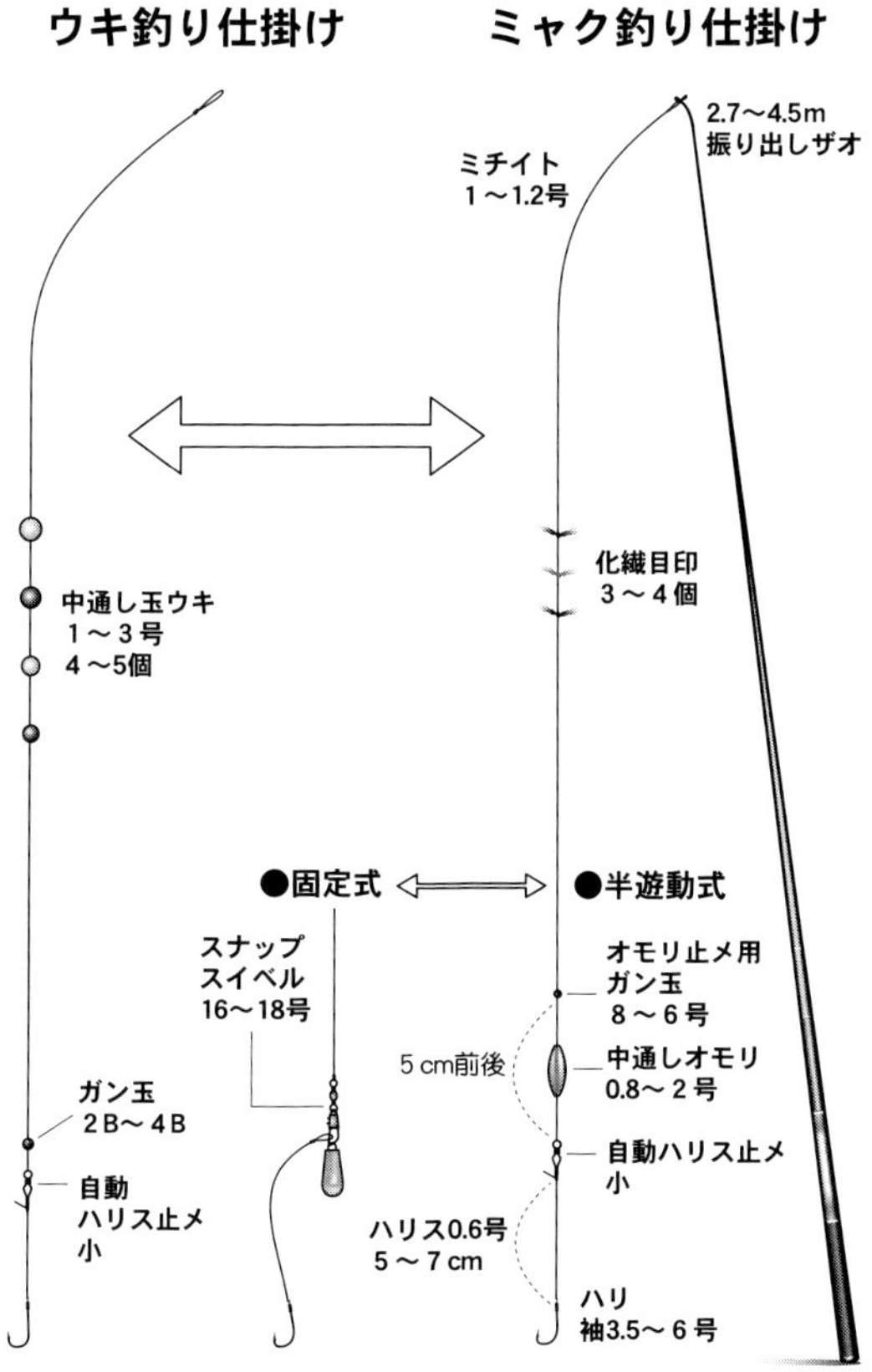

エサ　食い気に応じた使い分け

　ゴカイ、アオイソメ、ジャリメ、キヂなどの虫エサが使われます。これらの中でどこでも買い求められるエサといえば、アオイソメとキヂです。キヂは1回ずつ付け替える必要がありますが、アオイソメはエサ持ちがよく、硬い頭の部分を使うと1つのエサで10尾以上釣ることも可能です。

　アオイソメの付け方は、小型サイズのデキハゼや夏ハゼねらいには小さくハリ付けしてください。食いが活発な時は硬い頭の部分を通し刺しにして、タラシはなしか、出しても5㎜～1㎝にとどめます。

　反対に、食いが渋い場合は食い込みのよい柔らかな胴の部分に切り替えます。また、成長して少し賢くなった秋のハゼには、やや大きめにハリ付けすることが肝心です。

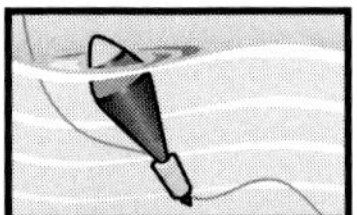

ノベザオの釣り

釣り場と基本テクニック

「簡単フィッシングの代表格」こそ基本を守って数を伸ばそう！

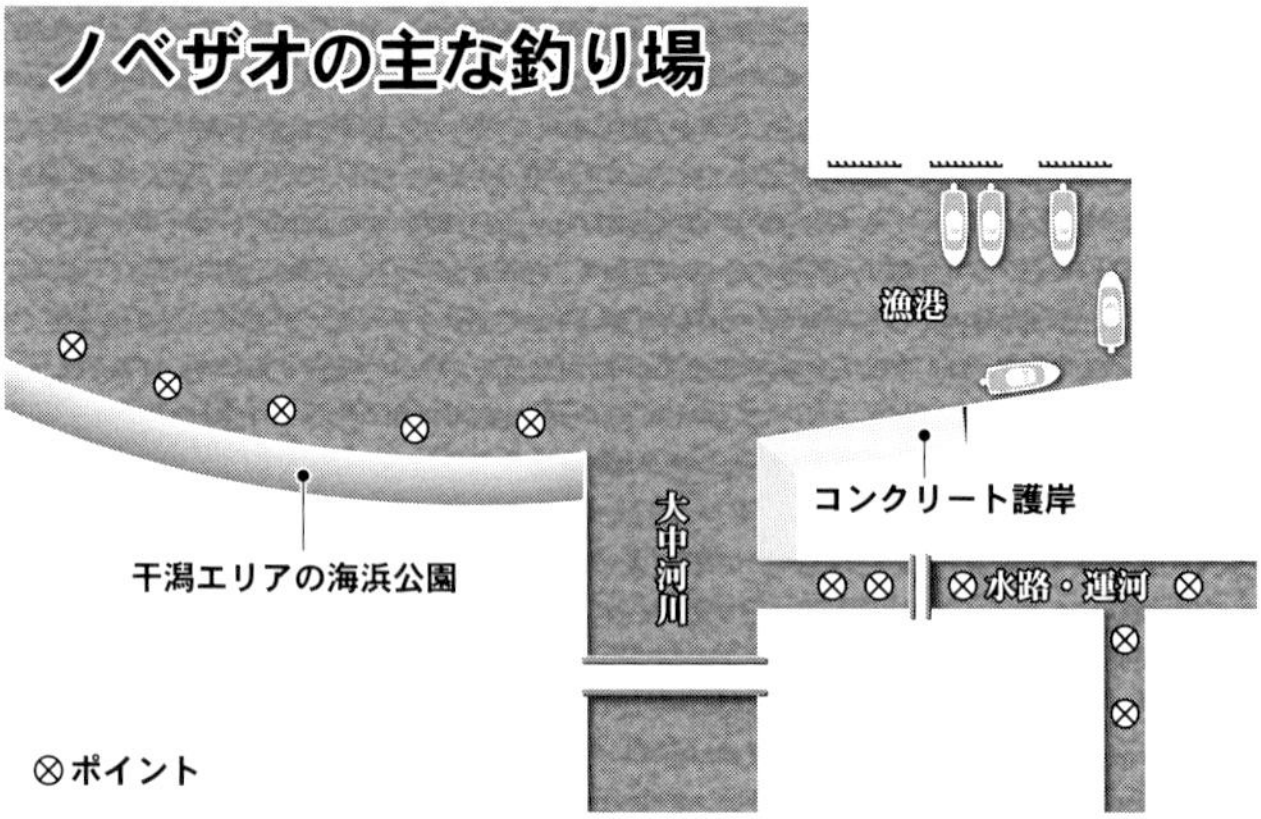

カケアガリの超浅場を行き来するハゼをねらい撃ち

梅雨時から秋にかけてノベザオでねらうオカッパリ釣りの主なポイントは、川の中心部や海に向かって浅いカケアガリが続く砂泥底の汽水域。ハゼは潮の干満を利用してこのカケアガリを行き来しています。その際には捨て石や貝殻などの小さな障害物沿いに移動する習性があります。満潮時には水深10cmにも満たない岸伝いまで接岸してきます。

チビッコ連れのファミリー釣行を計画している方には、海浜・親水公園内に広がるコンクリート護岸帯や、干潟エリアがおすすめです。トイレや駐車場が完備されている施設が多く、安全面でも安心できます。

ハゼの活性が高まる潮時は、潮が動いていることが第一条件なので、上げ下げとも2〜3分から7〜8分の間。満潮・干潮いっぱいの潮止まり時は食いがパタリと止まるので、こんな時は人も涼しいところで一休みして英気を養いましょう。

ウキ釣り、ミヤク釣りともに誘いをかけながらテンポよく探ろう

誰でも楽しめる簡単フィッシングの代表格とはいえ、仕掛けや釣り方をおろそかにすると「簡単なはず」のハゼもおいそれとは釣れません。どんな釣りでもやはり基本を忠実に守ることが釣果につながるわけです。

慣れないチビッコやお母さんに手渡すのは、ウキのアタリが面白く釣りやすいシモリウキ仕掛けが分かりやすいでしょう。

ミャク＆ウキ釣りの基本テクニック

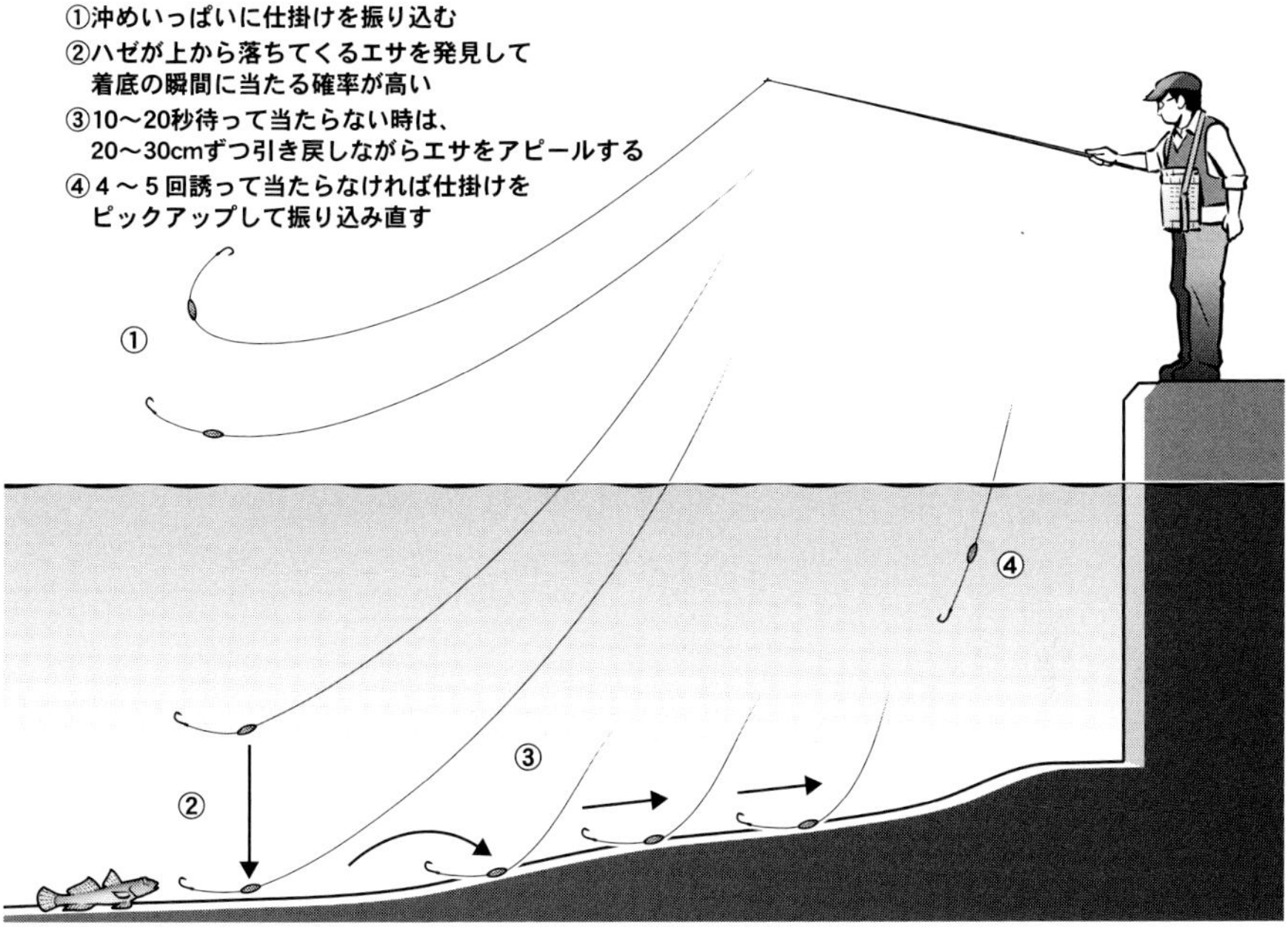
①沖めいっぱいに仕掛けを振り込む
②ハゼが上から落ちてくるエサを発見して
着底の瞬間に当たる確率が高い
③10〜20秒待って当たらない時は、
20〜30cmずつ引き戻しながらエサをアピールする
④４〜５回誘って当たらなければ仕掛けを
ピックアップして振り込み直す
①
②
③
④

ポイント攻略法

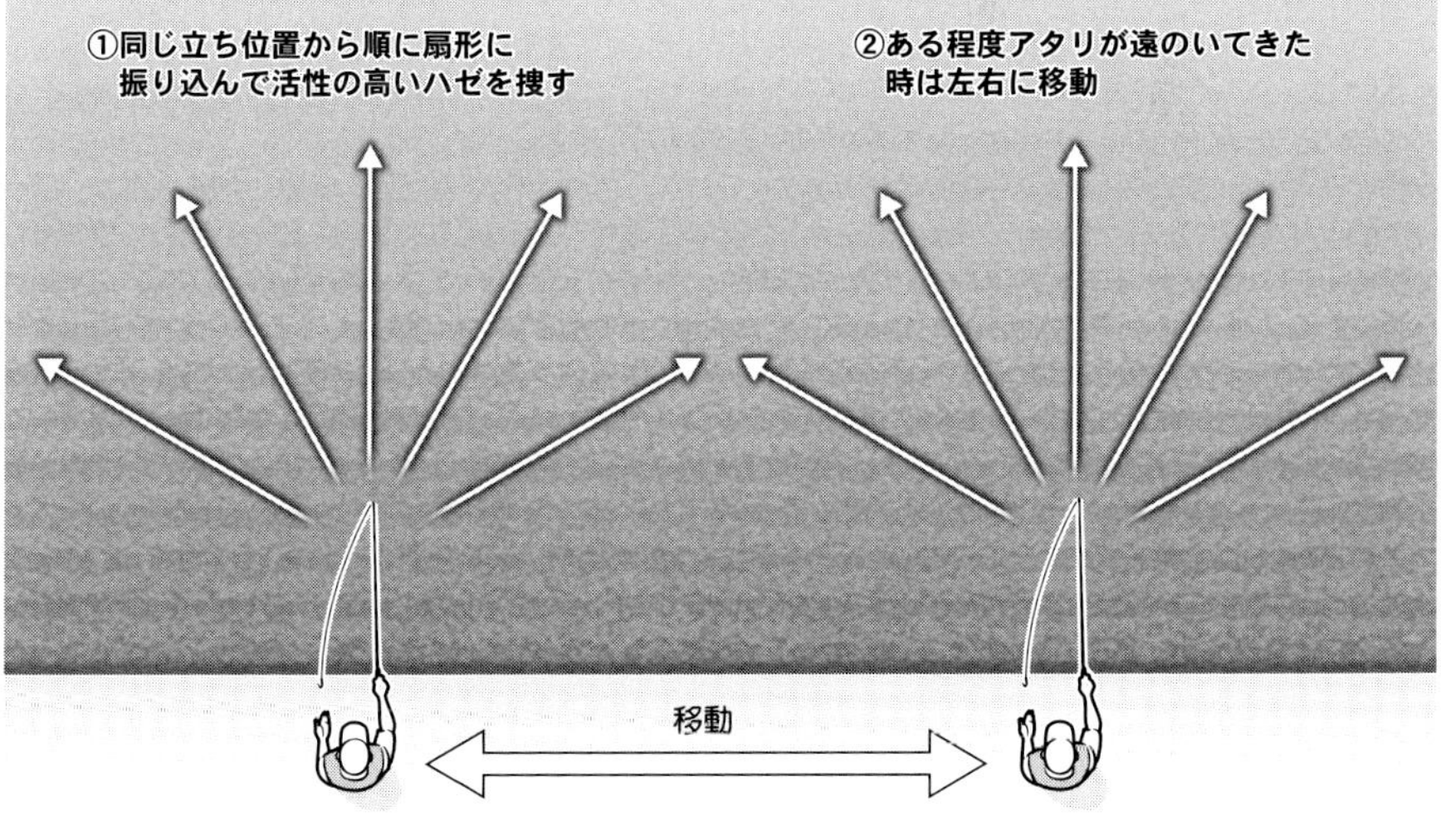
①同じ立ち位置から順に扇形に
振り込んで活性の高いハゼを捜す
②ある程度アタリが遠のいてきた
時は左右に移動
移動

親水護岸の水辺は気軽なノベザオフィールド

ミャク釣りはダイレクトな仕掛け操作ができるので、手返しが早いことが長所です。半日で100尾以上の数釣りにはミャク釣り仕掛けで挑戦してみてください。

オカッパリ釣りの第一歩は、ポイントの水深に合わせて仕掛けを整えておくことです。ウキ下の調節は底ダチを取った後、上部の玉ウキが2個くらい水面から出るように調節します。ミャク釣り仕掛けの目印は、水面を挟んで水面下と空中に並ぶように移動しておいてください。

釣り方の基本はどちらも仕掛けを沖に向かって軽く振り込んだ後、20～30㎝ずつ手前へ引き戻しながらエサの

釣果アップ・ヒント

落とし込みで食わせろ

コンクリート護岸帯などの浅場にいるハゼの脇にエサを落とすと、釣りのヒントになる面白い捕食シーンを発見できる。

ハゼは底に張り付くように上目づかいで身構えていて、上から落下してくるエサを見つけた途端、50㎝～1mも遠くからポ～ンと水中を飛ぶように近づくや、エサを押さえ付けて食べ始める。

このような習性から、仕掛けを振り込んで着底直後に最もアタリが出る確率が高いことが分かる。

とどのつまり、ノベザオの釣りのキーポイントは仕掛けの振り込み直しを繰り返し「落とし込みでエサを食わせろ」なのだ。

涼しげな夏ハゼの立ち込み釣り

　遠浅のカケアガリが続く河口付近や下流域の広い水域では、清涼感たっぷりの立ち込み釣りを楽しめる。

　潮の干満を利用してカケアガリを行き来するハゼをねらうので下げ潮時は沖に向かって進み、上げ潮に変わると岸辺に戻りながら釣ることがセオリー。


　夏場のハゼは水深30～40㎝以内の浅場を好むので、立ち込む水深はひざ下までが限度。特に上げ潮時は立ち込んでいる足元にハゼがうろちょろしていることが多く、途中から岸に向かってサオをだしてもきっと釣れるはず。360度のパノラマ・フィッシングを満喫あれ。

夏場は遠浅の場所では立ち込み釣りが快適

存在をアピールして、ハゼの食い気を誘うことに尽きます。

　エサを動かす誘いのテンポは、リズミカルに10～20秒間隔で行ないます。アタリがない時は積極的に違う方向へ振り込み直すか、立ち位置を左右にずらして新しいポイント範囲をねらうことが大切です。

　ウキ釣りのアタリは玉ウキの変化で読み取ります。合わせるタイミングは玉ウキが動いた瞬間を見逃さず、軽くスナップを利かせる程度でハリ掛かりします。水中まで仕掛けを消し込まれてしまうと、アワセが遅れてフッキングしません。

　ミャク釣りのアタリは手元に直接コツッ、コツコツッと感じるか、目印が上下に小さく揺さぶられるシグナルでキャッチします。アワセはウキ釣りと同じく早めのタイミングで、サオ先を引ったくるような派手なアタリまで遅れると十中八九ハリ掛かりしません。

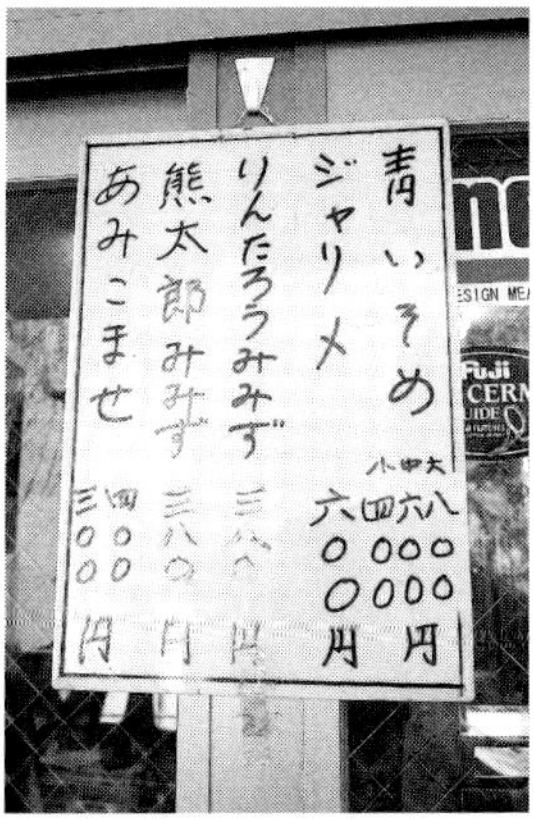

ハゼ釣り場周辺の釣り道具屋には「エサあります」などの看板が掲げてあることも多い

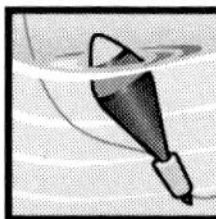

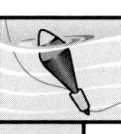

投げ釣り

仕掛けとエサ

チョイ投げは手持ちの探り釣り、中距離は置きザオの並べ釣りで

サオ　手持ちか置きザオか

　近場を主に手持ちザオでねらうチョイ投げタックルは15～20mも投げられれば充分。ロッドは全長1・8～2・4mのオモリ負荷3～8号を目安に、堤防用万能小ものザオやルアーロッド、コンパクトロッドなどから選びます。

　これに1000～2000番台の小型スピニングリールを組み合わせます。ナイロンイト1・5～2号かPEライン0・6～1号を100m巻き、PEの場合は先イトにナイロンかフロロカーボン2号を1mほど接続します。

　置きザオの並べ釣りで50～60m先までをねらう中距離用タックルには、全長3・3～4mでオモリ負荷15～25号のキャスティングロッドと、3000～4000番台のスピニングリールのコンビが好適です。エコノミークラスのセットで2～3組そろえるとよく、PE1～1・5号のミチイトには力イトにPE3～4号を5m接続します。

　このほか、並べ釣りには折りたたみ式の投げ釣り三脚と手洗い用の水くみバケツ、イス代わりになる12～18ℓの中型クーラーボックスを用意しておくと快適な釣りを楽しめます。

仕掛け　トラブル防止が第一

　チョイ投げ、並べ釣りタックルとも、安価でイト絡みなどのトラブルが少ない片テンビン式が最適です。チョイ投げにはキス用片テンビンMサイズや、オモリ固定式の小型テンビンがよく、オモリ号数は2～5号を多用します。

　並べ釣りタックルには腕長がひと回り大きなキス用片テンビンのL～LLサイズを選びます。オモリ号数は釣り場の規模と飛距離、潮や川の流速によって10～25号を使い分けます。

　ハゼの投げ釣り仕掛けは2本バリ仕掛けが基本。1本ザオで探り歩くチョイ投げは、1本バリのほうが勝手がよいかもしれません。並べ釣り用には欲張って3本バリでも結構です。ハゼはイトの太さを気にしないので幹イト・ハリスとも太めで問題ありません。

　ハリは秋の彼岸ハゼから落ちハゼ、師走のケタハゼに至るまで袖5～6号が中心ですが、15cm以上の良型がそろう場合は7～8号を選ぶとよいでしょう。テンビン周りの各仕掛けパーツは根掛かりの損失を考慮して、充分なスペアを用意しておきます。

中距離用仕掛け

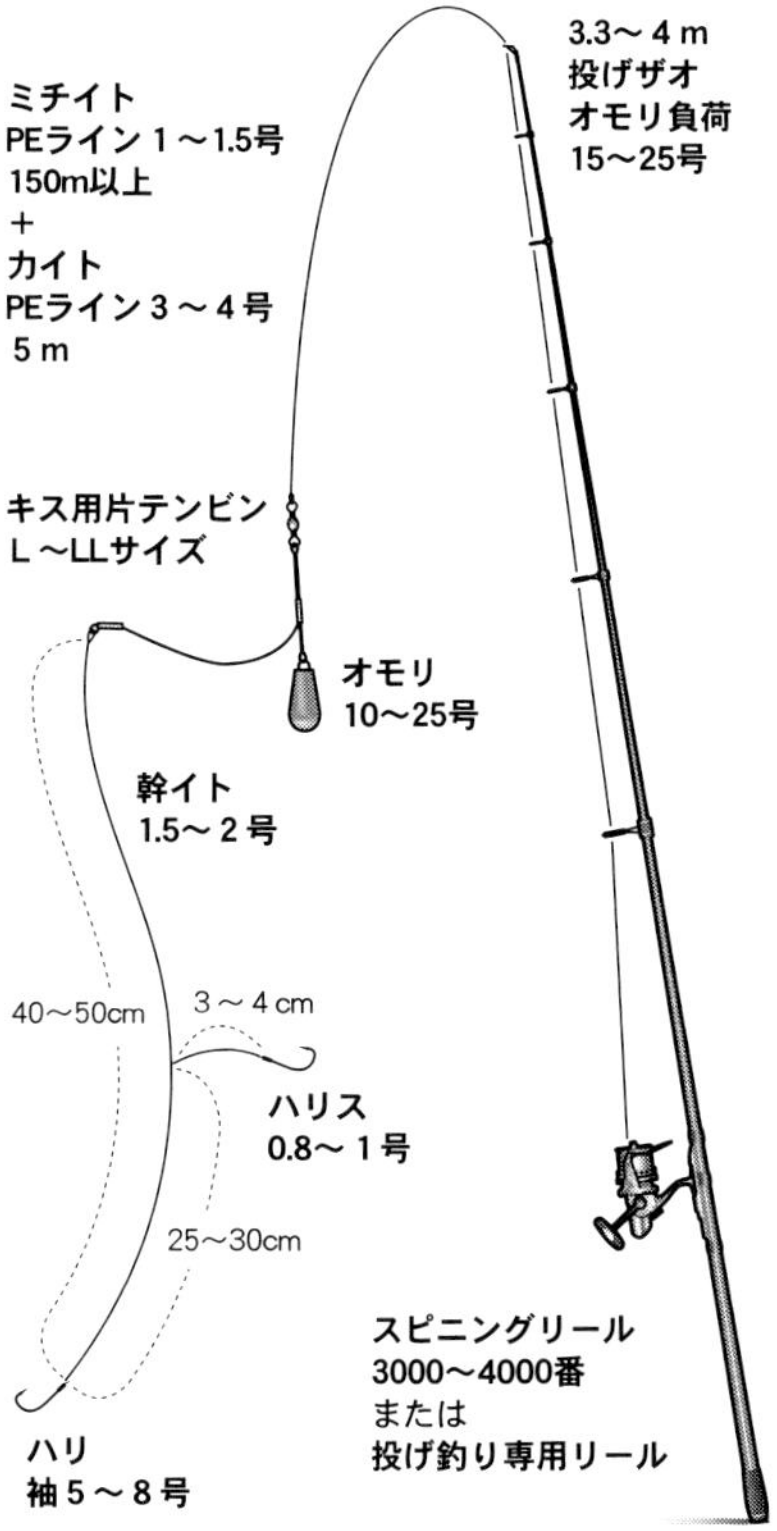

チョイ投げ用仕掛け

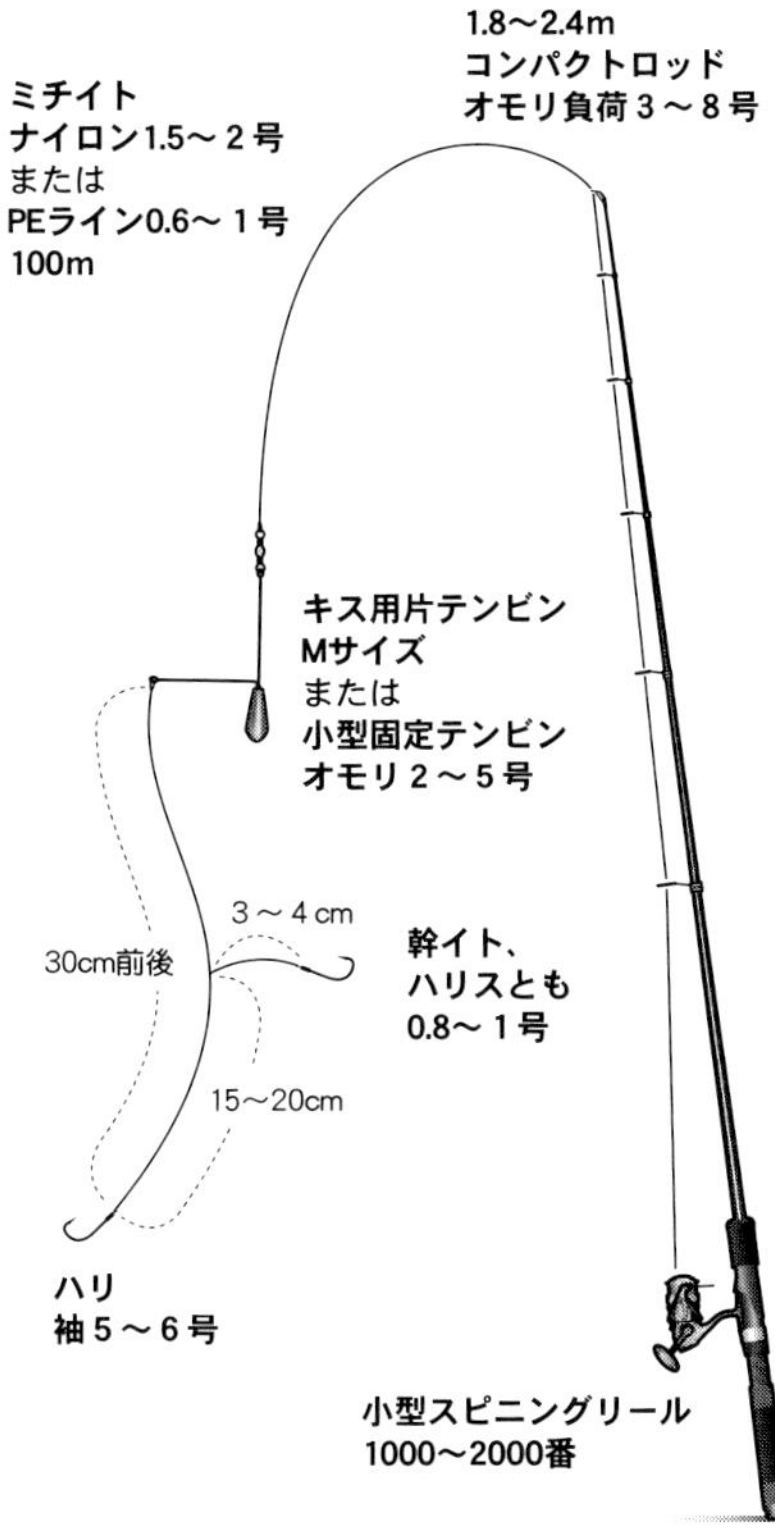

エサ　部位とタラシを工夫する

昔はハゼ釣り＝ゴカイでしたが近年は扱う店が少なく　アオイソメ、ジャリメ、キヂの3種類が中心です。投げ釣りに最適なのはアオイソメで、キャストしても千切れにくいのが長所です。

ところが投げ釣りシーズンを迎えると、ハゼは美味しそうなエサかどうか見分けるようになります。そこで、アオイソメの付け方はノベザオの釣りと同じく硬い頭のチョン掛けが基本ですが、ねらう時期や食いの良し悪しでタラシの長さや部位などを工夫します。一応の目安は秋の彼岸ハゼの時期が2cm前後、落ちハゼからケタハゼの時期は3〜5cmと次第に長くエサ付けすることがカギです。

食い渋り時には2本、3本と追い刺しをしてダンゴ状の房掛けでアピール度を高め、さらに極端に食いが悪い場合には軟らかい胴体を選びます。

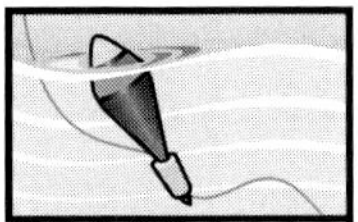

投げ釣り

釣り場と基本テクニック

深みにつながるカケアガリを注目せよ

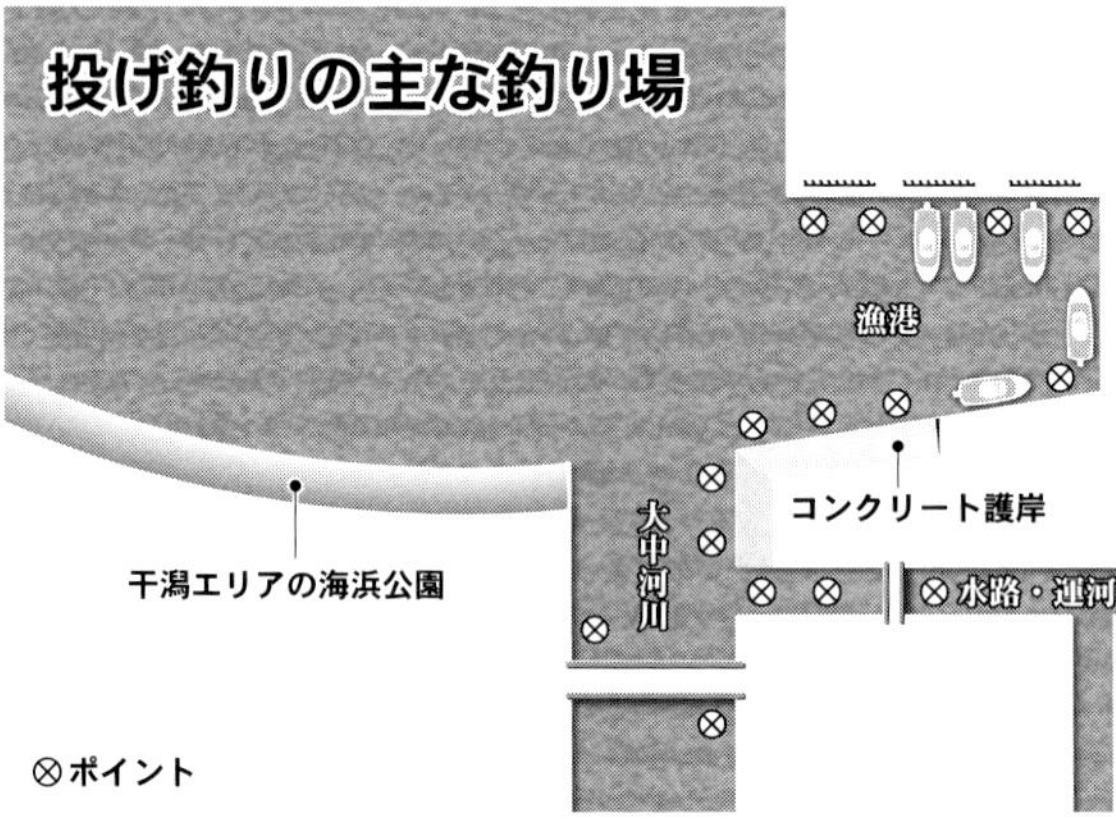

釣り場と潮回りの相性とは

シーズン前半に遠浅のカケアガリで群れていたハゼは、秋9月の彼岸ハゼ以降になると、水温低下とともに少しずつ深みへ落ちていきます。このため投げ釣りのメインフィールドは海に面した汽水域に移っていきます。

大中河川とそこにつながる水路・運河群では河口一帯が釣り場の中心。主なポイントは船の通り道として掘られたミオ筋を中心としたカケアガリです。年末のケタハゼ釣りシーズンを迎えると大型船が停泊できる岸壁や、中小型の漁船が係留されている漁港周りも絶好の釣り場になります。

投げ釣りに好適な潮時はハゼが岸寄りする上げ潮ですが、「潮回り」に限っては事情が違います。海に面した河口一帯の釣り場では潮が利く大潮〜中潮の潮回りがよく、反対に大河川の川筋は、潮の干満と川の流速の影響を受けにくい中潮〜小潮間をねらいます。

チョイ投げは手持ちスタイルで探り歩く

ライトタックルのチョイ投げでも並べ釣りは楽しめますが、真骨頂はやはり手持ちザオ1本の探り釣りスタイル。特に、水路や運河のミオ筋へ集まり始める秋の彼岸ハゼから晩秋の落ちハゼにかけては、より面白い釣りが楽しめます。

川幅の狭い水路では、少し斜め対岸側に軽くキャストして広範囲を探ります。中央部を通る小深く掘れたミオ筋を中心にして、両岸に続くカケアガリをトレースしながら釣り歩きましょう。

その際、根掛かりが少ないポイント

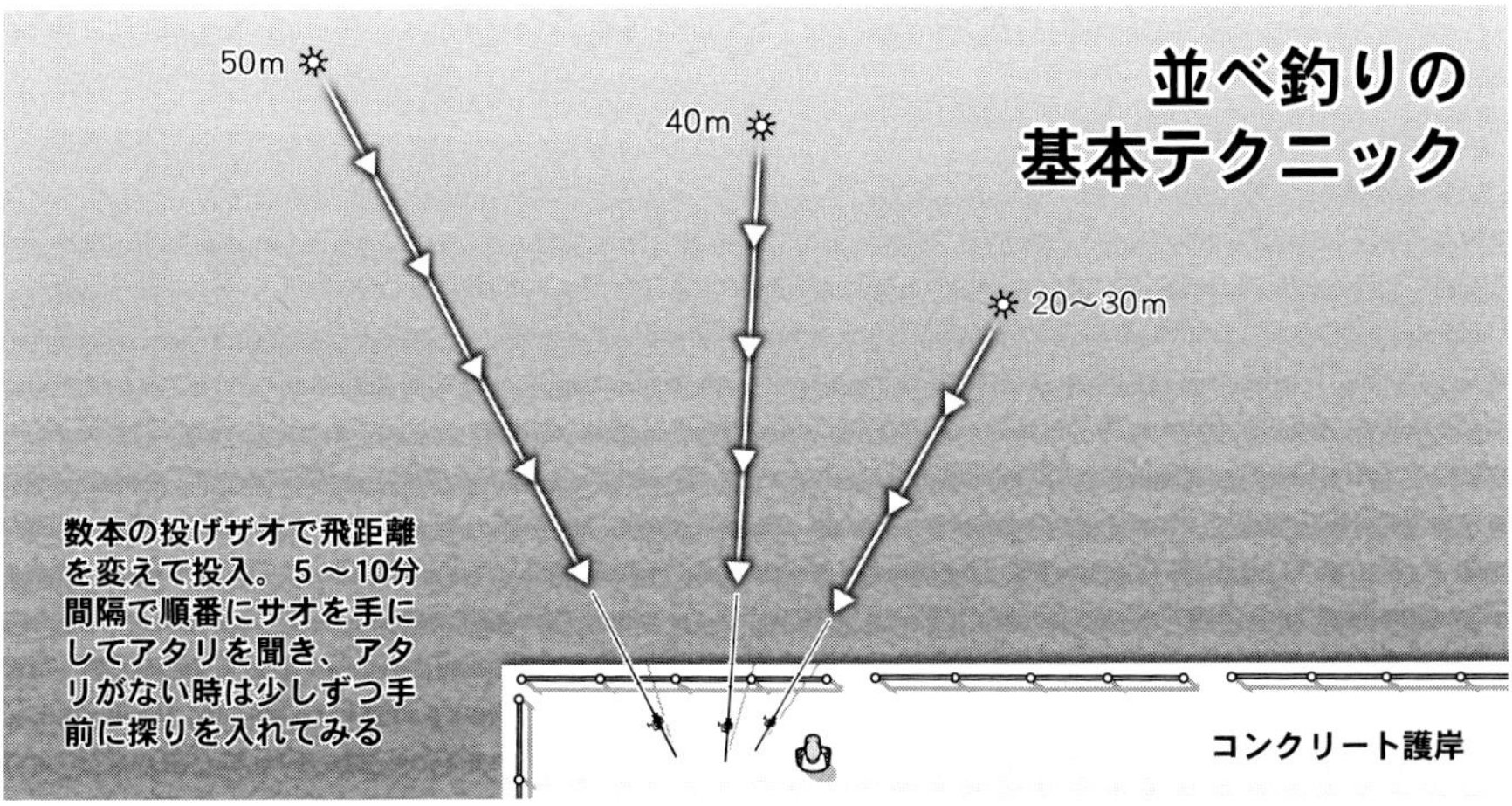
並べ釣りの
基本テクニック
50m
40m
20～30m
数本の投げザオで飛距離
を変えて投入。５～10分
間隔で順番にサオを手に
してアタリを聞き、アタ
リがない時は少しずつ手
前に探りを入れてみる
コンクリート護岸

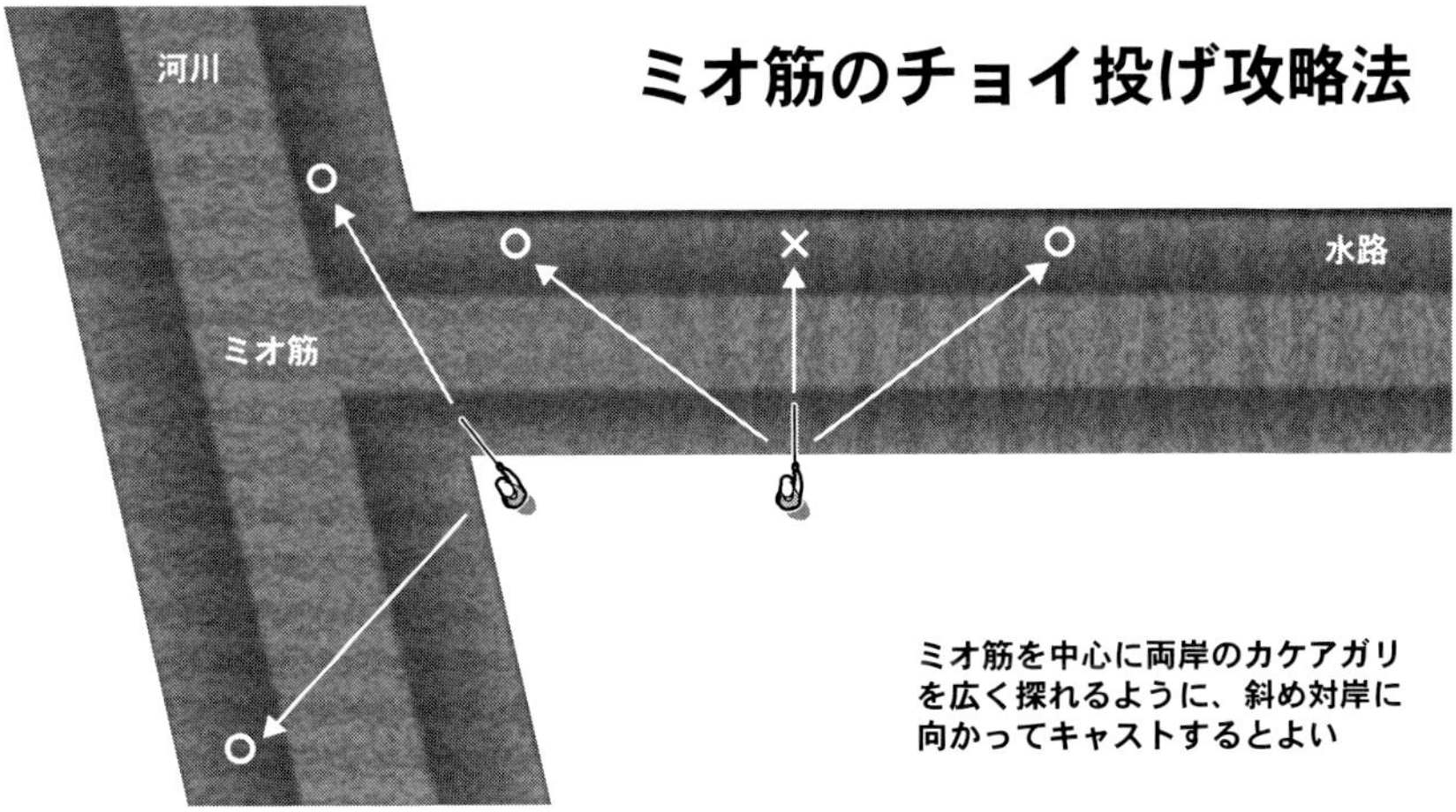
ミオ筋のチョイ投げ攻略法
河川
水路
ミオ筋
ミオ筋を中心に両岸のカケアガリ
を広く探れるように、斜め対岸に
向かってキャストするとよい

師走が近づき型のいいハゼが釣れ始めたら、数本の投げザオを使った並べ釣りが効果的。投げっぱなしにせず、順番にアタリを聞きつつ探りを入れること

気の合った仲間とおしゃべりを楽しみながら、チョイ投げタックル１本を手に釣り歩く

ではゆっくりと底を引きずるズル引きでハゼを誘います。

反対に、根掛かりが懸念されるポイントは、仕掛けをト～ン、ト～ンとはね上げる感じで探ってくる誘いに切り替えることがコツです。

ハゼのアタリは誘った直後、クッとかグッグッと手元に伝わることが大半で、アタリと同時にサオを握り返す程度に軽く合わせるだけでフッキングします。PEラインはアタリ感度が抜群なのでビックリアワセに気をつけましょう。

並べ釣り＝投げっぱなしは×

数本の投げザオを用いる並べ釣りは、埋め立て地の岸壁や大河川の川筋といった大場所ねらいに適し、晩秋から初冬の落ちハゼや年内いっぱいのケタハゼねらいに有利です。

大場所でもポイントは深場に続くカケアガリを意識します。50mの遠投から40m、20～30mと距離を投げ分け、ハゼの居場所を探ります。そして投げっぱなしにはせず、5～10分間隔で順番にサオを手に取ってアタリを聞いてみること。感度のよいPEラインはサオ先を叩くシグナルが伝わってくるケースが多いですが、エサを食ったハゼがその場を動かない「居食い」で向こうアワセしている確率も高いことを想定しましょう。

ハゼが食っていない時はゆっくりと大きくサオをあおって数m仕掛けを引き戻し、その場所でふたたびアタリを待ちます。

ハリを飲み込まれた時の処理法

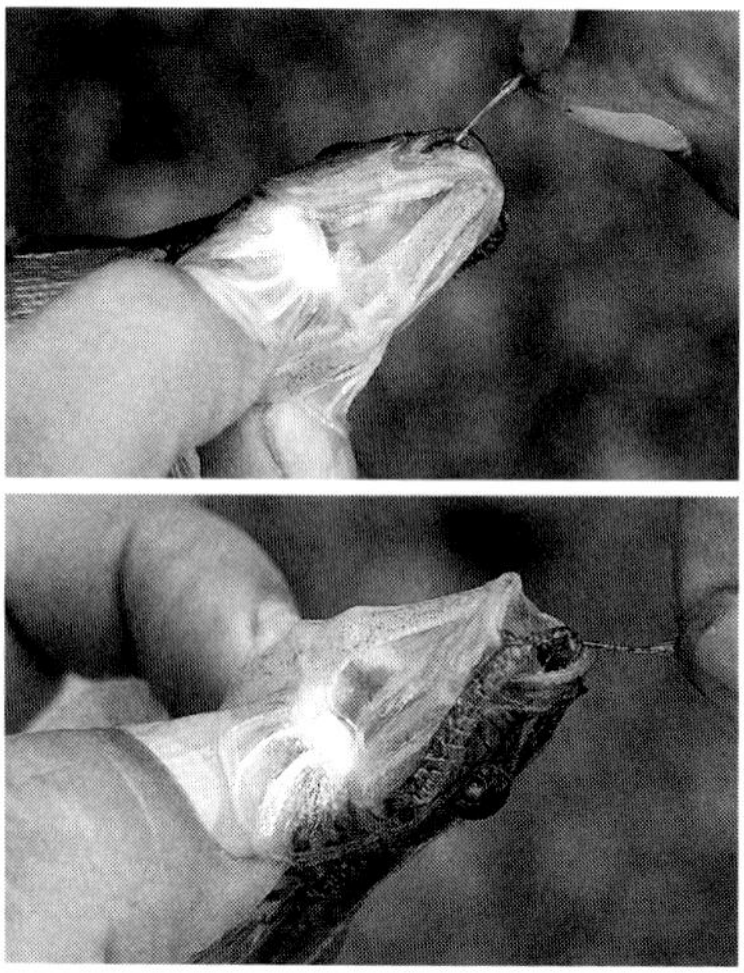

エラブタの中に両側から親指と人差し指を突っ込み、ハリスを引っ張ると口の奥からハリが出てくる。お試しあれ！

釣果アップ・ヒント

虫エサの保冷保存法

アオイソメやキヂは、パック入りの新品なら冷蔵庫の野菜室で1週間程度の保冷保存が利く。気温が低くなる初冬から師走になると、一度直射日光を浴びたものでもOK。

ただし保管には要注意。小さな隙間からはい出てしまうことも多いので、ジップバッグに入れ替えた後、もう1枚のジップバッグで2重に収納しておくことが肝心。不運にもはい出た虫エサが山の神に見つからないことを祈ります……？

10章 テナガエビ釣り

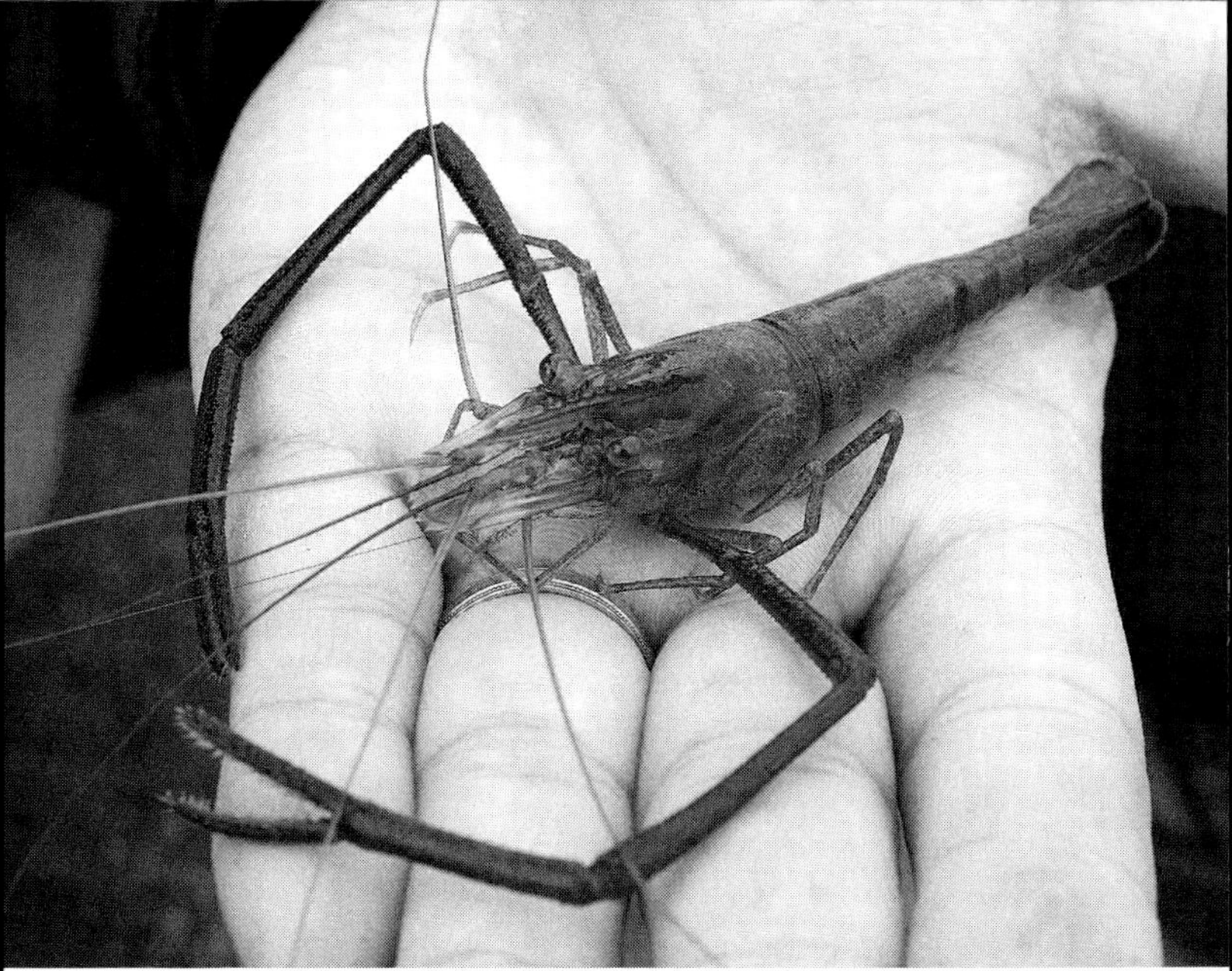

分　類　テナガエビ科。全長20㎝

釣り場　河口付近の汽水域

タ　ナ　底層

エ　サ　赤虫、キヂなど

仕掛け　１本バリの玉ウキ仕掛け、または独特の十字テンビンを使った２本バリ仕掛け

ひと言　梅雨の風物詩といえばコレ。アタリをめぐる独特の駆け引き、仕掛けもユニーク！

テナガエビの釣期

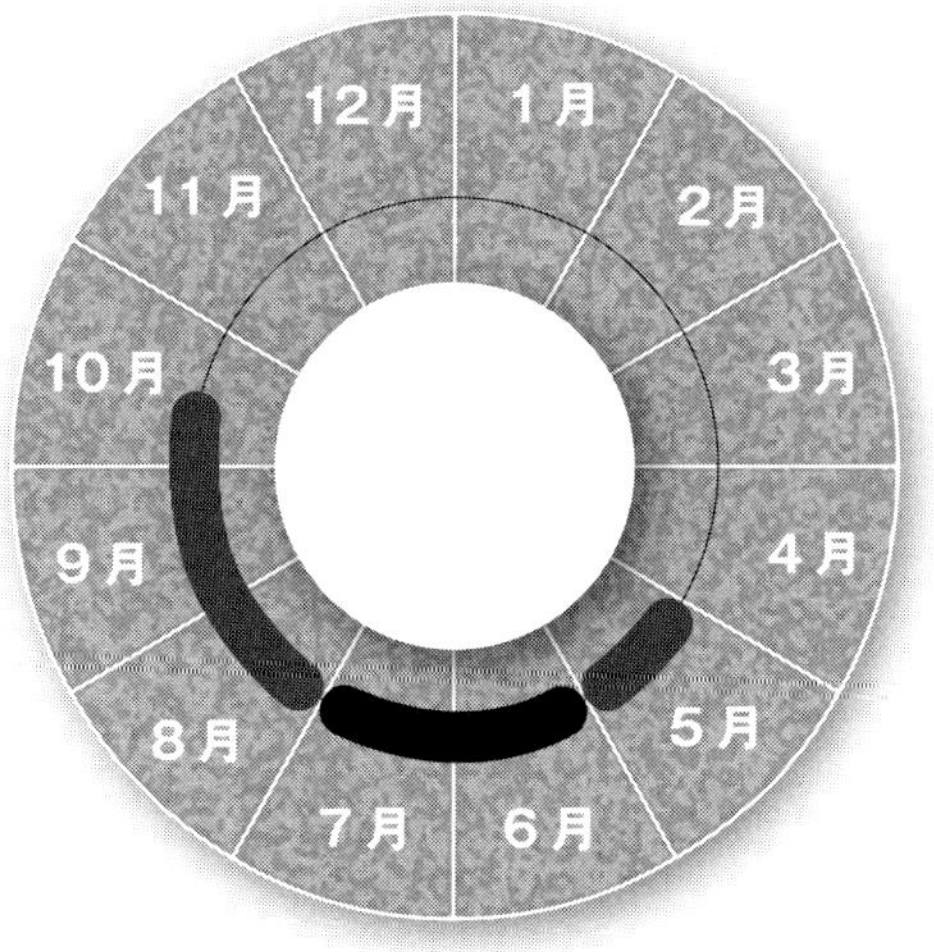

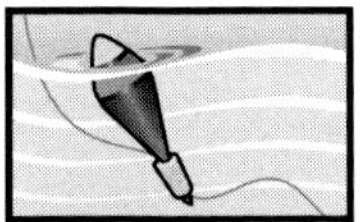

釣期と釣り場について

梅雨時の汽水域はテナガエビ釣りの晴れ舞台!

梅雨時期＝最盛期

古くから江戸前の小もの釣りターゲットとして人気が高いテナガエビは、湖沼や河川の淡水域から潮の干満の影響を受ける汽水域まで、広範囲に生息している甲殻類です。一年中釣れそうなものですが、温水を好むため水温が一気に上昇してくる5月連休頃からエサを求めて広く動き回るようになります。その後初夏6月に入ると少しずつ釣果が伸び始め、中旬から7月にかけて入梅時の1ヵ月間がテナガエビ釣りのトップシーズンといえます。

盛夏は釣りをやめる人が大半ですが、秋10月あたりまでテナガエビ三昧を楽しむファンもいるようです。

2本のハサミが大きな個体はオスエビで、小さなハサミはメスです。釣れるサイズは全長5㎝前後の小型エビから、大型になるとハサミの先端から尾の先端までで20㎝を超えるジャンボサイズのオスエビもいます。

時間帯＋潮時で攻略

近年は潮の干満の影響を受ける汽水域の釣り場がクローズアップされており、釣果も安定しています。大中河川の中下流～河口域で、夏から秋にかけてハゼのオカッパリ釣りを楽しむ水域と同じエリアと考えてください。

ただし、テナガエビは夜行性なので、日中でもテトラポッド帯や捨て石、杭などの障害物周りが主要ポイントになります。同じ汽水域の住人でもハゼはなだらかなカケアガリを好み、テナガエビは水際から水深がある場所の日陰部分を中心に行動しています。

このように直射日光を嫌う習性から、好機の時間帯は朝マヅメから午前9時頃までと、午後3時過ぎから夕マヅメまでの2回。特に梅雨時の蒸し暑い小雨模様や曇天の日は一日中当たることが期待できる絶好のチャンスです。

また、汽水域では潮時を読むことが重要です。干潮時は岸際まで水底が露出してしまうことも多く、満潮いっぱいの潮止まり時は、水はあっても食いが止まります。このため、上げ下げとも3分から7分にかけての潮が動く時間帯をねらうことが定石です。

潮回りについては、それぞれの河川や釣り場にはクセがありますが、潮が速くなりすぎる大潮よりも、中小潮のほうが釣りやすい場合が多いようです。

近年は汽水域に点在している消波ブロック帯がテナガエビの本命釣り場。写真は通称「丸テトラ」と呼ばれるブロック。干潮時には干上がってしまうことが多いが、その時間帯に隙間を調査しておくとよい

干潮時にブロック帯の隙間を観察すると流木片など何らかの障害物や、溝が掘れている個所が見つかるはず。テナガエビが立て続けに釣れる当たり穴になる確率大！

丸テトラに対してこちらは「角テトラ」と呼ぶ消波ブロック帯。このほか、変形ブロックやいくつかの形状が組み合わさったブロック帯もある

複雑に入り組んだ消波ブロック帯では、潮位の高い時間になるとテナガエビがコンクリート壁のテラスまでよじ登ってきて、日陰部分でエサをあさることもあるので見逃せない

潮入り川のテナガエビ釣り場には消波ブロック帯のほかに、石積み護岸の捨て石周り（写真）などの根掛かり多発地帯もある

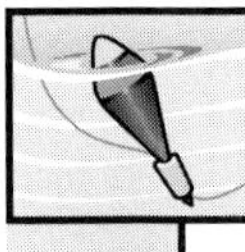

仕掛けとエサ

根掛かり多発地帯の「食いしん坊」には シンプル仕掛け+虫エサで

チープな道具立ての理由

ポイントは岸付くの障害物周りに集中しやすく、1・5～2・1mの短ザオの出番が多くなります。近年は釣り具量販店に「万能小継ぎ振り出しザオ」等のグラス製小ものザオが豊富にあります。大半は1000～2000円と格安なので、並べ釣り用に長短3～4本をまとめ買いするのが良策です。

カーボン製の小ブナ、タナゴザオも流用できますが、コンクリート護岸やテトラポッドで傷付きやすいため、気兼ねなく使える前記のサオをやはりおすすめします。さらに沖めのポイントねらいも想定して2・4～3mの振り出しザオも2～3本常備すれば、どんな釣り場でも鬼に金棒です。

このほか、エビ入れには磯・堤防釣り用の生かしビクや3～5ℓの小型クーラーボックスを用意し、エアポンプをセットして使うと便利です。チャック式網フタと尻手ロープ付きの生かしビクは、足場が高い釣り座でも楽に水交換ができ、長時間生かしておくことも可能です。持ち帰る際は保冷力の高いクーラーボックスに移し替えて鮮度を保ち、美味しくいただきましょう。

仕掛けはシンプル第一

玉ウキ1個とハリ1本のシンプルなウキ仕掛けが基本です。視認性を考慮して2ツ玉を愛用する人もいますが、フナ釣りのように4ツ、5ツと玉ウキの個数を増やすとテトラポッドの狭い隙間などピンポイントが釣りづらく、根掛かり多発のおそれがあります。

そしてもう1つ、オモリ調節はウキの浮力に勝った早ジモリ式にするという特徴があります。止水域は玉ウキ2～3号に対してガン玉B～2Bで充分ですが、潮の流れが伴う汽水域ではガン玉4～5Bや、中通しオモリの0・5～1号を使います。また、ゴロタ石などの根掛かり多発地帯をねらう目的で作られた特殊な2本バリ式の両テンビンも市販されています。

ハリは専用のエビバリが数種類発売されています。サイズは2～3号が使いやすく、小型が多い時はタナゴバリの流線や半月が適しています。テナガエビ釣りはとにかく根掛かりが多いポイントをねらうので、予備仕掛けとともにハリのスペアも十二分に忍ばせておくことを忘れないでください。

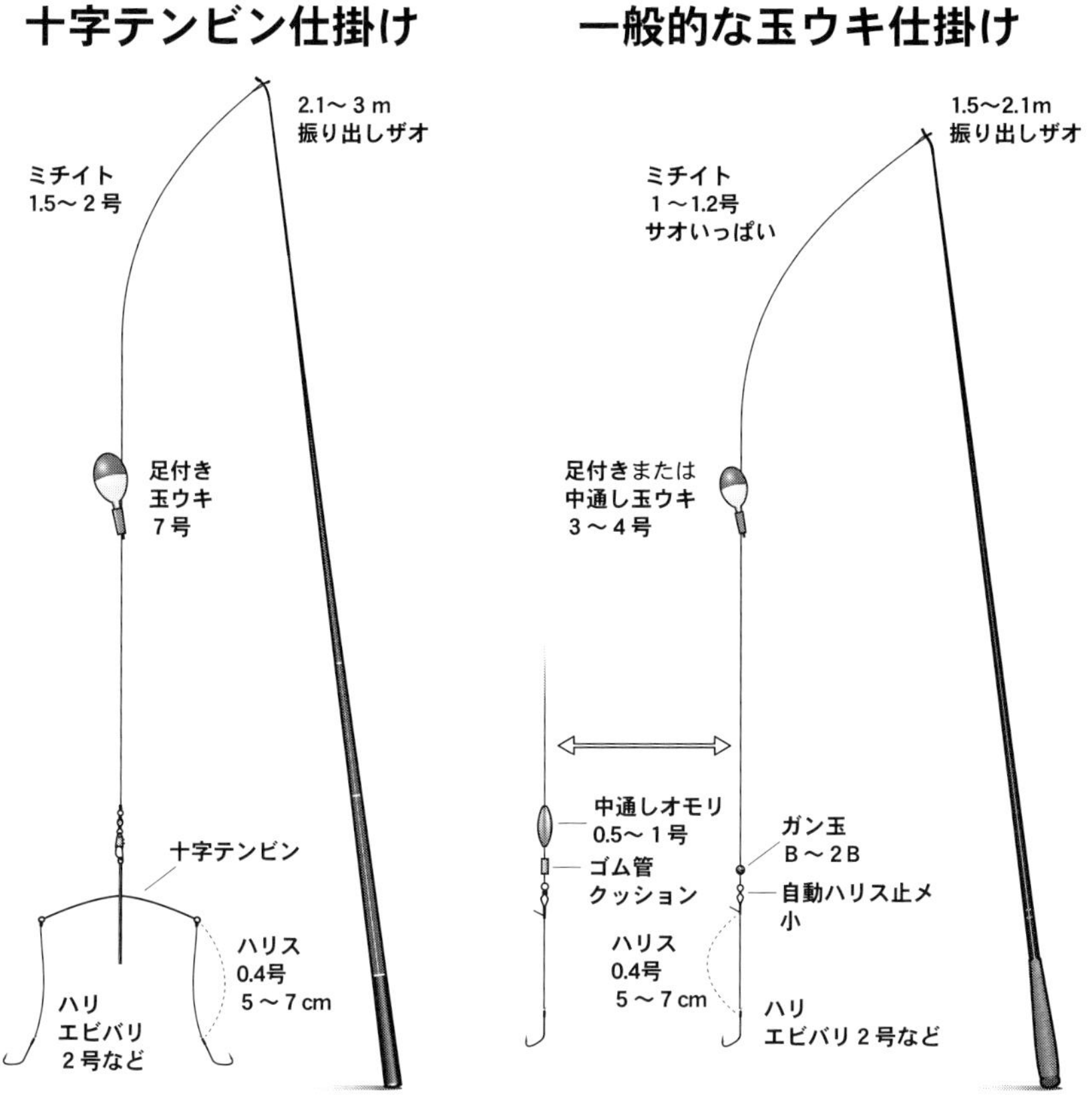

捨て石周りなどの根掛かり多発釣り場用には十字テンビン（写真中央）仕掛けを使う

エサは赤虫とキヂ中心

雑食性とはいえ肉食性が強いテナガエビには虫エサを使います。赤虫、キヂ、サシ、アオイソメ、ジャリメまで何でもござれですが、ポピュラーなのは赤虫とキヂの2種類です。

赤虫は1〜2匹のチョン掛けにして、赤い体液が少しでも薄れたら即座に交換します。キヂは小さく5㎜から1㎝にカットしたものを通し刺しにします。この際、板の切れっぱしなどを持参して、カッターナイフで数回分のエサを刻みながら使うとよいでしょう。

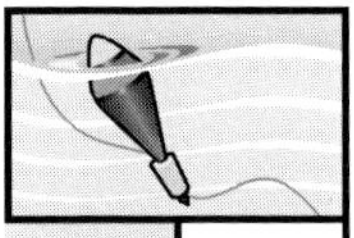

基本テクニック

独特のアワセのタイミングをモノにできたら連釣が見えてくる

並べ釣りでテンポよく探る

はじめて訪れる河川や釣り場エリアの場合、目星を付けておいたポイントに到着したらまずは周辺を見回し、テナガエビ釣りファンがいるかどうかを確認します。それが地元の釣り人なら、1級ポイントの確率が高いと思ってください。早速あいさつを交わして、近くに入釣させてもらうことがビギナーでも好釣果を得る秘策です。

テナガエビ釣りは並べ釣りが基本ですが、慣れないうちは手返しよく釣るため2本ザオからスタートすることをおすすめします。要領を覚えてきたら3本、4本ザオと増やして次々に取り込む入れ掛かりを楽しむことが、テナガエビ釣りの真骨頂でしょう。また、テトラポッド帯の穴釣りでは思い切って1本ザオで探り歩く手もあります。

ウキ下調節は玉ウキの頭を水面上に出すのではなく、水面下1～3㎝くらい沈ませておくことがセオリーです。これはウキの浮力を極力殺すことで、テナガエビに違和感なくエサを食わせるための手段です。

ポイントの探り方は、テナガエビの住処である障害物周りを目安にねらいます。杭周りなど平場のポイントは仕掛けを左右遠近に50㎝から1mほど離して振り込み広く探ってみます。

一方、複雑に入り組んだテトラポッド帯ではコンクリートブロックの隙間がポイントなので、あちらこちらの穴に仕掛けを落としてみることが大切です。仕掛けを下ろしたピンポイントに、テナガエビが潜んでいるかどうかはものの1～2分も待てば結果が出ます。

テナガエビがいてエサを発見した時には玉ウキが上下に動くか、少しウキの位置がズレます。不在の場合は玉ウキが止まったまま。待っても釣れる確率は少ないので、1～2分間隔で1本ずつサオを手に取り、前記のように仕掛けを入れる個所を変えていくことが基本テクニックです。

どこで合わせる?

アタリは独特です。最初はウキがゆらゆらと上下左右に動き始めます。これは自慢のハサミでエサをつまんで移動中。この時点では100%ハリ掛かりしません。

そのうち玉ウキの動きが一点に止まることを見届けてください。ウキの移

アタリから聞きアワセ→ハリ掛かりまで

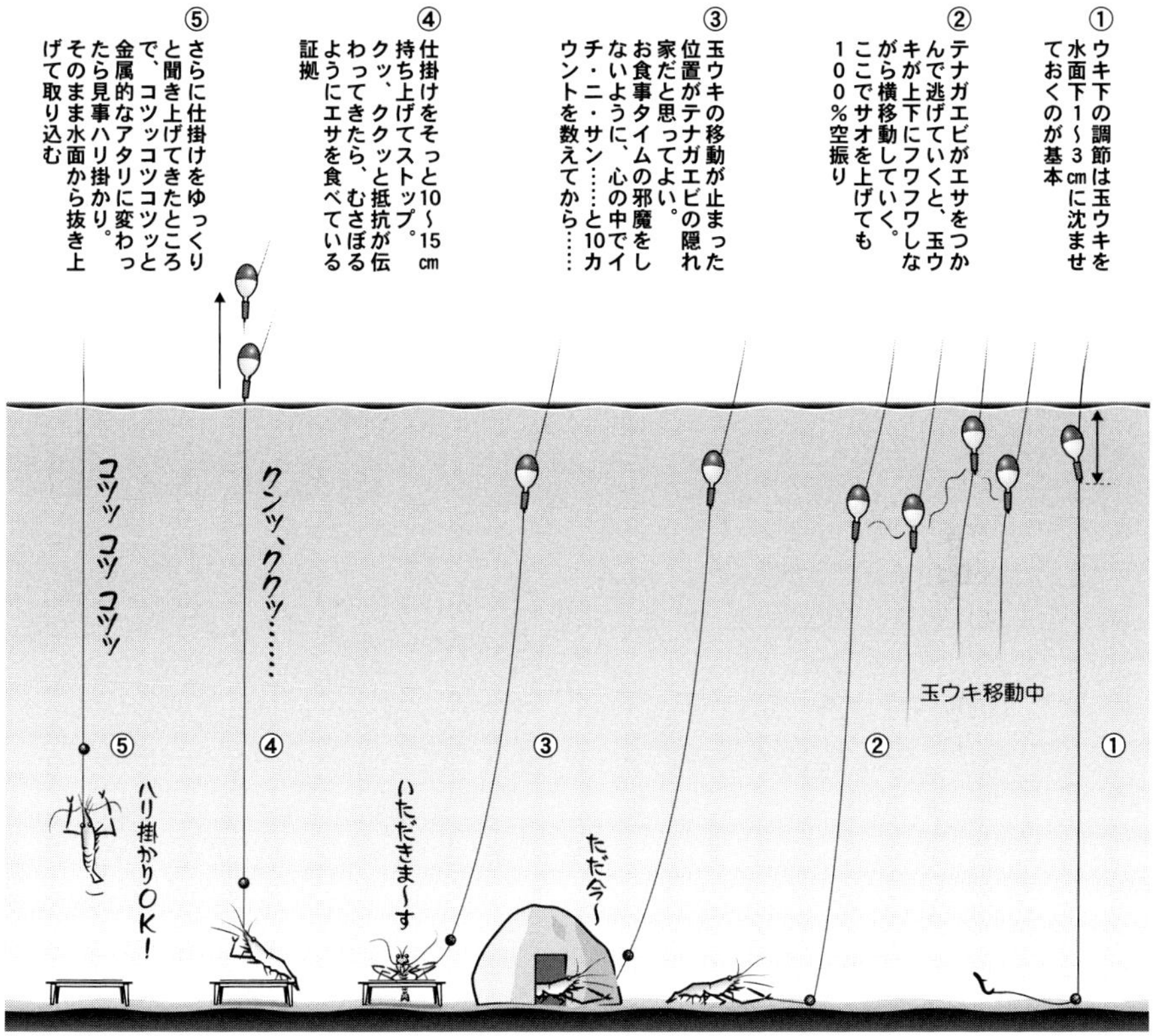
①ウキ下の調節は玉ウキを水面下1～3㎝に沈ませておくのが基本
②テナガエビがエサをつかんで逃げていくと、玉ウキが上下にフワフワしながら横移動していく。ここでサオを上げても100％空振り
③玉ウキの移動が止まった位置がテナガエビの隠れ家だと思ってよい。お食事タイムの邪魔をしないように、心の中でイチ・ニ・サン……と10カウントを数えてから……
④仕掛けをそっと10～15㎝持ち上げてストップ。クッ、ククッと抵抗が伝わってきたら、むさぼるようにエサを食べている証拠
⑤さらに仕掛けをゆっくりと聞き上げてきたところで、コツッコツッと金属的なアタリに変わったら見事ハリ掛かり。そのまま水面から抜き上げて取り込む
玉ウキ移動中
ただ今～
いただきま～す
クンッ、ククッ……
ハリ掛かりOK!
コツッ コツッ コツッ
① ② ③ ④ ⑤

動が終わるまでは数秒～数10秒。どこへ到着したかというと、仲間の邪魔なく安心してエサを食べられる住処へエサを持ち込んだというわけです。それでもハリ掛かり率は50％くらい。ここは頭の中でイチ・ニ・サン・シ……と10カウントを数えてからサオを手に取ります。次にミチイトをそっと張り、静かに玉ウキを10～15㎝ほど持ち上げて止めてみましょう。

止めた瞬間、クンッ、クンクンッとサオ先を突っつくアタリが伝わってきても油断は禁物です。ここからが勝負どころで、テナガエビのわずかな自重を感じながらふたたび10㎝、20㎝と聞き上げください。すると、コンッ、コンコンコンッとテナガエビが胴体を折って後ずさりするような小気味よい引き込みアタリが伝わってきます。これが口にハリ掛かりした証拠です。フッキングさせられるかどうかの一連の駆け引きこそが、テナガエビ釣り独特の面白さなのです。

釣果アップ・ヒント

ポイントの見切り

　複雑に入り組んだテトラポッド帯などでテナガエビのマンションと化した好ポイントに当たると、食い気が高い時合の最中は忙しいほどの入れ掛かりを楽しめる。

　しかし、潮時などの関係もあって一日中釣れ続くことはまずない。同じ釣り座で30分ほど釣ってみて、ハリ掛かりが悪くなったりアタリが遠のいてきたら、そのポイントを見切って移動を試みたほうが賢明だ。

アワセのタイミングが決まればこのとおり

玉ウキの位置は水面下1～3㎝に沈めておく

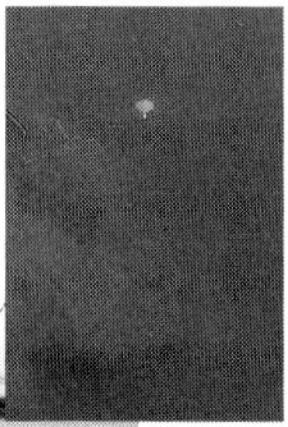

このアームの長さを見よ！　十字テンビン＋赤虫エサの組み合わせで掛けた大型

滑り止めマットなどを工夫して写真のようなサオ置きを作ると便利なうえにサオも傷まない

釣果アップ・ヒント　並べ釣り用サオ置きの工夫

　2～4本の並べ釣りにはサオ置きが必需品。コンクリート護岸など平坦な釣り座では、洗濯バサミをサオの握り部分にはさんでおくだけで簡単なサオ置きになる。

　一方、ゴツゴツとした不安定なテトラポッド帯用には、ゴムやスポンジ系の滑り止め素材を利用すると便利。たとえば、薄手の滑り止めマットは5×7cmくらいの角形に切って輪ゴムでサオに巻き付ける。

　風呂場用スポンジマットは穴を開けた小片にサオを通して使う。これらの滑り止めアイテムはサオの胴とサオ尻の2ヵ所にセットしておくと、いろいろな角度でサオを置くことが可能だ。お試しあれ！

11章 ウナギ釣り

分　類　ウナギ科。全長1ｍ
釣り場　主に河口付近の汽水域
タ　ナ　底層
エ　サ　ドバミミズ、キヂ、ゴカイ等
仕掛け　リールザオの１本バリ・ブッコミ仕掛け
ひと言　独特の世界に魅せられたマニアックなファン多し

ウナギの釣期

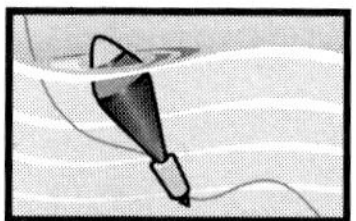

釣期と仕掛け・エサ

梅雨～夏の夜の風物詩?! 予備仕掛け類は多めで臨もう

ビギナーは梅雨～夏ねらい

ウナギ釣りのトップシーズンは梅雨時から8月いっぱいの夏の間ですが、春から晩秋まで3シーズンを通い詰める熱心なファンもいます。

ウナギは夜行性なので夜釣りが中心です。降雨などで濁り気味の時は警戒心が薄れて日中でもねらえます。釣れるアベレージは40～50㎝といったところでしょうか。ただし型はバラバラで、小は20～25㎝のメソッコから、大型になると70㎝を超える極太サイズも混じります。また、外道にフッコやスズキ、コイなどが釣れることもあります。

タックルは釣り場の規模に合わせる

ブッコミ釣りでは、釣り場の規模や水況にマッチした投げ釣り用スピニングタックルを使い分けます。

潮の干満を伴い流速がある汽水域の大中河川には、全長3・6～4mでオモリ負荷20～30号のキャスティングロッドと、ナイロンミチイト4～5号を巻いた大中型スピニングリールの組み合わせが好適です。置きザオの並べ釣りでねらうので、エコノミークラスのリールタックル2～3組をそろえておくと万全です。

一方、川幅10m前後の小規模な河川をねらう場合は、全長1・8～2・7の小継ぎ振り出し式パックロッドやシーバスロッド、船用シロギスザオなどで充分です。スピニングリールには3号以上のナイロンミチイトを巻き込んでおいてください。

ウナギの夜釣りには真っ暗な中でもアタリがキャッチできるように、サオ先固定タイプの化学発光体（鈴装着タイプもあり）を準備しておくと便利です。また、置きザオ用の投げ釣り三脚なども忘れないでください

仕掛けは予備を多めに

ブッコミ釣りは根掛かりの多いポイントをねらうため、仕掛けの消耗を考慮してシンプルな中通しオモリの1本バリ式が無難です。

中通しオモリの形状はナツメ型が一般的ですが、流速が速い潮入り河川などでは平たい亀の子オモリなどを選ぶと、仕掛けが止まりやすくなります。号数は小河川用に5～10号、大中河川

仕掛け

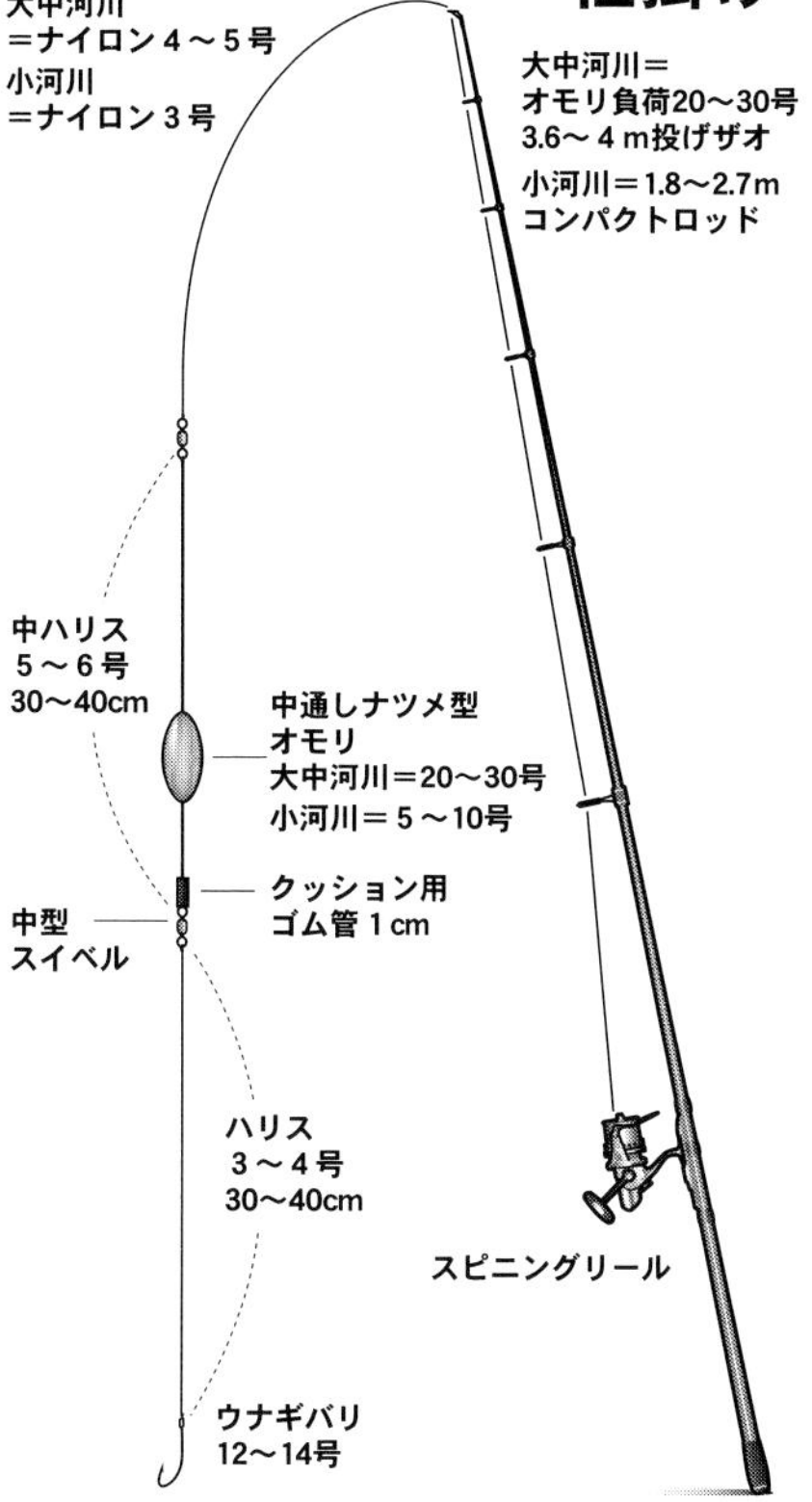

ナツメ型や亀の子型などの中通しオモリ１本バリ仕掛け。根掛かりが多いポイントをねらうので、スペアの仕掛けは十二分に用意しておくこと

夜釣りには投げ釣り用の化学発光体を穂先にセットしておくと、光が前後に揺れるアタリが出て確認しやすい

用には20～30号を目安とします。

ハリは三腰ウナギ型やウナギ型の12～14号のほか、丸セイゴ型を好む人もいます。仕掛けの消耗が多いターゲットなので、オモリやハリ、サルカンなど接続具の予備パーツは十二分に用意してください。また、根掛かりを外している時にミチイトから切れてしまうこともあるので、スペアのリールもあれば万全です。

特エサはドバミミズだが……

エサはキヂやドバミミズからゴカイ、アオイソメといったイソメ類がよく使われます。現地で釣りあげたテナガエビも好エサの1つで、天然アユ河川ではアユエサでねらう地域もあります。

キヂやイソメ類は2～5匹の房掛けでアピールします。中でもウナギ釣りの特効エサといえば、強烈な臭いを発するドバミミズです。しかしこれは残念なことに自分で捕るしかありません。

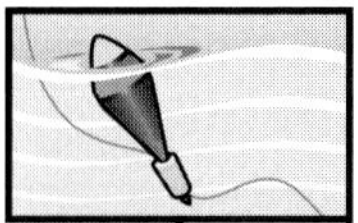

釣り場と基本テクニック

基本は夜釣り。夕方すぎに満潮が来る大潮回りの日にいざ出陣

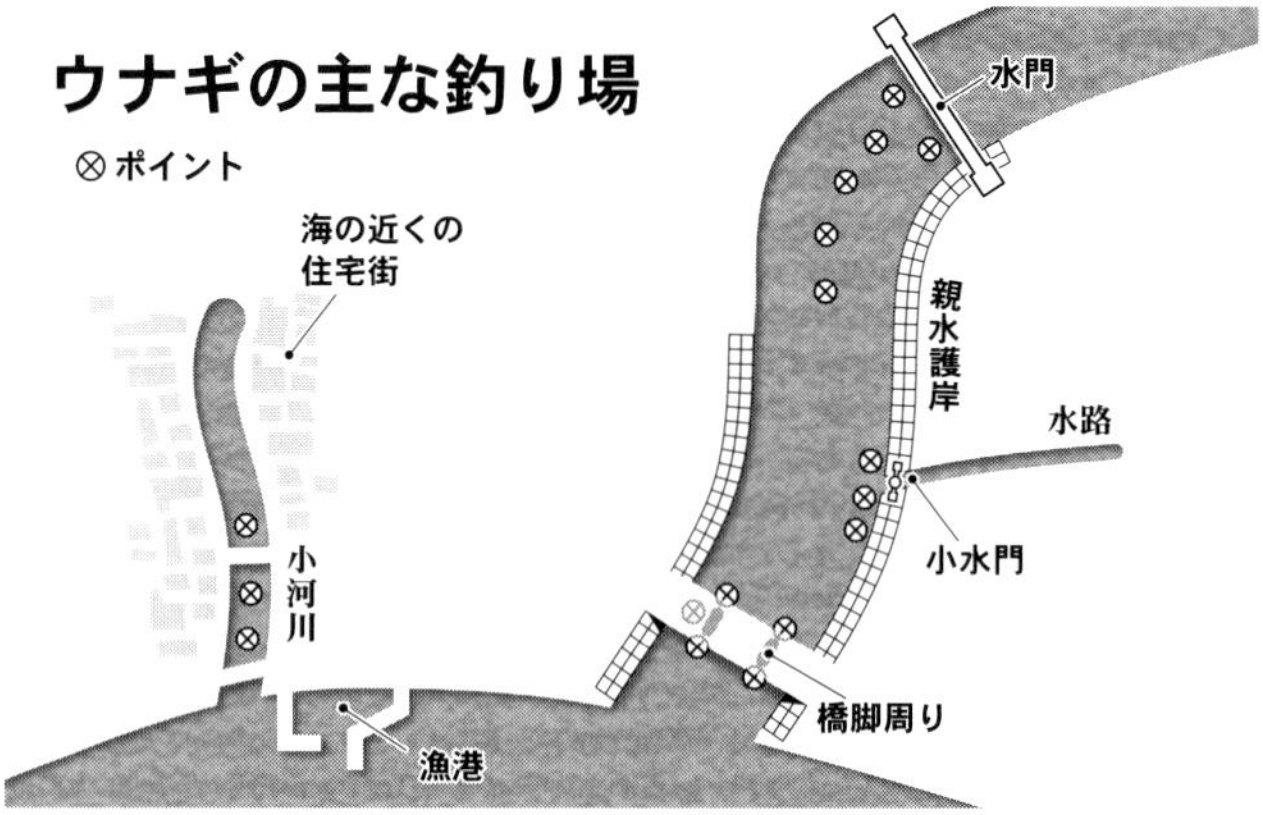

ウナギの主な釣り場

小河川にも意外なスポットが

ウナギのブッコミ釣り場は、潮の干満の影響を受ける汽水域の大中河川が主力です。

意外なことに都内のウオーターフロントを流れる大中河川には、ウナギの好釣り場がそこかしこに点在しています。大半の釣り座は親水エリアのコンクリート護岸帯なので、安全面でも確かです。

大中河川の主力ポイントは川のカーブ部分や水門付近、橋脚周りなど水流の境目や反転流などで変化があるような個所です。

このほか、海に面した沿岸の街中をチョロチョロと流れる浅い小河川にも釣り場を見つけることができます。潮の干満を利用してウナギが行き来していることが多く、隠れた好場所になっていることもあります。

並べ釣りで異なる距離をねらう

ウナギは日中の時間帯は障害物や泥の中で静かにしているようで、辺りが闇に包まれると食事活動を開始します。とはいえ釣り場には日が暮れる前に到着し、川面をのぞいて水流の変化を確かめるなど、しっかりと下見をしておきましょう。

夜釣りの好条件は川や地域によって異なりますが、潮入り川の場合、下げ潮は川の流れに潮の流れが加わるので釣りにくくなります。このため、釣行する際には夕方の午後5時以降に満潮を迎える大潮回りを選ぶことがキーポイントです。上げ潮5~7分からサオをだして、満潮いっぱいの潮止まりをはさんでふたたび潮が動き出す下げっ端（下げ始め）までの時間帯を重点的にねらってみてください。

数本のサオを駆使する並べ釣りでは20、30、50ｍなどと飛距離を変えて居場所を探ります。潮や川の流れが速い時は、流されて下った仕掛けが止まった地点がポイントになります。

アタリは突然激しくサオ先を揺さぶることが多く、大型がヒットすると置きザオのサオ尻が浮き上がるほど強烈です。大きく合わせてから、ハリ掛かりしているウナギとケンカしない程度にリーリングしてきます。

ウナギは水流の変化がある場所を好む。親水護岸の水門付近は夜釣りの特等席だ

親水フェンス用の置きザオグッズ

河川敷などの釣り場で置きザオにするには投げ釣り用三脚が必需品。親水エリアのコンクリート護岸帯に設置されている安全フェンスの手すりを利用する際は、家庭内で見かけるアイデアグッズがあればOK。

最も簡単なのはタオルを手すり上部に結び止めるだけ。エサの付け替えで汚れた手ふきの役割も果たしてくれるので便利。また、布団や衣類干し用の大中型ハサミも立派なサオ受けとして利用できる。

こんな感じでサオを固定できる

ドバミミズ掘りの極意

ドバミミズは薄暗い雑木林の入り口付近などの日陰側に生息していることが多い模様。グジュグジュと湿った土よりも表面が乾いてさらっとした湿気の個所が好みで、雑草と一緒に掘り上げると驚いたように飛び出してくる。

ドバミミズは強烈な匂いを放つので、採集の際には使い捨てタイプの薄手ゴム手袋を用意しておこう。半夜釣り3～4時間分として1人 30 ～ 40 匹のドバミミズが必要で、1匹のチョン掛けが基本。

なお、ドバミミズを掘り起こした部分はふたたび土を戻しておくのがウナギ釣りファンの暗黙のルール。

小型スコップ、バケツ、使い捨て手袋は必携3点セット

特効エサのドバミミズは1匹のチョン掛け

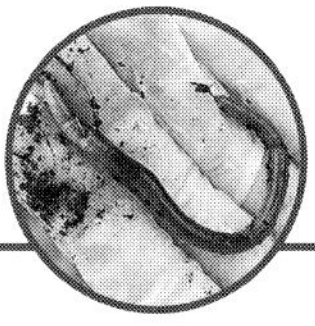

キヂやイソメ類は数匹の房掛けがよい

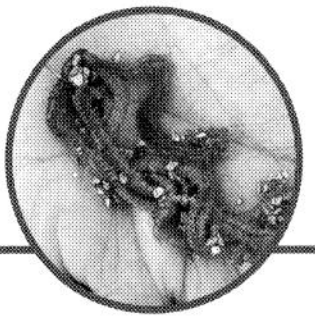

夜釣りの途中でエサ切れしないように……

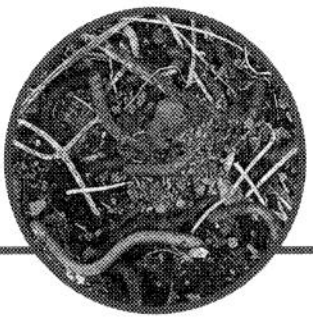

川釣り用語集

●あ行

【上げ潮】干潮から満潮に向かって潮位が高くなっていくこと。

【朝マヅメ】日の出前後の時間帯。一般に魚の就餌が高まるチャンスタイム。

【アタリ】ウキ釣りではウキに変化があった時。ミャク釣りや投げ釣りではサオを通じて魚の引きが手元に伝わることが大半。

【アワセ】アタリを感じ取った際にサオを適度にはね上げて魚の口元にハリを掛ける動作。

【アワセ切れ】アワセが強すぎてミチイトやハリスが切れてしまうこと。

【居食い　いぐい】魚がエサを食ってハリに掛かっているのに明らかな反応がないこと。

【板オモリ】薄い板状のオモリ。主に微妙な浮力調節を行なうウキ釣り仕掛けで用いる。

【1年魚】アユやハゼのように1年で一生を終える魚。「年魚」とも呼ぶ。その年に生まれた当歳魚を差す場合もある。

【イトフケ】ミチイトが余分に出てたるんだ状態。無意識のうちにたるむ場合と、意識的にたるませるテクニックもある。

【入れアタリ】振り込むたびにアタリはあるが、頻繁には魚がハリに掛からない状態。

【入れ食い】仕掛けを振り込むたびに魚が釣れ続く状態。「入れ掛かり」ともいう。

【ウエーダー】丈の長い長靴。ヒップ、ウエストハイ、チェストハイウエーダーがある。

【ウキ下】ウキ釣り仕掛けでねらう水深やタナを整えること。通常はウキからハリ先までの長さを示す。

【エンコ釣り】幼児用語の「エンコ（お座り）しなさい」をもじったもので、釣り座を構えて1ヵ所に絞って釣ること。

【落ち込み】段差を伴って流れ落ちる個所。

【オカッパリ】岸からサオをだす陸釣りの意味。当て字で陸っぱりとも書く。

【オカメ（タナゴ）】タイリクバラタナゴの愛称。平べったい体型をして婚姻色が出たオスの頬（エラ蓋下）が赤いことが名の由来。

【置きザオ】サオを手で支えずにサオ掛けやフェンスに立ててアタリを待つ釣り方。

【落ち】水温低下とともに深みに下って（落ちて）いく秋以降の釣期を示す。落ちブナが有名。アユ（落ちアユ）の場合は産卵期に入った状態を差す。

【オンドマリ】水路やホソの流れがせき止められた個所で、フナやタナゴの好ポイントの1つ。川底で流れが通じているケースもある。

●か行

【カエシ】魚が外れないように釣りバリの先端部近くを内側に曲げた突起部分。「アゴ」。

【柿の種】新潟名物の米菓・柿の種に姿形がそっくりなことから、3～4㎝級の小ブナに付けられた愛称。

【カケアガリ】傾斜が付いて少しずつ深くなっていく川底や海底の状態。ちなみにその反対のカケサガリという釣り用語はない。

【片テンビン】投げ釣り、沖釣りなど海釣り全般で多用される接続具の一種。

【蚊バリ】毛バリの一種で、ヤマベ&ハヤ用に作られた小型タイプ。

【空アワセ】アタリがない時に軽く合わせてみるサオ操作。ワカサギ釣りではエサを動かして就餌を誘うテクニックを兼ねる。

【川虫】主に清流や渓流に生息する水生昆虫の幼虫の総称。

【ガン玉】散弾銃の弾丸を加工したのが名前の由来で、切れ込みが入った球形の小型オモリ。大小サイズは6B～10号。

【聞きアワセ】微妙なアタリを察知した時、サオをそっと上げて確かめると同時に完全なハリ掛かりを誘う独特のアワセ方。

【キヂ】シマミミズの通称。淡水域から汽水域まで川釣りの万能エサの1つ。

【食い（渋り）】魚の活性と就餌の善し悪しを表わす。食いが悪い時は食い渋りともいう。

【食い上げ】ウキ釣りではウキを持ち上げるような動きを差し、ミャク釣りの場合は手元が一瞬軽くなるアタリ方を示す。

【グルテン練り】植物性の繊維質を多く含ん

だ練りエサ。フナやタナゴ釣りに使うが、現在はヘラブナ用の製品を流用している。

【消し込み】ウキ仕掛けが一瞬にして水中に引き込まれる派手なアタリ。

【婚姻色】産卵期を迎えた魚に独特の体色や特徴が表われること。タナゴやヤマベなど、オスの婚姻色は顕著。

●さ行

【下げ潮】満潮から干潮に向かって潮位が低くなっていくこと。

【雑魚】「ざこ」または「ざつぎょ」。エサ取りがうまい本命魚以外の小魚の通称。

【サシ】釣りエサ用として養殖したハエの幼虫。白サシと食紅で染めた紅サシがあり、近種の大小サイズも市販されている。

【誘い】仕掛けを動かすことで連動するエサに興味を引かせるサオ操作。

【時合　じあい】気象条件や時間帯、潮の干満などの好条件がそろい、魚の活性が上がったチャンスタイムのこと。

【自動ハリス止メ】イトを引っ掛けるだけでハリスを留められる便利な小型接続具。

【シモリウキ】中通しタイプの玉ウキの通称。球形とナツメ型の2種類に大別できる。

【白サシ】養殖した釣りエサ用のハエの幼虫で、着色なしのタイプ。

【巣離れ】水温や天候など自然の変化を察知した魚が越冬場所（巣）を離れ、春を迎える第1段階の行動。巣離れブナが有名。

【スレ（る）】口元以外にハリが掛かることをスレまたはスレ掛かりと呼ぶ。魚の警戒心が高まった時にもスレるという。

【スレバリ】先端部近くにカエシがないハリ。

●た行

【タイム釣り】数秒ごとなどに空アワセを繰り返す釣り方。ワカサギやタナゴでは就餌を誘う数釣りテクニックでもある。

【高切れ　たかぎれ】何らかの理由で仕掛けがミチイトの途中から切れてしまうトラブル。

【立ち込み（む）】水中に浸ってサオをだす釣りスタイル。英語ではウエーディング。

【タナ】表層、宙層、底層など魚が好んで生息する遊泳層。ウキ下をタナとも表現する。

【チチワ】ミチイトやハリスを輪にする結び。

【チャラ瀬】水深20～30㎝以内のごく浅く、流速もそれほど強くない瀬。

【釣果　ちょうか】釣りあげた魚の数量。

【釣行　ちょうこう】釣りに出かけること。

【継ぎザオ】穂先から手元ザオまで、サオの各部位を継いで1本に組み立てるサオの名称。一部の小ものザオや投げザオにある。

【ヅキ釣り】サオの全長の半分にも満たない短仕掛けで釣るスタイル。主にフナ釣りに用いる。「突く」から転じたものと思われる。

【定位】同じ位置にとどまる、またはとどめておくの意。「ウキを水面下に定位させる」「水中に魚が定位している」など。

【手尻】サオの全長を基準にした仕掛けの寸法。「手尻いっぱい」はサオと同寸、「4mザオに手尻を30㎝出す」は全長4・3m。

【手持ちザオ】サオを放さず常時手で支えて釣ること。置きザオの反対語。

【当歳魚】その年生まれた幼魚の1年魚。

【ドウヅキ（仕掛け）】縦イトの幹イトに沿って、ハリス付きのハリが並ぶ仕掛けの名称。ワカサギ仕掛けはその代表例。

【ドーム船（屋形船）】全天候型の湖上ワカサギ船の総称。固定式と自走式がある。

【ドック】主に漁船の係留基地として造られた小さな漁港。

【トロ（場）】緩やかで水深がおよそ50㎝以上ある深い流れ。類似する川相に淵がある。

●な行

【中通しウキ】ジャンル別に複数タイプがあるが、本書では中通し式の玉ウキを差す。

【根掛かり】水中の障害物等にハリや仕掛けが絡まったり引っ掛かるトラブル。

【乗っ込み】春本番、産卵期を迎えた魚が浅場に移動してきて活性が高まること。

【ノベザオ】現在はカーボンやグラス製の振り出しザオ一般を差す。

●は行

【ハエウキ】西日本ではハエと呼ぶヤマベの、ガン玉オモリを分散して付ける多段シズ仕掛け用に開発されたトップ付きの立ちウキ。

【バラシ】掛かりが浅くてハリが外れた失敗のほか、ハリス切れなどのトラブルも同意。

【ハリス】ミチイトとの間に結ぶハリ専用のイト。川釣りにはナイロンとフロロカーボン2種類のハリスが主に使われる。

【反転流】本流が石などの影響を受けて反転する渦状の流れ。流れ落ちるエサも溜まるので魚も集まる好ポイントになる。

【万能ザオ】1本で多彩な魚種を釣ることができる便利なサオ。川釣りでは渓流&清流用の2~3段式ズームロッドが代表格。

【PEライン】高密度ポリエチレン製ヨリイトで作られたイトの略称。伸縮性がほとんどなく感度抜群。強度も高く海釣りで多用される。本書ではハゼの投げ釣りに登場するのみ。

【フカシ・フカセ（る）】仕掛けはにはあまり操作を加えず、エサを自然な状態で流れに乗せるテクニック。

【深瀬】早い流速と水深を伴う瀬。

【ブッコミ（釣り）】仕掛けを投げ込んだまま置きザオでアタリを待つ釣り方。

【ブドウムシ】エビヅルというブドウ科のツル性植物に入っている蛾の幼虫。主に渓流釣りのエサ。市販品は養殖ものが大半。

【フトコロ】釣りバリの軸とハリ先の間の幅。「フトコロが広いハリ」などと使う。

【振り込み】サオの弾力を活かしてねらうポイントに仕掛けを投げ込む動作。

【振り出しザオ】穂先から手元ザオまで1本に収納できる現代の主流を占めるサオのタイプ。渓流ザオなどが代表格。

【フロロカーボン（イト・ライン）】フロロカーボン素材のイト。擦れに強いなどの長所がある。川釣りでは主にハリスとして使われる。

【ベタ（ハリスベタ、ベタ底）】意識的に底層をねらう際に、川底や湖底にハリスを這わせるウキ下の調節法。

【ヘチ】川の両岸に沿った水際。「水路のヘチすれすれ」などと使う。

【紅サシ】食紅で染めた釣りエサのサシ。

【ポイント】仕掛けを振り込んでねらう個所、または魚が潜んでいるであろう特定の水域。

【穂先】釣りザオの部位のうち、先端部のテーパーが付いた最も細いパーツの名称。

【ホソ】当て字で「細流」と書くように、水路群のうち川幅が細い水路を差す。

●ま行

【丸カン】自動ハリス止メとともに、川釣りで多用される丸型の小型接続具。

【幹イト】主にハリス付きのハリをセットする釣りイト部分の名称。

【ミオ筋】船舶が行き来できるように底を掘り下げた船道。

【ミチイト】仕掛けの主軸となる釣りイト。リールに巻くイトもミチイトと呼ぶ。

【ミミ】ハリの軸先端部に付けられた突起でイト抜け防止の役割を果たす。

【向こうアワセ】サオを動かして合わせることなく勝手にハリ掛かりした状態。

【モジリ】魚が主に水面近くで体をよじる動作の総称。

●や行

【ヤッカラ】主に水中に没した水生植物=障害物周りの総称。

【タマヅメ】日没前後の時間帯。魚の就餌が高まるチャンスタイムであることが多い。

【ヨリモドシ】その名のとおり、イトのヨレを防ぐために考案された接続具。サルカン、スイベルの別名もある。

●ら行

【ライズ】ヤマベなど清流魚やヤマメ、イワナといった渓流魚がエサを捕食する際に水面に広がる波紋や飛沫。

【リリース】楽しく釣った魚を元気なうちに水へ戻す再放流のこと。

「釣れるチカラ」の基礎が身につくDVD付録（37分）

6章ヤマベ釣り（蚊バリ釣り、ウキフカシ釣り）について、紙面だけでは伝わりにくい部分を、映像を活用することでより分かりやすく、きめ細やかに解説しました。

DVD付録　収録コンテンツ

出演：葛島一美

●**ヤマベの蚊バリ釣り編**
蚊バリの流し方、瀬ウキの特徴と役割、ポイントの見方、振り込み、誘いのテクニック。

●**ヤマベのウキフカシ釣り編**
サシエサの付け方、ウキ下の設定、仕掛けの流し方、振り込み、ポイントの見方、観察のススメ。

●**特別付録　覚えておきたい結び方**
毛玉の玉ウキ止め、8の字結び、ダブルチチワ、ぶしょう付け、ユニノット、電車結び、外掛け結び

著者プロフィール

葛島一美（かつしま　かずみ）

1955年、東京生まれ。幼少時代よりフナ、タナゴ、ハゼなどの小もの釣りに親しむ。東京中日スポーツの釣り欄担当を約20年務めた後、オールラウンダーのカメラマン兼ライターとしてフリー宣言。月刊『つり人』で毎号グラビアを担当するほか、釣り全般にムックの取材も多い。
主な著書に『平成の竹竿職人』『釣り具CLASSICOモノ語り』『続・平成の竹竿職人　焼印の顔』『アユ釣り渓流釣り／結び方図鑑』『ワカサギ釣り』『小さな魚を巡る小さな自転車の釣り散歩』『決定版 フナ釣り タナゴ釣り入門』『日本タナゴ釣り紀行』『日本タナゴ釣り紀行2』『タナゴ ポケット図鑑』『小もの釣りがある日突然上手くなる　フナ タナゴほか』（以上、つり人社）、『釣魚の食卓～葛島一美の旬魚食彩～』（辰巳出版）など多数。東京ハゼ釣り研究会副会長。

川《かわ》釣《づ》り入門《にゅうもん》

2013年10月1日発行

著　者　葛島一美
発行者　鈴木康友
発行所　株式会社つり人社

〒101-8408　東京都千代田区神田神保町1-30-13
TEL 03-3294-0781（営業部）
TEL 03-3294-0766（編集部）
振替 00110－7－70582
印刷・製本　大日本印刷株式会社

乱丁、落丁などありましたらお取り替えいたします。

ISBN978-4-86447-039-1　C2075
つり人社ホームページ　http://www.tsuribito.co.jp